Varia / Feltrinelli

Alessandro Baricco è nato nel 1958. Ha scritto saggi e romanzi che sono stati pubblicati in tutto il mondo.

Il genio in fuga. Sul teatro musicale di Rossini (Il Melangolo 1988)
Castelli di rabbia (Rizzoli 1991, Feltrinelli 2007)
L'anima di Hegel e le mucche del Wisconsin (Garzanti 1992, Feltrinelli 2009)
Oceano mare (Rizzoli 1993, Feltrinelli 2007)
Novecento (Feltrinelli 1994)
Barnum. Cronache dal Grande Show (Feltrinelli 1995)
Seta (Rizzoli 1996, Feltrinelli 2007)
Barnum 2. Altre cronache dal Grande Show (Feltrinelli 1998)
City (Rizzoli 1999, Feltrinelli 2007)
Senza sangue (Rizzoli 2002, Feltrinelli 2009)
Next. Piccolo libro sulla globalizzazione e sul mondo che verrà (Feltrinelli 2002)
Omero, Iliade (Feltrinelli 2004)
Questa storia (Fandango 2005, Feltrinelli 2007)
I barbari. Saggio sulla mutazione (Fandango 2006, Feltrinelli 2008)
Herman Melville. Tre scene da Moby Dick (Fandango 2009)
Emmaus (Feltrinelli 2009)
Mr Gwyn (Feltrinelli 2011)
Tre volte all'alba (Feltrinelli 2012)
Una certa idea di mondo (Feltrinelli 2013)
Palladium Lectures (Feltrinelli 2013)
Smith&Wesson (Feltrinelli 2014)
La Sposa giovane (Feltrinelli 2015)

Alessandro
Baricco
Il nuovo
Barnum

Feltrinelli

Prima edizione in "Varia" settembre 2016

Stampa Nuovo Istituto Italiano d'Arti Grafiche - BG

ISBN 978-88-07-49203-7

FSC
www.fsc.org
MISTO
Carta
da fonti gestite in
maniera responsabile
FSC® C015216

www.feltrinellieditore.it
Libri in uscita, interviste, reading,
commenti e percorsi di lettura.
Aggiornamenti quotidiani

IL RAZZISMO
È UNA
BRUTTA STORIA.
razzismobruttastoria.net

Il nuovo Barnum

Freaks, pistoleri e illusionisti

Ogni tanto mi chiedono come mai non scrivo romanzi che parlano del nostro tempo (talvolta usano l'espressione "che parlano della realtà", e allora la conversazione si interrompe bruscamente lì). Una riposta possibile è che in effetti un lungo libro che parla del nostro tempo lo sto scrivendo eccome, da anni, ma sui giornali, a colpi di articoli. Se devo scrivere di quel che mi succede intorno, non so, non mi viene da usare la forma romanzo: mi viene da scrivere articoli, di andare dritto allo scopo, ecco. È una cosa che faccio ormai da un sacco di anni. Dato che ho cominciato scrivendo una rubrica che si intitolava *Barnum* (il mondo mi sembrava allora un festivo spettacolo di freaks, pistoleri e illusionisti), mi sono abituato a quel nome, e adesso qualsiasi cosa scriva sui giornali per me finisce, bene o male, sotto quell'ombrello. Barnum.

Qui avete tra le mani quello nuovo, di *Barnum*. Sono quasi vent'anni di articoli, a ben vedere.

Ah, ho tolto quelli brutti, o venuti male, o noiosi. Ce n'erano, ovviamente.

Adesso non ci sarebbe altro da aggiungere, se non fosse che rileggendo queste pagine ci ho trovato un paio di articoli su cui mi preme, non so bene perché, dire qualcosa. Sono articoli che per me hanno un significato tutto particolare, e mi spiaceva vederli lì in mezzo agli altri, senza che fosse possibile capire che per me erano stati speciali.

Ecco perché state leggendo questa prefazione.

Il primo è a pagina 57. L'ho scritto l'11 settembre 2001, un paio d'ore dopo quello che era successo alle Torri gemelle. Adesso è difficile ricordarselo, ma in quel momento si era davvero tutti nel panico, e allocchiti, e incapaci di reagire. Soprattutto, volevamo capire cosa era successo. In quei momenti, se non sei un giornalista, vuoi ascoltare, non parlare. Leggere, non scrivere. Vuoi che ti spieghino, non vuoi spiegare. E invece mi ricordo di aver pensato: adesso chi fa il pompiere deve salire là sopra e salvare gente, e chi sa scrivere deve scrivere, cazzo. Quindi accendi 'sto computer e fai la tua parte. E mi son messo a farla. Sarà scemo, ma è una delle cose di cui vado più fiero, nella mia vita di lavoro: non aver taciuto, quel giorno. C'erano un sacco di cose più comode da fare, e in nessuna rischiavi di dire, a caldo, cose che quindici anni dopo potevano risultare fesserie stratosferiche.

Poi l'articolo non mi venne benissimo, ma neanche male. Se posso dire la mia, con la modestia che abitualmente mi si riconosce, quello piuttosto profetico è quello che scrissi il giorno dopo (sempre per fare la mia parte, come il pompiere). Mi colpisce il fatto che lo potrei riscrivere oggi, l'avrei potuto riscrivere dopo il Bataclan. Da allora non ho cambiato idea. Questa storia che il concetto di guerra stava perdendo l'appoggio del concetto di confine descrive piuttosto bene cosa sta succedendo oggi, in modo ancora più chiaro che allora. E resto convinto che il terrorismo è molto più una necrosi del nostro corpo sociale, che un'aggressione proveniente da fuori. Sta marcendo qualcosa, in quei gesti orribili, e quel qualcosa è una parte di noi, delle nostre democrazie, della nostra idea occidentale di progresso e di felicità. Non è un attacco a quelle cose: è una *malattia* di quelle cose.

Un altro articolo che per me è stato speciale lo trovate a pagina 148 ed è dedicato al modo che abbiamo, in Italia, di spendere i soldi pubblici per promuovere e difendere cultura e spettacoli. Me lo sono covato per anni, e l'ho scritto nel 2009. Non diceva cose piacevoli per un mondo abituato a vivacchiare nei suoi privilegi senza più chiedersi da tempo immemorabile se se li meritava e se avevano ancora un senso. Infatti il giorno dopo mi ritrovai coperto di insulti e accuse, da ogni parte (ma con particolare dedizione dalla *mia* parte: quelli della sinistra proprio non riuscirono a mandarla giù). Quando andava bene mi davano del traditore. Se no si andava dall'ubriacone all'opportunista passato al nemico (Berlusconi, ovviamente: erano gli anni della paranoia). Da allora sono passati sette anni. Poco è cambiato, e una certa bella società intellettuale continua a campare indisturbata, benché costretta a tirare un po' la cinghia, grazie a un concetto di servizio pubblico che è a dir poco obsoleto, e, a voler essere un po' radicali, rovinoso. Peccato. Posso solo dire che mi spiace molto. E aggiungere che no, non ho cambiato idea, nel frattempo, riscriverei tutto, dalla prima riga all'ultima. Se sta marcendo qualcosa, da qualche parte del nostro tessuto sociale, credetemi, è anche perché non vogliamo ripensare il nostro modo di educare i nostri figli, e soprattutto i figli di tutti e non solo i nostri.

Mi piacerebbe andare avanti e ricordare come scrivere su Carver quando non lo si poteva fare mi piacque molto; mi piacerebbe confessare che schierarmi con Renzi il giorno prima che perdesse è stato un gesto a cui rimarrò affezionato anche se Renzi si mettesse a fare fesserie paurose; mi piacerebbe annotare che scrivere a proposito di due critici che facevano i fighetti senza poterselo permettere fu una cosa discutibile di cui non mi sono mai pentito: e continuare così. Ma, mi rendo conto, piacerebbe solo a me. Quindi chiudo qua, ma non prima di ricordare che alla fine, se uno può scrivere cose del genere, è sempre perché ha dei giornali e dei direttori alle spalle che lo lasciano lavorare, che sono disposti a difenderlo, e che lo fanno sentire importante. Io li ho avuti. Moltissimi di questi articoli nascono dal mio lavoro con Ezio Mauro e gli altri di "Repubblica": è stato un privilegio lavorare con voi, e continua a esserlo. Molte delle mie idee più pazze me le ha lasciate scrivere Luca Dini, direttore di "Vanity Fair": è incredibile con quanta calma quell'uomo possa ascoltare certe mie follie, trovandole sensate. Infine, il pezzo sulla profondità, quello che trovate come bonus track, lo devo a Riccardo Luna, che allora dirigeva "Wired": una rivista in cui non capisco quasi niente, ma evidentemente loro capiscono me, e di questo li ringrazio.

Credo che sia tutto.

Ah, no. Il pezzo più bello di tutti secondo me è quello su Italia-Germania 4 a 3. Un pezzo decisamente inutile, se vogliamo. Ma è quello scritto meglio, ne sono sicuro.

AB

Venosa, 23 luglio 2016

11

SIGNORE E SIGNORI

Il cuore nuovo di Manhattan

New York. Tutto iniziò con Pierpont Morgan: forse il più famoso banchiere della Storia americana. Uno capace di trovare i soldi per salvare gli Stati Uniti dalla bancarotta: lo fece nel 1907. Persona riservata, a quanto pare, appassionato yachtman. Molte operazioni meritorie, qualche problema con l'antitrust. Un mito, per tutti quelli a cui piacciono i soldi. Tra le sue frasi famose (non molte, peraltro) brilla questa: "Se lo devi chiedere non l'avrai mai". Immagino che si riferisse a qualsiasi cosa: il posto auto, il sale a tavola, il mondo. Morì a Roma, che è un bel posto per morire, nel 1913. Per la cronaca, i ricchi cattivi dei western una volta su cinque si chiamano Morgan.

Come tutti i grandi miliardari americani a cavallo tra Otto e Novecento, Morgan, nel tempo libero, faceva il collezionista. Cioè comprava roba carissima (arte e antiquariato) e poi la stipava a casa sua. Sarebbe bello riflettere su questa specie di riflesso nervoso che avevano tutti quei magnati, ma purtroppo qui non c'è lo spazio. Il risultato pratico, comunque, era che tutti questi miliardari, morendo, si lasciavano dietro una scia di opere d'arte dal valore inestimabile. Morgan non fece eccezione. In particolare si lasciò dietro una palazzina in stile rinascimentale fatta costruire di fianco a casa sua, nel cuore di Manhattan: dentro c'erano i suoi libri: eufemismo: decine di migliaia di testi rarissimi, prime edizioni, manoscritti e meraviglie del genere. A donarla agli Stati Uniti fu il figlio, sei anni dopo la sua morte. Da allora quella libreria è aperta al pubblico ed è uno dei luoghi del pianeta terra in cui si conserva la memoria di quello che siamo stati. Si chiama Morgan Library, com'è giusto. Angolo tra Madison Avenue e Trentaseiesima strada. Cuore di Manhattan.

Ora. Quattro anni fa, alla Morgan Library hanno deciso di risistemare un po' le cose. Ampliare la sede e riorganizzare un po' gli spazi. Hanno chiamato Renzo Piano e gli hanno affidato il progetto. C'era soprattutto da sistemare in qualche modo quel tesoro di libri, fogli, carte, incisioni, disegni: trovargli un posto. A Piano è venuto in mente Borges, la biblioteca di Babele, e quell'idea lì di biblioteca infinita. Ha pensato a qualcosa di molto trasparente, in cui ogni libro, per così dire, vedesse tutti gli altri. Forse venisse da tutti gli altri, e procedesse verso tutti gli altri. Un grande scatolone, con dentro quel tesoro di carta a galleggiare tra sguardi che potevano passare ovunque, come un unico grande cuore a pulsare un unico grandioso respiro. Poi ha deciso la cosa per cui sto scrivendo questo articolo: ha deciso che lo scatolone l'avrebbe messo sotto terra. Dentro la terra. Dentro il granito che tiene su Manhattan. Conficcato lì. In una città fatta di grattacieli, lui, la biblioteca, l'avrebbe fatta sotto terra.

Pensa quel buco, ho pensato quando l'ho saputo. Il buco prima che ci costruiscano dentro la biblioteca e tutto. Solo il buco. Metti che ti facciano entrare e tu ti vada a sedere sul fondo del buco. Praticamente saresti nel cuore del cuore del mondo. Così ho telefonato al Renzo Piano Building Workshop. Mesi dopo mi son trovato seduto in fondo al buco, sotto il cielo grigio, con un elmetto da cantiere in testa e Renzo Piano seduto anche lui lì, come se dovessimo prendere il tè. Lui è uno che quando ti spiega le cose che fa, ha sempre l'aria di dire delle cose ovvie. Lo ascolti e ti sembra evidente che anche un bambino avrebbe potuto immaginare il Beaubourg. E che chiunque avrebbe fatto l'Auditorium di Roma in quel modo. Un altro così è Ronconi, per dire. O Baggio. Più quel che fanno è pazzesco, più quando ti raccontano la genesi dell'idea sembra tutto così naturale, logico, inevitabile. Mi sa che sono così, i veri grandi. Comunque. Sotto il cielo grigio, Renzo Piano mi ha detto che in fondo gli architetti possono giusto fare due cose, per sfidare la natura: salire in alto, contro la forza di gravità, o scendere in basso, contro la durezza della terra. Poi si è guardato intorno. Questa volta sono sceso in basso, ha detto. Fine. Cioè, mi ha poi detto anche altre cose, ma insomma, il cuore della faccenda era lì, e non c'era niente da aggiungere.

Così mi sono tolto l'elmetto e mi son messo a guardare. Era come essere seduti in fondo a una piscina profonda venti metri, solo che i bordi erano di granito e sulle sponde, invece di ombrelloni, c'erano le guglie di New York. Il granito l'hanno tagliato come se fosse burro, sono scesi giù verticali, a filo degli edifici intorno, come manovrando una enorme lama pulita. Per cui adesso tu vedi il grigio rosso della parete messa a nudo: se ne stava lì a dormire, da un'eternità di tempo, e l'ultima cosa che poteva pensare era di essere prima o poi guardata. E invece eccola lì. Fa impressione. Quello è il granito che tiene su New York. È l'immensa placca di pietra durissima che ha suggerito la follia dei grattacieli e ogni giorno la tiene su. È il luogo delle fondamenta. È la forza, e la pazienza, su cui si fonda quello che c'è. È la terra che ferma la radice, e l'inizio di tutto. E lì, proprio lì, cosa andranno ad appoggiare? Libri. Questo è geniale.

Pensateci. Prendiamo un esempio concreto. Il manoscritto del quartetto di Schubert *La morte e la fanciulla*. Alla Morgan Library ce l'hanno. O le prime due musiche immaginate da Mozart, bambino, e trascritte dalla mano del padre: proprio quei due fogli lì. Ce l'hanno. O la carta sui cui Dickens ha scritto *Il racconto di Natale*. Ce l'hanno: con la sua grafia, il suo inchiostro, e l'orma dei suoi occhi. Carta. Su cui è scritto da dove veniamo. E perché siamo così. Mentre il mondo impazza, e aerei ben guidati centrano le torri più alte, voi prendete quella carta, scavate nella terra e l'andate a posare dove tutto comincia, a cercare il riparo delle fondamenta, e la forza dell'inizio, e il nitore di ogni aurora, e l'esordio di vita che è in ogni radice. Non è un gesto qualunque. Non è nemmeno un gesto soltanto architettonico. È un simbolo, magari involontario, ma un simbolo. Mettere Mozart bambino là sotto è una confessione, e una promessa. Credo che sia un modo di confessare che abbiamo paura, e sentiamo il bisogno di mettere al riparo quel bambino. Perché sentiamo che la barbarie della guerra ci fa tornare primitivi e l'accelerata tecnologica ci tramuta in automi futuristici: in mezzo ci sarebbe il tempo continuo e regolare di una crescita umana, ma quelle due forze tirano in direzioni opposte e strappano quel tempo. Il bambino è il filo che tiene ancora insieme i lembi del tessuto che si sta strappando. Magari inconsciamente, ma tutti sappiamo che è quel filo che ci salverà. Allora al riparo, là sotto. E credo che sia una promessa: un modo di ripromettersi che quei libri, quella carta, quella storia, quel tempo, sono ciò da cui si dovrebbe ripartire: il fondamento del gesto che ricostruisce un mondo vivibile. Sono le radici, e da lì bisognerebbe ricominciare il quotidiano gesto della creazione. Mi piace pensare che sia proprio Mozart bambino, o il Dickens minuto del *Racconto di Natale*, o la bellezza fragile di un quartetto di Schubert. C'era lì una piccola idea di uomo, così laica e semplice, così magnificamente imperfetta, che davvero sembrerebbe l'unica possibile rifondazione di un'umanità giusta. Magari sopravvaluto il valore della storia della cultura: ma quella bellezza non è l'unica memoria viva che abbiamo per ricordarci di cosa volevamo essere? Né guerrieri, né santi, né superuomini: semplicemente, uomini.

Per cui adesso c'è un cantiere, ma prima o poi, probabilmente tra un paio d'anni, ci sarà una biblioteca, in quel buco: Mozart bambino nelle nervature della pietra che tiene in piedi il cuore del mondo. E andarci sarà come andare a visitare un monumento. Sarà come andare a rendere omaggio a un'idea. Madison Avenue, tra la Trentaseiesima e la Trentasettesima. Segnatevi l'indirizzo, per favore.

(*7 maggio 2004*)

L'idea di libertà spiegata a mio figlio

Un giorno ho portato mio figlio a Cinecittà, a Roma, mi sembrava un posto che doveva vedere, dato che la sua idea di cosa fare da grande è fare film come *Star Wars*. Per il momento ha undici anni. Ha tempo, direi, per cambiare idea, comunque una gita a Cinecittà poteva servire. A un certo punto mi ha chiesto chi l'aveva fatta, Cinecittà. "Il fascismo," gli ho detto. "L'hanno fatta quando tuo nonno aveva otto anni e in Italia c'era il regime fascista." La cosa gli ha creato un po' di confusione. Mio figlio è cresciuto in un ambiente inesorabilmente antifascista. Non siamo stati lì molto a sottilizzare, in famiglia: ci è sembrato pratico orientarlo a considerare il periodo fascista come un passaggio triste della storia patria, e amen. Non gli quadrava molto, quindi, che quella figata l'avessero fatta proprio in quegli anni. Allora ho capito che dovevo spiegargli qualcosa di più.

Quello che gli ho spiegato è che il regime fascista aveva governato questo Paese a lungo e sicuramente qualcosa di buono l'aveva fatto. Non mi veniva in mente niente in particolare, ma devo avergli fatto notare, ad esempio, che le autostrade avevano incominciato a farle loro, per rompere l'isolamento di tante parti d'Italia e modernizzare il Paese. Probabilmente devo anche aver detto qualcosa a proposito dei due Mondiali di calcio vinti dall'Italia in quegli anni: è il genere di cosa che per un undicenne significa molto. Lui non aveva mai pensato che qualcosa di decente potesse essere accaduto, durante il fascismo, e quindi aveva la faccia di uno che doveva riordinarsi in mente un bel po' di cose. Ha riassunto tutto il suo smarrimento in una domanda semplice: e allora perché noi siamo contro il fascismo? Ci siamo seduti.

Quel che ho cercato di spiegargli c'entra con questo manifesto di Amnesty che adesso sto guardando e che probabilmente stamperò e metterò da qualche parte nella camera di mio figlio, tra un manifesto di *Star Wars* e uno dei Simpson. Gli ho spiegato che a noi non piace il fascismo perché c'erano le autostrade ma non la libertà. "Libertà di fare cosa?" mi ha chiesto. "Molte libertà," ho cercato di spiegargli, "ma se vogliamo andare al cuore del problema, non c'era una reale, effettiva libertà di pensare quello che volevi e di esprimerlo ad alta voce. A parte il fatto che se avevi da ridire sul regime ti ritrovavi senza lavoro, o in galera, o peggio, ma a parte questo, il problema era che proprio ti si impediva di avere un cervello tuo, con dei tuoi pensieri, delle tue idee, magari anche sbagliate, o un po' grulle, ma tue. Tutti in fila a imparare le parole d'ordine del capo, e fine della libertà di pensare," gli ho detto. "Nessuno può impedirti di pensare cosa vuoi," mi ha detto. "Come fa? Ti entra nella testa?" Era una buona domanda. Allora gli ho detto che sì, ti possono entrare nella testa. Iniziano a legarti le mani, poi i piedi, poi a chiuderti gli occhi, poi a spegnerti la voce, poi a metterti paura. Possono farlo. E tu continui a vivere, magari hai anche le autostrade e Cinecittà, ma sei in una gabbia e inizi ad abituarti, perché anche quello è un modo di vivere, in gabbia, soprattutto se la gabbia te la rendono in fondo confortevole, e apparentemente adatta a crescere, vivere, fare figli, fare soldi, toglierti delle soddisfazioni, avere amici e amori. Ci si abitua a tutto. Anche a vivere in gabbia. Magari in cambio di un po' di ordine, di una manciata di certezze, di qualche domenica al sole. Ma intanto perdi la capacità di pensare per conto tuo, e alla fine anche la voglia di farlo. Ti dimentichi di cos'è la libertà. Lui aveva l'aria di essere veramente spaventato. "Però adesso non è così, vero?" mi ha chiesto, tanto per tranquillizzarsi. Lì avrei dovuto parlargli dell'Italia di oggi ma veramente mi sembrava un po' troppo complicato e allora gli ho chiarito che i fascismi sono molti, e in tante parti del mondo, e magari noi oggi, qui, abbiamo una certa, sostanziale libertà, ma molte altre persone in giro per il mondo no. "Che culo essere nato qui," ha detto. "Indubbiamente," ho detto, anche se qualche distinguo mi sarebbe venuto da farlo. Ma non era il momento. "Fammi un esempio," mi ha detto. "Un esempio di un posto dove non sono liberi." Forse non era l'esempio migliore, ma non so perché mi è venuta in mente Cuba. Cioè, lo so. Perché avevo da poco parlato con un amico cubano che mi aveva detto una cosa che mi aveva colpito. Non sono nemmeno sicuro che fosse completamente vera, ma ero sicuro che non era nemmeno completamente falsa. Gli avevo chiesto, all'amico cubano, se non trovava tremendo che loro non potessero navigare liberamente in Internet.

E lui mi aveva detto che le cose non stavano esattamente così: mi aveva detto che c'erano almeno quindici siti internazionali dove loro potevano entrare. Almeno quindici. "A Cuba, ad esempio," ho detto a mio figlio, "se vai su Internet puoi entrare solo in quindici siti, tutti gli altri sono vietati." In effetti era l'esempio buono. Non ci voleva credere. "Quindici?" Sgranava gli occhi. "Non possono entrare nel sito della 'Gazzetta dello Sport'?" "No. Non credo." Ci ha pensato un po'. "E noi non possiamo portargli i nostri computer?" mi ha chiesto. Allora gli ho spiegato che no, non possiamo portargli i nostri computer, ma molto possiamo fare, e molti lo fanno, per pretendere che la libertà di informazione e quindi di pensiero e di espressione sia un diritto di tutti, anche di quelli che vivono sotto i fascismi, di ogni colore e di ogni specie. La cosa gli è piaciuta. Era tutto gasato. "E noi cosa facciamo, ad esempio?" mi ha chiesto. "S'è fatto tardi," ho detto. Ma a lui andava di sapere cosa stavamo facendo, noi due, e magari anche la mamma e i nonni, perché tutti avessero il diritto di pensare ed esprimersi, liberamente, in ogni parte del mondo. Poco, alla fine ho ammesso. Molto poco. "Perché?" "Perché la vita è complicata e non c'è tempo per fare tutto. E perché adesso che me l'hai detto mi sono ricordato di quanto poco facciamo e quindi ti prometto che mi faccio venire qualche idea, e da oggi pomeriggio ci mettiamo a fare qualcosa." Era già più tranquillo. Però no, non è che mi sia venuta chissà quale idea, devo dirti adesso, figlio mio che nel frattempo hai dodici anni. Mi spiace, ma di nuovo me ne sono dimenticato e l'unica cosa che posso dirti è che oggi ho scritto qualche riga su un manifesto che gridava quella voglia di libertà di cui abbiamo parlato, quella volta, ed è proprio poco, d'accordo, ma è quello che ho fatto oggi, è il raccolto di oggi, forse è meglio di niente. Ma peggio del molto che dovremmo fare, lo so. Dammi un'altra chance e vedrai che qualcosa mi viene in mente. Anzi, fa' così: prendi questo manifesto e attaccalo in stanza, va', così non ce ne dimentichiamo più, di questa faccenda. No, non c'è bisogno che togli quello dei Simpson. Va bene anche di fianco.

(*10 maggio 2011*)

Buenos Aires. Quando, dopo pena lunghissima, ce l'hai fatta a sopravvivere all'inverno, solo qualcosa di molto speciale può riportarti indietro in questo autunno argentino, con caduta di foglie annessa, donne che si rivestono e primi impermeabili fuori dagli armadi. Al limite, una milonga definitiva. O, come nel mio caso, una partita di calcio.

Che però – mi dico per scusarmi a me stesso – non è una partita di calcio, ma *la* partita di calcio, a sentire molti, troppi, cioè tutti quelli che al momento di riassumere una vita di corbellerie si sentono serenamente in grado di dire che se ci sono dieci eventi sportivi che bisogna vedere prima di morire, nove son quelli là, ma il primo è questo: Boca Juniors-River Plate nello stadio del Boca. Il più famoso derby del mondo. El Superclásico.

Non è che io creda particolarmente a queste liste di "cose da fare prima di morire", è ovvio: il problema è che ogni tanto credo ancora meno alla lista delle cose che faccio per vivere: quindi mi viene da esplorare i bordi della grullaggine umana. Questo, ad esempio è un bel bordo. L'ho inseguito per un po', ci ho messo qualche anno, mi ha ritardato un po' l'illogica discesa del River in serie B, ho aspettato che risalisse, e finalmente ho imbroccato la data giusta che sarebbe domani, oggi per chi legge (splendida espressione di un giornalismo che non esiste più): ho attraversato l'Oceano per essere alla Bombonera, alle diciotto e quindici, e portarmi a casa la partita di calcio più bella del mondo. Eventualmente, dovesse aggiungersi qualche tango – da voyeur, si intende – non mi tirerò indietro (da tempo cerco di elaborare questa teoria: se Dio esiste, sta nel millimetro di vuoto che c'è tra le scarpe luccicanti dei ballerini di tango, quando si sfiorano).

Se Dio esiste, credono invece a Buenos Aires, domani alle diciotto e quindici sarà davanti al televisore, come tutti tranne i sessantamila più me che saranno in quella fornace gialla e azzurra della Bombonera. Si ferma il Paese, e anche la nonna di centotré anni si schiera. Non è chiarissimo il perché, o meglio, va spiegato. A Buenos Aires ci sono più squadre di calcio che ospedali (be', tiro a indovinare, ma siamo lì), fai venti minuti in macchina e puoi inanellare sei stadi diversi, con squadre diversi e tifosi diversi. Quindi da queste parti la parola derby dovrebbe avere smarrito da tempo il suo significato. Eppure la rivalità tra il Boca e il River è speciale, irripetibile, antichissima e insanabile. C'entra la Storia.

Era l'inizio del secolo scorso, i migranti del tempo erano italiani e la Boca, il quartiere vicino al porto, era il loro quartiere: case da schifo, le uniche che potevano permettersi. Lavoravano nei cantieri navali e spesso incrociavano gli inglesi, che da quelle parti costruivano le ferrovie e, nelle rare pause, prendevano a calci un pallone. Adesso è difficile immaginarlo, ma non avevano mai visto nulla di simile: ne rimasero fulminati. Non parlo delle ferrovie: del pallone. Insomma, per farla breve, si misero a tirare su squadre una dopo l'altra. Alla Boca erano soprattutto genovesi, un po' di lucani, pugliesi, qualche spagnolo, rari austriaci, ma forse erano tedeschi: insomma i cognomi erano soprattutto cose come Moltedo, Cirigliano, Bonino, qualche Tarrico, un Martínez ogni tanto. Va be', tirarono su una squadra, volevano chiamarla Juventud Boquense, ma magari anche La Rosales. Ne discussero per un po'. Poi uno di loro, il Martínez, disse che al porto aveva visto una cassa con una scritta bellissima: "River Plate". Non voleva dire nulla: era "Rio de la Plata" tradotto da un inglese imbecille. Ma suonava alla grande.

Negli stessi anni, probabilmente nel bar vicino, altri Moltedo, Cirigliano, Bonino ecc., fondarono un'altra squadra. Lì, col nome, se la cavarono in fretta: la Boca era il loro mondo, la chiamarono Boca. Poi aggiunsero Juniors perché faceva un po' inglese. Perfetto. Si incartarono invece sui colori sociali: non avevano la più pallida idea. Allora qualcuno disse: "Andiamo al porto e la prima nave che arriva guardiamo la bandiera: e quelli saranno i nostri colori". Erano tempi di una certa poesia, nonostante la miseria e la fame, o forse proprio per quelle. Arrivò un veliero svedese, pensa te. Giallo e blu, per sempre.

Quindi erano cugini, in qualche modo, questo va saputo. E sono centosei anni che se le danno, calcisticamente parlando, e no. Ma se la rivalità è lievitata a mito è soprattutto per una circostanza particolare: pochi anni dopo la fondazione, quelli del River abbandonarono la Boca e si fecero lo stadio in un altro barrio della capi-

23

tale, un po' più elegante: Palermo. Non gli bastò: ancora qualche anno e si trasferirono a Nuñez, un posto da ricchi, zona residenziale, belle macchine, niente merda. È così che sono diventati, per tutti, "los Millonarios": quando lo pronunciano quelli del Boca, non è un complimento. È lo sprezzante insulto che si riserva a quello che è emigrato, ha fatto i soldi, poi è tornato al paese ma il paese gli faceva un po' schifo e così è andato ad abitare in città. El Millonario. Dato che quelli del River contraccambiano chiamando i tifosi del Boca "Bosteros" (la "bosta" è la merda di cavallo), la geografia sentimentale e sociale è molto chiara: da una parte i poveri (fieri, irriducibili e miserandi), dall'altra i ricchi (fighetti, eleganti e vincenti). Quando le cose si mettono con un tale splendido ordine, scatenare la rissa è uno scherzo.

Naturalmente, ne è derivato una sorta di Dna delle due squadre, diametralmente opposto. Le ideologie sono tramontate, come si sa, ma al River amano il bel gioco, al Boca se ne fregano e ululano per la maglia strappata, il giocatore che esce con la testa fasciata e cose del genere. O almeno, così si raccontano. Il River vince i campionati ma perde le coppe (se la fanno sotto quando il gioco si fa duro, dicono alla Boca), il Boca perde i campionati (che sono lunghi e noiosi) e vince le coppe, dove c'è la vera epica. E si potrebbe andare avanti per un po'. Lo stadio del River è tradizionale, più grande e circondato da un quartiere per bene, quello del Boca è una costruzione assurda (ha praticamente solo tre lati) paracadutata in mezzo a case fatiscenti. Cose così. Bastano a coltivare un duello che non è mai finito.

Dato che è iniziato più di cento anni fa, di pistoleri grandiosi ne sono passati tanti: e anche lì, il Dna delle due squadre è riconoscibile. È vero che dal River è passata gente come Kempes o Passarella (per i quali il termine "fighetti" non è d'aiuto), ma il supremo eroe, da quelle parti, resta Di Stéfano, uno di quei professori che ha inventato il calcio (e poi Sivori, naturalmente, e perfino Cesarini, quello della zona Cesarini, proprio lui: quando dai il tuo nome a un pezzetto di Tempo – il quale è solo di Dio, dice la Bibbia – qualcosa nella vita lo hai fatto). Dall'altra parte, al Boca, sono naturalmente più veraci: a parte l'idolo Riquelme (calciatore malinconico, signore dello Slow Foot), e la meteora Maradona (passò, lasciò il segno, ma poi se ne andò velocemente, un po' troppo velocemente per i ricordi), gli eroi più tramandati sono due giocatori imbarazzanti: Palermo e Gatti. Palermo era una specie di Chinaglia, ma più rozzo, più inelegante, più elementare. Inguardabile, ma la metteva dentro, siempre: nessuno ha segnato più di lui con la maglia del Boca. "Olfato de goal," spiegano qui, con un'espressione per loro normale, per me sublime. Per convincerti della sua grandezza, aggiungono che erano, nella quasi totalità dei casi, goal orrendi. Ritengono l'argomentazione definitiva. (Palermo è anche ricordato, peraltro, per aver battuto, in una sola partita, tre rigori: e averli sbagliati tutti. Un'altra volta, sempre dal dischetto, scivolò prima di battere e finì per colpire il pallone con tutti e due i piedi: goal. L'arbitro è ancora lì che si chiede se nel Regolamento si parla di qualcosa del genere.) Gatti invece era un portiere, e già un portiere che si chiama Gatti mi fa morire. Quelli del Boca sostengono che sia stato il primo portiere al mondo a giocare anche con i piedi, cioè a controllare, passare, dribblare con i piedi. Può darsi. Di sicuro c'è che il suo sogno era fare il centravanti. Capelli lunghi, fascia intorno alla testa, bermudoni al posto dei consueti pantaloncini: che fosse un po' matto è cosa su cui è inutile discutere. Iniziò al River poi passò al Boca, perché era un tipo da Boca. Una volta, vedendosi arrivare, in contropiede, un avversario con le praterie davanti, trenta metri di nulla, invece che tentare l'uscita, gli andò incontro amichevolmente caracollando la testa e facendo di no col dito, urlando che era fuorigioco. L'arbitro non aveva fischiato niente, ma Gatti era talmente convincente nel suo essere un portiere che caracollava a gioco fermo, che l'attaccante avversario lasciò proseguire il pallone, si voltò e fece per tornare nella sua metà campo, tra gli sguardi esterrefatti dei compagni. Immagino che dal giorno dopo si sia dato al modellismo.

Insomma, c'è effettivamente un modo di stare al mondo da Boca, e uno da River, volendo ancora credere alle belle favole. E si scontreranno domani alle diciotto e quindici (oggi per chi legge) in una fornace gialla e blu, resa incandescente dai tifosi più rumorosi del mondo e illuminata dalla luce lontana della leggenda. Tanto per rendere la cosa più interessante, le due squadre sono in testa alla classifica, a pari punti, come in un racconto di Soriano. Ammesso che io riesca a raggiungere lo stadio e a valicare le muraglie di chorizo con cui cercheranno di distrarmi, sarò là a vedere, per poi raccontare (sul giornale di martedì, se tutto va bene, come gesto di omaggio a un giornalismo arcaico per cui il termine "attualità" indica un fastidioso limite da superare). Per ora piove in modo impietoso, ma domani tutti annunciano un "otoño dorado".

Arbitrerà Patricio Loustau, un uomo a cui, oggi, non invidio niente.

(*3 maggio 2015*)

25

La Bombonera 2

Diciamo che, a una partita come questa, magari il bambino non lo porti, ecco. Mentre tutto il mondo calcistico sta virando verso una versione vagamente igienista del rito (il mito degli stadi inglesi, che fra un po' c'hanno i centrini sui sedili), qui alla Boca resiste un'idea di calcio svergognatamente sporca, popolare, pericolosa e brutale. Sarà che è domenica, e i negozi sono chiusi, e i turisti si tengono ben lontani, e ci sono poliziotti dappertutto, ma arrivare allo stadio attraversando il barrio dà la vaga sensazione di visitare una periferia il giorno dopo una sommossa: tutto un po' a pezzi, umanità indecifrabile che staziona a presidiare non si sa cosa, cani disillusi che tornano a casa, porte aperte da cui intuisci monolocali per famiglie numerose, palazzi sprangati che confessano ma non spiegano imperscrutabili catastrofi. È tutto sporco, ambiguo y final. Mi aspettavo amenità, grandi mangiate nelle bodegas dei dintorni, liete famigliole in processione giuliva, ma la verità e che da 'ste parti l'unica cosa che conta è lo stadio, che come un muscolo poetico risucchia e poi espelle fiumane di sangue umano, sangue giallo e blu. Tutto il resto deve sembrare inutile decorazione.

E in effetti, capisci la logica quando entri nella Bombonera, un'ora e mezza prima del fischio di inizio, e son già lì almeno in quarantamila, e stanno già cantando. Come devo avere già detto, è uno stadio tutto particolare, condizionato da un'anemia: quella dello spazio. Hanno dovuto incastrarlo in mezzo alle viuzze della Boca, che è un po' come costruire un ippodromo a Trastevere. Qualsiasi dirigenza dotata di un minimo di buon senso l'avrebbe già spostato in qualche bella area spaziosa, con tanto di parcheggi, stradoni di accesso e centro commerciale. Invece niente, lo stadio è ancora qui, e per starci, lì in mezzo, si stringe parecchio, assume una forma non ben chiara, e soprattutto sale verticale, dal campo verso l'ultima fila, lassù: un'immane tromba delle scale. Al pianterreno, il campo resiste appena allo stadio che gli cola addosso, riuscendo miracolosamente a fermarlo a un pelo dalle linee bianche: sono così vicine, le reti di protezione, che i corner li battono senza rincorsa (non c'è spazio), i panchinari vanno a riscaldarsi in un corridoio di prato che sembra un cucinino, e dietro alle porte i tifosi sono così vicini che, se interrogati, potrebbero parlarti del deodorante del portiere (il portiere del River: quello del Boca escludo che si deodori). Insomma, uno stadio unico, illogico e surreale. Riuscite a immaginare? Bene, adesso versateci dentro sessantamila invasati a cui non è stata ancora passata l'informazione che il calcio è un bellissimo spettacolo per famiglie invece che un rito tribale. Depositate sul fondo del bicchiere ventidue giocatori e un pallone. Per la versione strong, sceglierne undici del Boca e undici del River. Mescolare e bere. Suerte.

Che poi io ne ho visti di stadi e di partite, non è che proprio mi fregano facilmente, sono uno che è stato all'Old Trafford e al Camp Nou: però, lo dico con disarmata franchezza, io una cosa così non l'ho mai vista. Sporti nell'immane tromba delle scale, quei sessantamila cantano, urlano, fischiano, saltano e sbracano in un modo che, fuori da lì, non esiste. Così uno si ritrova a sentire, addosso, un'intensità tanto smisurata da far paura: hai la chiarissima impressione che la stessa intensità, scaricata altrove, porterebbe a un macello. Tanto che, mentre lo stadio mi batteva attorno con una sorta di oscura disperazione, mi è venuto da pensare che ci concentriamo molto, e forse giustamente, sulla violenza che il calcio produce, aprendo dibattiti sapienti sui quattro idioti che tirano bombe carta e pietre contro ai pullman, ma non ci fermiamo mai abbastanza a riflettere sulla quantità di violenza che il calcio assorbe, metabolizza, scarica, e in qualche modo disinnesca. Non penso tanto a quelli che già hanno una fedina penale sporca, penso alla violenza che cova, inevitabile, nelle vite di quelli "normali". Dove vado io, allo stadio del Toro, c'è un signore, un abbonato, che siede a pochi posti dal mio. Una persona educata, ti saluta quando arrivi, applaude quando tirano fuori lo striscione contro il razzismo. Non l'avrei praticamente notato, perché è un tipo anche abbastanza silenzioso, composto. Ma invece l'ho notato perché un giorno, che si giocava contro il Napoli, è uscito improvvisamente dal suo riserbo, si è alzato in piedi, e esasperato da non so più quale futile sciocchezza sul campo, è partito in una sparata in cui annoverava una serie di cose che sarebbero dovute toccare in sorte ai meridionali, senza più alcun senso della misura, e senza più alcuna possibilità apparente di controllare il tono di voce, lo sporgere della giugulare, la tendenza degli occhi a abbandonare le orbite. Parola per parola, quello che diceva (gridava) era di una tale volgarità, e indecenza, e vergogna che si faceva fatica a stagli dietro. Andò avanti così per un minuto buono. Poi si è seduto, si è risistemato il risvolto della giacca, e da quel giorno non l'abbiamo più risentito. Buongiorno, buonasera, applausi allo striscione contro il razzismo. Era a lui che pensavo, mentre la Bombonera mi pulsava nelle ossa: pensavo a come siamo fatti, e all'animale pericoloso che siamo, e all'astuzia del padrone che, al guinzaglio, ci porta a spasso.

Ah, dimenticavo che in effetti, a un certo punto, è iniziata la partita. Parte il cronometro e il River si prende il campo, allargando elegantemente sulle fasce, ma con l'innocuo languore di uno che, appena alzato, si stira un po'. Stranamente contratto, il Boca soffre, insegue, morde. Tutto come da copione. Non è un gran calcio, lo si capisce subito: una specie di serie B con qualche sprazzo individuale da Champions. Il River continua a stirarsi, il Boca non sembra avere altri schemi d'attacco che quello di inseguire le palle vaganti. Dato che però la difesa del River, di palle vaganti, ne produce parecchie, al decimo minuto Osvaldo (che da noi non sapevamo più dove mettere e qui è il migliore) ne arpiona una, e senza stare a pensarci troppo la spedisce di collo pieno sul palo, mancando di qualche centimetro la gloria. Al quindicesimo sorge la luna piena da dietro gli spalti, al diciottesimo uno degli elefanti che il River schiera al centro della difesa sfiora l'autogoal con una ciabattata, mancando di una spanna la vergogna. Tanto per ristabilire un certo equilibrio, anche il River centra un legno, al trentesimo, con un bel tiro da fuori di Sánchez. Ancora un po' di calcio traballante e si va al riposo.

Non si riposano, però, sugli spalti, dove intervallo è una parola che non conoscono.

Il secondo tempo se ne sarebbe andato in una malinconica tiritera di errori, con le squadre deglutite dalla loro mediocrità, se non fosse che al ventesimo la Bombonera ha iniziato a intonare una specie di mantra a loop (Dale Boca, oh oh) con l'aria di non smetterla mai più. Da 'ste parti dev'essere una specie di segnale, e i giocatori del Boca devono sapere esattamente cosa significa, perché sono scesi a recuperare in anfratti dimenticati del loro calcio dei rimasugli di intensità e fame che tenevano da parte per questi momenti. C'era uno zero a zero da schiodare e solo sette minuti rimasti per farlo, quando si sono inventati un'azione sgraziata, intagliata nella marmorea difesa del River, e hanno portato un panchinaro a sciabolare un pallone inesatto tra il portiere e il palo. L'esplosione della Bombonera è stata tale che, per qualche minuto, quelli del River non ci hanno capito più niente: sette minuti possono anche bastare a recuperare un goal, ma lì, in quella fornace, la cosa gli deve essere sembrata irreale come a un infartuato salire le scale con la borsa della spesa. Così li ha colti uno svagolamento poetico di cui il Boca non ha avuto comprensione, mettendo in fila quattro tocchi e portando un altro panchinaro a ingrassare la leggenda. Due a zero, e sessantamila fuori di testa.

Da qualche parte, qualcuno, allora, dopo averci tirato un po' la palletta ai giardini, ci ha riportato a casa, al guinzaglio. Disciplinatamente l'ho seguito, camminando nel buio questa città strana, bella di una solennità stanca che non capirò mai.

(*5 maggio 2015*)

Le cinquecento miglia di Indianapolis sono una parola sola: il nome di un mito. Se sei un ragazzino europeo te lo porti dentro come una roba esotica di cui non ti è dato di sapere molto. Allevato a Formula Uno, ti riesce difficile capire cosa mai ci trovino gli americani in quella specie di ovale in cui macchine che non sono la Ferrari girano ossessivamente.

Girano con la stessa logica imperscrutabile dei bambini dell'asilo in cortile, nell'ora di ricreazione. I nomi dei vincitori arrivano poco, nei giornali nostrani, e in realtà neanche si capisce bene in cosa consista il gioco, quali siano le regole, e dove stia il fascino della cosa. Però si sa che quella non è una gara: è *la* gara. Ovvio che prima o poi ti venga da chiarirti le idee e così un giorno ho deciso che io, alla Cinquecento Miglia di Indianapolis, ci sarei andato: ecco perché, nei giorni in cui da noi si consuma il sofisticato e decadente rito del Gran Premio di Montecarlo, io invece, assurdamente, sono qui, nei trentacinque gradi dell'Indiana, in mezzo a quattrocentomila americani, tonnellate di cheeseburger, ettolitri di birra e centouno anni di mito indiscusso. Sono venuto per capire. E per allungare la mia collezione di gesti snob, è ovvio.

Per entrare nei miti il segreto è trovare la porta giusta. Io, nella circostanza, ho avuto fortuna. Avevo sentito questa strana storia: che l'anno scorso, alla partenza della Cinquecento Miglia si erano schierate, come al solito, trentatré macchine: la cosa strana è che macchine erano: tutte Dallara. Ora, per uno che è stato allevato a Formula Uno, la cosa può significare solo due cose: o che sono tutti scemi o che questo signor Dallara è un fenomeno. Così ho preso la mia, di macchina, e sono salito dalle parti di Parma, dove son finito in uno di quei pezzetti di Italia che mi affascinano e che trovo, per ragioni che non so definire, struggenti. È che incroci mucche al pascolo, poi quelle misteriose fabbrichette dove fanno cose tipo intonaci ma li fanno anche per Dubai, poi incroci ordinate casette dipinte inspiegabilmente di giallo limone; al bar dipende dai tavoli, o vecchietti che sacramentano in dialetto, o lolite in attesa che passi il reclutatore del *Grande Fratello*. Ogni tanto c'è un negozio di abbigliamento con nomi tipo Beverli Hylls, ma c'è sempre qualche ipsilon nel posto sbagliato, o di troppo. Quei mondi lì. Me la stavo godendo, quando, girata una curva, ecco la Dallara: una palazzina di uffici, due hangar e, preso in mezzo, un misterioso casolare splendido, vecchio, ma mezzo crollato, come paracadutato lì da un cielo in cui non c'era più posto. Cioè, a dire il vero, era proprio tutto quanto che sembrava paracadutato in quella campagna per ragioni inesplicabili. Ora so che da lì escono macchine da corsa per tutto il mondo, perché questa gente, meglio di chiunque altro, sa costruire qualcosa che vada veloce da pazzi e che, pure, inspiegabilmente, stia attaccata per terra. La stessa cosa che, volendo, ci si augurerebbe a proposito del nostro semplice, quotidiano, stare al mondo.

Il signor Dallara esiste veramente ed è un ingegnere apparentemente pacifico che ha iniziato alla Ferrari quando io ero ancora ai pannolini (miei, non dei miei figli). Adesso fa il nonno, non perde una partita del Parma, va a sentire l'Opera al Regio e soprattutto tiene insieme un'azienda modello che in fatto di materiali, tecnologia e aerodinamica dà la birra a tutti (i motori non li fanno, non è roba loro). Il suo segreto: una fortuna bestiale, dice lui, usando un eufemismo. L'innovazione continua e ossessiva, ho capito io, vedendo i suoi uffici pieni di giovani e computer. Visitata la loro galleria del vento, e lo spettacolare simulatore in cui tutti i piloti del mondo vengono a studiare i circuiti (una specie di ragno fantastico, nel nero di un hangar spaziale), mi son fatto la domanda che ultimamente mi faccio spesso, e cioè come diavolo possa accadere che un Paese con gente così rischi di fallire. Ma che classe politica deve avere per ottenere un risultato così illogico? Va be', lasciamo perdere. Lavorano, comunque, sul futuro, sempre e ossessivamente. A un certo punto ho chiesto all'ingegnere cosa stanno studiando adesso, qual è il next step. Senza perdere la calma mi ha spiegato che stanno cercando di entrare nella testa dei piloti. Cioè, stanno cercando di capire come funziona il loro cervello quando decidono di spingere la macchina fino al limite: lì inizia una terra di nessuno in cui, sapendo intuire dove arriva l'immaginazione di un pilota, si potrebbe provare a mettergli tra le mani una macchina capace di tradurre in realtà le sue visioni. Ma guarda, ho pensato, lo stesso problema che abbiamo quando facciamo film. Ma non gliel'ho detto perché nel frattempo avevo deciso di farmi spiegare da lui quella storia delle trentatré macchine tutte col suo nome: ma no, niente, dice lui, il fatto è che lì è tutto diverso, l'idea è di mettere i piloti tutti nelle stesse condizioni, quel che gli piace è la sfida tra i piloti, quindi vogliono una macchina più o meno uguale per tutti: fanno una specie di gara d'appalto e chi gli porta la macchina migliore vince: è solo che noi abbiamo vinto. Poi mi ha portato ad assaggiare un parmigiano che fanno a Bardi, ineguagliabile: è gente così. Italiani. Da lì in poi ho iniziato a capire che il gioco, a Indianapolis, è davvero diverso. Mi sembrava un po' ottuso quel girare sempre da una parte, in quella specie di anello, dove sta il problema? Sintetico, l'ingegner Dallara mi ha spiegato che lo fanno per più di due ore, a una media di trecentosessanta chilometri all'ora, sfiorandosi manco fossero le Frecce Tricolori, in una fornace circondata da quattrocentomila spettatori urlanti e birrificati. Se vanno lunghi trovano un muro, niente vie di fuga. Il freno lo usano solo per entrare ai box e per fermarsi alla fine. Le sembra così facile?, mi ha chiesto. Adesso meno, ho risposto. Infatti, ha concluso. Ma se viene con me a Indianapolis, ha aggiunto, le faccio fare una cosa che la convince definitivamente. D'accordo, ho detto, ingenuamente.

Così un paio di settimane dopo mi son trovato sulla pista di Indianapolis, alle sette del mattino, piuttosto elegante nella mia tuta da pilota, seduto in una biposto Dallara, dietro a Mario Andretti, al volante (lui, grazie a Dio). Ora, Mario Andretti non è uno qualunque: è uno che ha vinto tutto, e stato uno dei pochissimi a vincere sia in Formula Uno sia qui a Indianapolis. È come vincere il Nobel per la letteratura e anche per la chimica. Lo dico per chiarire che io mi sarei emozionato anche solo a sedermi al bar, con Mario Andretti. Invece adesso era lì al volante, e stava per farmi fare qualche giro di Indianapolis. La vita è strana, mi son detto, augurandomi che non finisse lì. Lui è partito, con un'accelerazione che mi ha ridisegnato gli interni, e poi con lui ho veleggiato sopra i trecento all'ora, nel ventre di uno stadio immane completamente vuoto, nella luce dell'alba, con il muretto che mi strisciava di fianco, la pista stretta come una tagliatella grigia e un motore che mi cantava note mai sentite nella nuca. Ci tengo a dire che quando si entrava in curva, a quella velocità, il fatto di rimanere attaccati alla terra mi è sembrato ogni volta un fenomeno inspiegabile e contronatura: è bello pensare che invece accade regolarmente ogni volta, e questo grazie al lavoro di quelli là, tra le mucche e i negozi Beverli Hylls. Quando sono sceso, avevo effettivamente formalizzato il concetto che adesso condivido con questi quattrocentomila americani che mi circondano, in un'orgia di pance, hot dog, infradito rosa e sorrisi da ragazzi eterni: ma cos'è 'sta fighetteria della Formula Uno? Forti di questa domanda retorica ce ne stiamo qui, io e loro, nei trentacinque gradi dell'Indiana, a sette ore dal momento in cui sapremo chi ha vinto, quest'anno, la gara più bella del mondo.

(*28 maggio 2012*)

Indianapolis. Tanto lo sapete già: ha vinto Dario Franchitti, nome italiano, ma in realtà viene dalla Scozia. Qui alla Cinquecento Miglia di Indianapolis aveva già vinto due volte, con questa fa tre ed eccolo approdato nella leggenda. Per gli amanti del gossip, la sua fidanzata si chiama Ashley Judd, famosa attrice: levita leggiadra ai box, come una sorta di apparizione, ed evidentemente porta fortuna. E con questo, la notizia l'ho liquidata e posso passare a raccontare.

Se Indianapolis è Indianapolis è anche perché qui si corre da quando le corse quasi non esistevano: le facevano negli ippodromi, mettendo ai piloti delle maglie colorate, come ai fantini, per riconoscerli: ci misero un po' a capire che dipingere sulle auto un numero era più pratico. Si correva sulla terra e quindi il tutto si consumava in un nuvolone di polvere in cui si intravedeva giusto qualcosa. L'idea di fare dei veri e propri circuiti, disegnati apposta per le corse, appariva ancora come un'ambizione da grulli, ma a Indianapolis un passo avanti lo fecero: tennero il modello di pista delle corse di cavalli ma lastricarono il fondo di mattoni, che adesso sembra una follia e allora invece dovette sembrare solo una tollerabile rottura di palle (ne misero giù tre milioni e duecentomila, di mattoni). Di quel selciato, mitico, gli americani, che avendo poca storia non ne buttano via neanche un centimetro, hanno salvato una striscia, proprio sulla linea del traguardo: la gente ci va, si inginocchia e bacia i mitici brick: è gente fatta così.

Fatta la pista si inventarono la gara: duecento giri gli sembrarono una bella misura ed è così che nacque la Cinquecento Miglia. A vincerla per primo, nel 1911, fu un certo Ray Harroun. Per dire che automobilismo era, la vinse perché evidentemente ci sapeva fare, ma soprattutto, per opinione unanime, grazie al fatto che la sua vettura presentava un'innovazione tecnologica decisiva: aveva lo specchietto retrovisore. Detta così sembra una belinata, ma occorre ricordare che ai tempi correvano in due, pilota e meccanico, e il meccanico serviva per voltarsi indietro e dire al pilota cosa stava succedendo in pista. Ray Harroun mise lo specchietto e eliminò il meccanico: macchina più leggera e vittoria assicurata. Erano altri tempi.

Dunque si va a Indianapolis per coltivare una storia che viene da lontano, e questo spiega molte cose, ma non tutto. Ad esempio non si può capire nulla di questo mito se non si fa attenzione al giorno in cui accade: ultimo weekend di maggio, cioè alla vigilia del Memorial Day. Il Memorial Day è il lunedì in cui gli americani ricordano tutti i loro caduti in guerra, e quando dico tutti dico tutti, valgono anche quelli dell'Ottocento (valgono anche i diciotto reduci che ogni giorno si suicidano negli Usa, statistica ufficiale). Per un giorno gran parte della nazione smette di lavorare e rende omaggio a chi ha dato la vita per la bandiera. Indianapolis, a modo suo, magnetizza questa alta marea di sentimenti e la convoglia intorno all'intensità di un fatto sportivo, cioè al simulacro di un fatto guerriero. Perfetto. Infatti arrivano in quattrocentomila, al circuito, anche per sentirsi americani, e quando passano i veterani, in piedi sui pick-up, due ore prima della gara, la coerenza è assoluta. L'apice si tocca quando, a macchine già schierate sulla griglia di partenza, tutto sprofonda in un silenzio irreale, centinaia di migliaia di persone si alzano in piedi, la mano sul cuore, i meccanici mollano quello che stavano facendo, si mettono tutti in fila, muti, nelle loro tute colorate, e nell'aria partono le note dell'inno americano. Lì, se hai un cuore, l'occhio umido te lo ritrovi, non c'è santo. Tuttavia accade anche di avere un cervello, e così, mentre di fianco a un meccanico da centotrenta chili cercavo di commuovermi, mi è venuto in mente che forse io non vorrei vivere in un Paese che nel giorno dei caduti si stringe intorno alla bandiera, cantando di eroi e gonfiando il petto di fierezza guerriera: forse non vorrei neanche vivere in un Paese che non ha mai smesso di essere in guerra, ed è padrone del mondo anche per le armi che produce e possiede. Voglio dire, ricordare i caduti dovrebbe portare a un semplice, elementare riflesso: detestare la guerra e pretendere la pace, ogni pace. Ma mi guardavo intorno e non vedevo niente del genere. Era un'altra roba. Finito l'inno, dagli spalti è salito un coro spontaneo, scandito, USA USA USA. Non so, da noi l'inno, prima della partita, ci divertiamo a fischiarlo, per cui non è il caso di dare lezioni a nessuno. Ma se si fossero messi a gridare PACE PACE PACE, io personalmente mi sarei sentito un po' più a casa.

È casa loro, comunque, e quindi facciano quel che gli pare, ho pensato. E me ne sono andato a guardare una cosa che adoro: gli occhi dei piloti, dalla feritoia del casco, mentre sono già nell'abitacolo, e mancano pochi minuti alla partenza. Hanno un sacco di gente attorno e un sole canicolare che picchia sull'asfalto e sulla testa. Ma loro, immobili. Con gli occhi non guardano niente se non un punto invisibile, dentro loro stessi, dove magari ripassano semplicemente la prima traiettoria, ma forse invece fissano se stessi, in uno specchio che esiste solo lì e in quel momento: capace che fanno quel mestiere per guardarci dentro, in quei pochi istanti. Gli passerà davanti come un'ombra, come un microscopico pensiero di morte? Chissà. (Una volta l'ho chiesto a un torero, se pensava mai alla morte, anche solo per un istante, prima di entrare nell'arena. Risposta: sarebbe il caso, ma me ne dimentico sempre.)

Poi un frastuono indimenticabile e partenza. Tutti schiacciati uno addosso all'altro e subito oltre i trecentocinquanta chilometri all'ora. Come ho già spiegato, niente vie di fuga, niente frenate, un muro tutt'attorno. Regole crudeli, c'è poco da fare. La drammaturgia è studiata per bene e rispetta un'idea prettamente americana di come debba srotolarsi lo spettacolo dello sport: c'è una prima fase in cui quel che succede non è importante, per cui hai tempo di arrivare in ritardo, di cercarti con calma quello che vuoi mangiare, di salutare gli amici, di telefonare a casa o al commercialista. Intanto quelli vanno a canestro o infilano curve a trecentosessanta all'ora ma senza che la cosa abbia grandi conseguenze. Da metà in poi si mangia e si inizia a valutare come stanno andando le cose. A tre quarti della faccenda si incomincia a non rispondere più al telefono e si smette di ingozzarsi. Gli ultimi dieci minuti, infine, sono adrenalina pura, lo devono essere, e lì puoi essere anche il prof. Monti, ma non capisci più niente, urli e basta. (L'assoluta inadeguatezza del calcio a rispettare un simile schema contribuisce a spiegare perché da queste parti se ne freghino altamente dello sport più bello del mondo.)

Di suo, la Cinquecento Miglia di Indianapolis, e tutto l'automobilismo di cui lei rappresenta la vetta, aggiunge una variante niente male: la corsa ricomincia un bel po' di volte. Date le premesse, non mancano gli incidenti, e ogni volta scatta la bandiera gialla: tutti in fila dietro alla safety car e distacchi annullati. Eri lontano di cento metri e adesso sei di nuovo attaccato a quello davanti (dovrebbe esistere qualcosa del genere nelle storie d'amore.

Anzi, adesso che ci penso, esiste). Quindi nuova partenza lanciata, nuova ammucchiata, e scosse di adrenalina per tutti. Funziona. Più ti avvicini al finale, più il parti e riparti diventa serrato. Il risultato è che dopo essersi fatti l'equivalente della Roma-Torino alla velocità di un Frecciarossa e girando sempre e solo a sinistra, come vittime di un incantesimo cretino, i migliori finiscono per giocarsi tutto nei tre giri finali, o la va o la spacca. Una gara in cui a cinque minuti dalla fine potresti già sapere chi vince, da queste parti è una cosa da rimborso del biglietto.

Nella fase delle telefonate al commercialista, non avendo particolari problemi fiscali, me ne sono andato a vagabondare un po' ai box, dove sotto un sole giaguaro energumeni di ogni età, con la testa nel microonde del casco, e i corpi stipati in tute da alta montagna, fanno quel che devono fare, cioè armeggiare tra computer, pneumatici e benzine con apparente disincanto. Ogni tanto, a sorpresa, appoggiata su un compressore, vedi una borsa di Vuitton e allora sposti lo sguardo di un attimo ed ecco una figura singolare, cioè la fidanzata del pilota. O moglie, sorella, qualche volta madre. Non hanno l'aria di divertirsi. Sguardo spento, gesti minimi. Stanno in una loro cabina che immagino fatta di sensazioni e sentimenti che a scuola non insegnano. Chissà il cuore, che ginnastica. Intanto gli energumeni in casco e tuta declinano il loro dovere in un caos organizzato che è la fotocopia, ne sono sicuro, del garage di casa loro. Ne escono gesti rotondi, imparati a memoria: in quel frastuono, non una parola, nel caso basta uno sguardo. Me ne sono rimasto un bel po' lì, più che altro per stare vicino al suono, a quel suono, l'urlo agonizzante di una macchina sparata su un rettilineo. Negli occhi è un lampo colorato, nelle orecchie è un urlo davvero, roco e primitivo, secco ma profondo, quando ti sfiora gli si incrina dentro qualcosa, e allora fila via improvvisamente svuotato, portandosi via come il sound di un qualche scampato pericolo. È una musica fatta di due note, sempre le stesse, ripetute per centinaia di volte. Una specie di ottava discendente, lo dico per gli esperti e per fare sfoggio di cultura. Ti entra dentro, come un mantra, e mi sa che poi continui a ballarla per un bel po', a cose finite.

A proposito di cose finite, a un certo punto ho realizzato che eravamo al buono e sono andato a godermi il finale seduto di fianco a una coppietta che mi studiavo già da un po'. Tutt'e due sui settant'anni, ma senza saperlo. Lui, evidentemente, un biker: baffoni e barba, bianchi, cranio rasato, nuca trasformata in un cuoio da vecchia poltrona Frau, eredità di chissà quante miglia, sotto il sole, sulla sua Harley. Lei minuta e carina, vestitino leggero a fiori, occhiali da sole con lenti rosa, un sorriso da ragazzina: me la sono immaginata negli anni sessanta e le ho invidiato tutti i suoi ricordi, magari incautamente. Si tenevano per mano, e nella manona di lui quella di lei era un fazzoletto, o una lettera stropicciata, ma bene. Intanto bandiera gialla e ripartenza. Tutti in piedi, i quattrocentomila nel circuito, e tutti gli altri, fuori, o davanti al televisore. Dall'ammucchiata escono in testa due auto rosse, Franchitti e Dixon, per la cronaca. Dietro – e dietro significa a un tiro di sputo – il giapponese Sato, vecchia conoscenza della Formula Uno. Quarto, ma con l'aria di aver perso l'istante, Tony Kanaan, un tipo che da 'ste parti adorano perché è arrivato secondo, terzo, quarto ma mai primo, e il tutto senza mai perdere il buon umore. Al penultimo giro si affacciano sul rettilineo d'arrivo schiacciati in un fazzoletto, e l'urlo agonizzante che spalmano nell'aria sembra anche più bello di prima. Tutti a gridare, intorno, anche il prof. Monti. A tre quarti del rettilineo Sato sfrutta la scia, si infila tra le due rosse e mette il muso davanti a quello di Dixon, intravedendo la gloria. La vede distintamente nella forma di uno spiraglio tra la macchina di Franchitti, appena davanti a lui, e il bordo della pista. Se lo tiene negli occhi mentre si precipitano entrambi, come in un buco nero, nella curva. Immagino che sia per vivere momenti del genere che uno fa il pilota. Magari c'entreranno anche i soldi, o qualche voglia che viene da lontano, ma, alla fine, dev'essere per bruciare istanti del genere che ti ficchi in un abitacolo grande come una culla e ti spari sull'asfalto a una velocità che non credo fosse nei piani del Creatore.

Si infila, Sato, perché la gloria non aspetta. Franchitti stringe di un nulla, per istinto, per mestiere e per perfidia. Forse una spanna, magari qualcosa di meno, ma prima c'era un varco e adesso non c'è più. Così, nell'eleganza malinconica di un testacoda impolverato, sfumano i sogni di un giapponese venuto fin qui per vincere una corsa che ora uno scozzese con un nome da contabile di Varese si sta portando via per sempre.

(*29 maggio 2012*)

Gabo muore

Si muore tutti, ma qualcuno muore di più. Ci ho messo poco a capire, giovedì sera, che la scomparsa di García Márquez non era solo una notizia, ma un piccolo slittamento dell'anima che in molti non dimenticheranno. L'ho capito dai messaggi che arrivavano, dalle sue frasi che iniziavano a piovere e rimbalzare ovunque. Era anche abbastanza tardi, la sera, in quelle ore in cui inizia a non starci più niente, nella tua giornata, e se si ottura il lavandino lasci perdere e rimandi a domani. Eppure in così tanti ci siamo fermati, un attimo, e abbiamo saltato un battito del cuore.

Che poi, diciamocelo, avevamo avuto anni per abituarci all'idea: Gabo se n'è scivolato nell'ombra lentamente, con una certa timidezza, e in fondo nel modo più gentile possibile. Quasi assurdo, per uno che aveva scritto l'eterna e iperbolica morte della Mamá Grande. È come se Proust fosse morto facendo sci nautico. Ma, insomma, il tempo lui ce l'aveva dato, per un commiato indolore. Credo che molti ragazzini l'abbiano letto, in questi anni, e perfino amato, pensando che fosse uno già morto (al contrario, ragazzi: nonostante l'apparenza, non morirà mai). Eppure, al momento buono, quando si è staccato dalla vita, silenziosamente come una figurina calciatori da un album vecchissimo, ci ha fatto male, e ormai è andata così.

Agli altri non so, ma a me ha fatto male perché io, a García Márquez, devo un sacco di cose. Tanto per cominciare, i venti secondi in cui ho letto per la prima volta le ultime righe di *L'amore ai tempi del colera*: avevo qualcosa come trent'anni e credo di aver smesso lì, in quel preciso istante, e per sempre, di avere dubbi sulla vita. Devo a una sua frase, che un editor gli avrebbe sicuramente tagliato, la certezza che se Dio ha creato il mondo, gli uomini hanno poi creato gli aggettivi e gli avverbi, trasformando un'impresa tutto sommato noiosetta in una meraviglia (no, la frase me la tengo per me). Ho imparato da lui che scrivere è una faccenda di generosità, un gesto senza vergogna, una mossa imprudente e un riflesso sproporzionato: se non è così, quel che stai facendo, tutt'al più, è letteratura. Ho scoperto, leggendolo, che i sentimenti possono essere repentini, le passioni devastanti, le donne infinite; che gli odori non sono dei nemici, le illusioni non sono degli errori, e il tempo, se esiste, non è lineare: tutte cose che non mi avevano dato in dotazione quando mi hanno spedito a vivere. Gli sono grato per la risposta che, rigirandosi semiaddormentato nella sua amaca, il colonnello Buendía diede un giorno quando lo avvertirono che era arrivata una delegazione del partito per discutere con lui del bivio a cui era arrivata la guerra: "Portateli a puttane". E soprattutto: non mi riuscirà di dimenticarlo perché non ho letto una sola sua pagina senza ballare. Anche nelle pagine brutte (ce ne sono) non si smette mai di ballare. Io non c'entravo, io non so ballare, ma lui sì, e non c'era verso di farlo smettere. E quando se ne vanno quelli con cui hai ballato, metaforicamente o no, c'è qualcosa della tua bellezza che se ne va per sempre.

Devo anche dire che per anni ho amato i libri di García Márquez da lontano, senza aver mai messo piede in Sudamerica. Poi una volta sono finito in Colombia. È stato un po' come finire a letto con una donna con cui ti eri scritto lettere per anni. Tanto per capirci, quando ai colombiani tu citi l'espressione "realismo magico" quelli vanno a terra dal ridere. Comunque non capiscono cosa significa. Perché quello che noi cerchiamo di definire, loro lo posseggono come normale andazzo delle cose, atavico paesaggio del vivere, ordinaria catalogazione del creato. Ti fermi a chiacchierare dieci minuti con un cameriere e sei già a Macondo. È che siamo poveri e abitiamo una terra complicata, mi ha spiegato una volta un poeta di quelle parti. Quindi le notizie non viaggiano, il sapere si sfarina, e tutto si tramanda nell'unica forma che non conosce ostacolo e non costa niente: il racconto. Poi, con una certa coerenza, mi ha raccontato questa storia vera (ma vera, lo capite, da quelle parti è una parola piuttosto evanescente). Un paese sulla costa, per la festa grande, ingaggia un circo della capitale. Il circo si imbarca su una nave e fa rotta verso il paese. Non lontano dalla costa, però, fa naufragio: tutto il circo va a fondo, e le correnti se lo portano via. Due giorni dopo, in un paese vicino (ma vicino, da quelle parti, significa poco, perché se non c'è una strada che spacca la foresta potresti essere anche a mille chilometri), i pescatori escono la sera a tirare le reti. Non sanno niente dell'altro paese, niente del circo, niente del naufragio. Tirano su le reti e dentro ci trovano un leone. Non fanno una piega. Tornano a casa. Com'è andata oggi?, avranno chiesto al pescatore, a casa, tutti intorno al tavolo, a cena. Ma niente, oggi abbiamo pescato leoni.

Noi questa cosa la chiamiamo "realismo magico". Capite bene che quelli non capiscono.

Insomma, sono finito in Colombia e allora tutto mi è parso finale e compiuto. Soprattutto se ci si spinge nelle foreste caraibiche del Nord, dove García Márquez è nato e dove, invisibile e senza fine, dimora Macondo. I corpi, i colori, la natura vorace, gli odori, il caldo, i colori, l'indolenza febbrile, la bellezza esagerata, le notti, le solitudini, ogni pelle, qualunque parola. Quando sono tornato, ho dovuto rileggere tutto da capo, ed è stato come ascoltare da un'orchestra una musica che avevo sentito alla chitarra. Lì ho capito che c'è un solo modo di ballarla: sudando. Con la camicia fradicia, dunque, continuerò a ballare e poco importa se la figurina si è staccata dall'album: sono dettagli. Ho le tasche piene di frasi di Gabo, e all'occorrenza, sarà un nulla trovare due luci e un parquet su cui farmi portar via.

(*19 aprile 2014*)

41

Le primarie del 2012

Da che parte sto, si sa: a sinistra. Visto che c'è questa possibilità di scegliere il nostro candidato alle prossime elezioni, ecco cosa farò domenica. Uscirò di casa, armato di una certa pazienza, e andrò a votare Renzi alle primarie. Perché lo farò è cosa di scarsissimo interesse, ma perché lo farà un sacco di gente, questo è un fenomeno interessante, e non sono proprio sicuro che tutti l'abbiano capito bene. Posso dare, con tutta la modestia possibile, un aiutino? Io credo che tutto nasca dal fatto che lui non ha scalato un partito, il suo, ma l'ha sfidato. L'ha fatto una prima volta a Firenze, vincendo, e ora ci sta riprovando. In un certo senso sembra aver imparato la lezione di Veltroni: se aspetti che il partito ti digerisca e ti lasci passare, quando ti apriranno le porte sarà irrimediabilmente troppo tardi. Per cui: saltare passaggi, accelerare, aggirare l'apparato e, con coraggio, rischiare. Fare un gesto del genere porta Renzi ad essere, istantaneamente, la punta di un iceberg enorme: tutta quell'Italia che, a tutti i livelli, dal piccolo ufficio pubblico al campo aperto del lavoro e della competizione, è stata stoppata dagli apparati o che è riuscita ad emergere non grazie alla vischiosità del sistema, ma nonostante quella. È un'Italia viva, che ha forza e idee, ma che il sistema riesce a bloccare o, in qualche modo, a disinnescare. Non ha praticamente voce all'interno dell'establishment che guida il Paese.

Quell'Italia lì ha un'idea molto precisa in testa: il Paese non va riformato, va rifondato. E bisogna farlo con gente nuova e idee nuove, smantellando tutta una rete di privilegi e rimettendo in circolo energie intatte e menti libere. È elementare: vogliono cambiare, ma cambiare veramente. Quale momento migliore di questo, subito dopo l'implosione del disastro berlusconiano? Renzi si porta addosso i pregi e difetti di quell'Italia lì. È riassuntivo di tutto un mondo, come lo sono tutti i veri leader politici. Lo riconduce a una matrice di sinistra, perché rimane fortemente legato a idee di fondo come la tutela dei deboli, la lotta ai privilegi, la centralità dell'educazione, la difesa dei diritti, l'irrinunciabile pretesa di una vera giustizia sociale. Meno di sinistra sembra quando allinea idee e soluzioni: ma lì io sono rimasto a una splendida domanda di Chiamparino: privatizzare un'azienda municipalizzata e con quei soldi aprire degli asili nido è di sinistra o di destra? Dato che non c'è una risposta, mi sono abituato a pensare che al di là delle etichette ci sono soluzioni che migliorano la vita dei cittadini e altre che non lo fanno: il resto è un lusso poetico che non ci possiamo più permettere.

Se le cose stanno così, tra Renzi e la sinistra non ci dovrebbe poi essere tutto quell'attrito: e invece. Guardate la lista di quelli che appoggiano Renzi e cercate in mezzo a migliaia di nomi normali quelli di coloro che fanno parte dell'establishment di sinistra: va bene se ne trovate quattro. Stranetto, no? Cosa succede? Succede che ci siamo messi, inopinatamente, a fare i difficili. È pieno di gente che simpatizza, comprende, stima, capisce, manda amichevoli saluti, ma poi gira al largo. C'è sempre una scusa buona: quelli che Renzi è arrogante, quelli che Renzi alla tivù suona falso, quelli che ha intorno Giorgio Gori, quelli che vuole spaccare il partito, quelli che è andato a cena ad Arcore, quelli che è troppo cattolico, quelli che frequenta i finanzieri delle Cayman, quelli che dietro alla facciata c'è il nulla, quelli che neanche ha un programma. Ora, io capisco tutto e a volte perfino condivido: se volete ve ne aggiungo un altro paio, di difetti, che magari non avete notato. Mi va bene tutto, ma mi chiedo: com'è che siamo diventati così difficili? Siamo gente a cui andava benissimo Rutelli, che si è buscata Franceschini, e adesso ci lasciamo fermare dal fatto che Renzi era un capo scout? Se non ci va giù l'arroganza, come mai siamo sopravvissuti a D'Alema? Com'è che i finanzieri non li vogliamo ma i capitani coraggiosi della scalata alla Telecom ci andavano benissimo? Se ci agghiacciano certi compagni di strada di Renzi, com'è che a suo tempo abbiamo flirtato con Fini, uno che ricordo distintamente in una foto esibire, con ardore giovanile, il saluto fascista? E Casini, vogliamo ricordare quando ci sembrava l'ultimo baluardo della democrazia? E quanto ai programmi, c'è qualcuno che in questo esatto momento, smettendo un attimo di fare quel che fa, è in grado di dirmi al volo un paio di punti del programma di Bersani o di Vendola (non chiedo, per pietà, di quello di Tabacci), o anche un solo punto del programma di Obama? Possibile che ancora crediamo che si voti per il programma? Avete bisogno di conoscere il programma di Alfano per sapere che non lo voterete? Insomma, posso permettermi di annotare che tanta improvvisa suscettibilità suona un po' esagerata e quindi sospetta? Cosa c'è dietro? Posso sbagliarmi, ma dietro c'è una cosa molto semplice. C'è molta sinistra che non osa dirselo ma in realtà non ha davvero voglia di cambiare. Molti vivono tutelati dal sistema, o si illudono di vivere tutelati dal sistema, e quindi non hanno interesse a cambiare troppo le cose. Molti trovano più facile esibirsi sul palcoscenico dello scontento che su quello della trasformazione. Molti sono stanchi, o impauriti, e basta. Il risultato è che di rovesciare il tavolo non hanno proprio voglia. Non dev'essere facile ammetterlo, perché se sei di sinistra, tu ti immagini sempre in tiro per la rivoluzione. Ma questa volta devi ammettere che saresti per qualcosa di più blando, diciamo che saresti più tranquillo se ci si limitasse a migliorarlo un po', il mondo, a fare le pulizie, ecco, un po' di pulizie. Non dev'esser facile, e allora ci si mette a fare i difficili. Abbiamo l'antipolitica in anticamera, e facciamo i difficili. Abbiamo un uomo nuovo che crede ancora che si possa cambiare il Paese usando bene la politica e non facendone a meno, e ci attardiamo a fargli i test per sapere se è abbastanza di sinistra. Il primo partito della Sicilia è guidato da un uomo che definisce la nostra classe politica un'accozzaglia di morti viventi, e perdiamo tempo a discutere se la parola rottamazione non sia forse un po' troppo fortina. Per usare un'espressione degna di Bersani (il migliore segretario del partito dai tempi di Berlinguer, tra l'altro), la casa va a fuoco e noi stiamo a discutere sulla temperatura del consommé. Non so. Posso giusto sottolineare che lo spettacolo è piuttosto surreale?

In questo affascinante scenario, domenica andremo a votare. Per quel che ci capisco io, possono solo accadere due cose: che la si prenda per una liturgia democratica di un partito democratico, e allora passa Bersani e il quieto vivere; oppure l'Italia che non ne può più esce di casa, e fa un improvviso e memorabile outing, chiarendo a se stessa e agli altri che ha la voglia e la forza di ribaltare questo Paese: e allora si va al ballottaggio tra Vendola e Renzi. Così, a occhio, caschiamo comunque in piedi, e questa è già una bella notizia. Quanto ai desideri, alla fame, all'immaginazione, be', quella è un'altra storia.

(*24 novembre 2012*)

Saper perdere

Mi scuso, ma partirei da una constatazione personale: se devo guardare alla mia vita, io non sono mai stato tanto bene come quando ho perso. Vorrei chiarire, peraltro, che sono un tipo orrendamente competitivo, mi secca perdere anche a pari e dispari, non mi diverto se non c'è un traguardo visionario da raggiungere, odio la parola "pareggio", mi riesce più facile qualsiasi cosa se davanti ho un avversario da schiacciare, e in generale mi sveglio al mattino con il discutibile scopo di vincere qualcosa. Insomma, sono uno di quei nevrotici che invece di godersi la vita risultano inclini a interpretarla come un duello. E qui sta il fatto curioso: adoro la sconfitta. Diciamo che la adoro con cautela, senza autolesionismo, e con saggissima misura: la adoro fino a un passo prima di farmi del male, ecco. Ma certo la conosco come un'esperienza a suo modo deliziosa, e sorprendentemente vitale.

Non vorrei spingermi troppo in là, ma se cerco di ricordare momenti di cristallina felicità, spesso li riconosco associati a momenti di sconfitta. Non subito, non quando la sconfitta accade: lì ho ben presente lo smarrimento, la percezione un po' appannata del mondo circostante, la provvisoria perdita di controllo di molte facoltà estremamente utili. Lì è uno shock e basta. Ma per qualche minuto, qualche ora – magari giorni. Poi subentra quell'altro stato d'animo, di delizia pura, di leggerezza incondizionata e di libertà quasi infantile. Una volta mi è accaduto di salire sul palcoscenico di un teatro, al termine della Prima di un mio testo, e di provare la fisica sensazione della sconfitta nel boato di fischi che mi ha seppellito. Non la ricordo come una sensazione propriamente gradevole: non ricordo cosa ho fatto, né come ho trovato la via per tornare dietro le quinte. Ma molto distintamente ricordo una passeggiata un paio di giorni dopo, nel tempo vuoto di una giorna-

45

ta da sconfitto (nessuno ti cerca, in quelle situazioni...), me ne camminavo con una leggerezza che non conoscevo da anni, vedendo dettagli che da tempo immemorabile non notavo, immerso in una felicità che solo posso descrivere come una totale assenza di ansia, di urgenza e di rimorsi. Un giorno celeste.

D'altra parte, se posso continuare con annotazioni autobiografiche, mi rendo conto di aver scritto, nei miei libri, soprattutto storie di perdenti, e questo vorrà pur dire qualcosa. Se devo essere più preciso, molti miei personaggi non sono, semplicemente, dei perdenti: sono tipi a cui interessa il duello ma non il risultato, la liturgia e non il miracolo, il cammino e non la meta. Quanto più sono tipi straordinari (e lo sono quasi sempre), tanto più sembrano disinteressati a trarre profitto dalla propria straordinarietà. Gli piace giocare la partita, ma hanno un'impercettibile ritrosia a vincerla. Evidentemente è il tipo di eroe che mi va di raccontare: geni che scompaiono per finire a pulire cessi da qualche parte, pianisti eccezionali che non scendono mai da una nave, architetti visionari che non approdano a nulla. Perfino nelle storie d'amore – che, com'è noto, sono duelli – i miei personaggi sembrano spesso metter tutto il loro talento nel coniare forme adorabili per amarsi senza riuscire a farlo. Ricordo distintamente di aver iniziato un libro, che poi sarebbe stato quello che mi ha portato al successo, con questo intento preciso: riuscire a scrivere un'immane storia d'amore in cui i due non scambiavano nemmeno una parola.

Insomma, non ne farei una poetica consapevole, ma certo anche nei miei libri si ritrova la stessa aporia che ho dovuto imparare a riconoscere nella mia vita. La descriverei così: quanto più grande è la passione per la competizione, tanto più è irresistibile l'istinto a interpretare la vittoria come qualcosa di inelegante, banale, e alla fine poco produttivo.

Sono un tipo strano.

Ma neanche poi tanto, ho scoperto, il giorno in cui mi è finito in mano un bellissimo saggio di Wolfgang Schivelbusch. Si intitolava *La cultura dei vinti*. La tesi – a cui devo infinita simpatia e gratitudine – era la seguente: se si sta un attimo attenti alla Storia, quello che si impara è che spesso, all'indomani di grandi scontri militari, a risultare più vitali, forti e veloci a rimettersi in moto sono i popoli sconfitti. Nel dettaglio, il libro studia tre casi: il Sud degli Stati Uniti dopo la Guerra di Secessione, la Francia dopo Sedan e la Germania dopo la sconfitta nella Prima guerra mondiale. Ma più ancora che quei tre casi (se ne potrebbero trovare altri, peraltro, che dimostrerebbero il contrario), mi affascinò l'intelligenza con cui Schivelbusch entrava in certi schemi mentali, o paesaggi sentimentali, tipici degli sconfitti: trovandovi il germe di una forza, e perfino di una felicità, che i vincitori si sono sempre sognati. Giuro che era piuttosto convincente.

Tra le tante argomentazioni, una me la ricordo distintamente, perché dimostra come questa illogica predisposizione dell'umano a sguazzare nella sconfitta abbia radici antichissime, e nobili. Era un'osservazione che in realtà non aveva nulla di nuovo, per me: ma, con una certa cecità, non mi ero mai reso conto della sua portata simbolica. La circostanza, curiosa, è questa: se vogliamo tornare alla madre di tutte le guerre, la guerra di Troia, ecco quel che successe: i vincitori tornarono dalla guerra andando incontro a disgrazie di ogni tipo (in fondo quello a cui andò meglio fu Odisseo, che se la cavò con un ritorno un tantino complicato). In compenso, e per ragioni che francamente appaiono incomprensibili, i troiani compaiono in almeno tre miti di fondazione dall'indubbia importanza: di Enea e del suo ruolo nella fondazione della romanità si vociferava già prima di Virgilio; secondo una popolare leggenda del VI secolo, la Francia deve la sua fondazione a Francio, uno dei figli di Priamo; infine, secondo l'autorevole testimonianza di Goffredo di Monmouth, l'Inghilterra deve la sua nascita a Bruto, uno dei nipoti di Enea. Si tratta di miti di fondazione, come ho detto: ma non è curioso che tre potenze mondiali come quelle si siano andate a cercare gli antenati nella stirpe che più di tutte impersona l'esperienza della sconfitta, della disfatta, del disastro?

Insomma, è una cosa che viene da lontano. E probabilmente è una cosa assai più complessa di quanto qualche bonaria annotazione autobiografica possa suggerire.

(*29 giugno 2013*)

Quando Schnellinger insaccò, un minuto e quaranta secondi dopo lo scadere del tempo regolamentare, io avevo dodici anni. In una famiglia come la mia ciò significava che ero a letto, a dormire, già da un bel po'. Allo stadio Azteca stavano facendo la Storia, e io dormivo. Era giugno, il mese in cui ti spedivano dai nonni, al mare, a farti di biglie e di focaccia. Mi immagino mio nonno, solo, davanti alla tivù, fulminato, come Albertosi, dalla palettata di Schnellinger. Dovette succedergli qualcosa dentro, in quell'istante: forse il complesso di colpa per avermi negato per sempre quell'emozione; forse, più semplicemente, pensò che fosse troppo solo per sopportare tutto quello. Insomma: si alzò e venne a svegliarmi. L'unica altra volta in cui qualcuno era venuto a svegliarmi nel pieno della notte per portarmi davanti a un televisore era poi successo che un uomo aveva messo un piede sulla Luna.

Quindi, quando mi sedetti sul divano, sapevo esattamente che non avrei più dimenticato. Messico, giugno 1970, semifinale dei Mondiali, Italia-Germania. Per la mia generazione, quella è *la* partita: e per la gran parte di noi è una emozione in pigiama e vestaglia, piedi freddi in cerca di pantofole, gusto di sonno in bocca e occhi stropicciati. Quel che di più simile c'è a un sogno.

Lì per lì, la prima cosa che mi rapì fu una stupidata: c'era in campo Poletti. Poletti era l'unico giocatore del Toro che riuscisse a mettere la maglia della Nazionale, giusto ogni tanto, quando qualcuno si faceva male. Giocava maluccio, aveva un nome da impiegato e faceva il terzino, cioè niente di poetico: però era del Toro, e per me era come se scendesse in campo mio padre. Lì, all'Azteca, mio padre era entrato per sostituire Rosato (un grandissimo, tra parentesi). Passai i primi minuti a cercarlo anche quando era fuori dall'azione, purché fosse dentro il televisore. Così lo vidi benissi-

mo quando si mise a pasticciare orrendamente davanti ad Albertosi, al '94: la palla se ne rimase lì in mezzo, a due passi dalla porta,
come un bambino dimenticato al supermercato: per Müller fu uno
scherzo metterla dentro, anche perché era Müller, cioè un tipo
umano che poi avrei incontrato infinite volte, cioè quello che sta in
agguato e poi ti frega, quello che non lo vedi mai se non nel preciso
istante in cui ti sta fregando, quello che la natura si è inventata per
riequilibrare il mondo dopo aver inventato i Poletti. Colpetto rapi-
noso, e 2 a 1 per i crucchi.

A quel punto la partita era finita. Riva respirava come se avesse
avuto l'enfisema, Boninsegna insultava tutti quelli che gli passavano
a tiro, e Domenghini sciabolava dei cross talmente surreali che per
ritrovare la palla dovevano ricorrere ai cani da tartufo. Ontologica-
mente, la partita era finita. Martellini lo fece capire, con la morte
nel cuore e nella voce, a tutti i nonni d'Italia, e quindi anche al mio:
che disse: a nanna. Mi salvò Burgnich. Cosa ci facesse lui in mezzo
all'area avversaria, al '98, è cosa che un giorno gli vorrei chiedere.
Probabilmente si era perso. Sparò il suo ferro da stiro su una palla
ignobilmente pasticciata da Vogts (Poletten), e insaccò, incredibilmente, regalando a quella partita un'eleganza geometrica sovrannaturale, 2 a 2, i centravanti ad aprire la ferita e i terzini a suturarla,
Boninsegna-Schnellinger, Müller-Burgnich, in una splendida metafora di quello che il calcio è, lo scontro tra gente che cerca di far accadere cose, gli attaccanti, e gente che cerca di impedire che cose
accadano, i difensori. A ripensarci, era tutto così perfetto che
avrebbero dovuto mollarla lì, tornare a casa e non giocare a calcio
mai più.

Il 3 a 2 fu calcio vero, di quello che non ha bisogno del Poletti
di turno per arrivare al goal. Apertura di Rivera sulla sinistra, non
un centimetro troppo lunga, non un centimetro troppo corta, fu-
ghetta di Domenghini sull'ala, cross non surreale al centro, e palla
a Riva: stop, finta, saluti vivissimi al difensore tedesco, palla sul sinistro, colpo di biliardo sul paletto lontano, rete. Più che un'azione, un'equazione. Dove quei tre abbiano trovato la lucidità di ri-
solverla con quella perfezione dopo 104 minuti di battaglia è cosa
che un giorno vorrei chiedergli. Era calcio ridotto alle sue linee più
pure ed essenziali. I tedeschi non ci capirono niente. Intervistati,
avrebbero potuto dire quello che Glenn Gould diceva del rock:
"Non riesco a capire le cose così semplici".

Da lì in poi è confusione. Non ricordo più nulla, intorno a me, e
questo significa che doveva esserci un gran casino, dentro e fuori
casa. È strano che io non abbia nemmeno un'immagine in testa di

mio nonno che schizza fuori dalla poltrona e, che so, dà di matto sul balcone sparando dei vaffanculo tremendi a gente con cui, dall'8 settembre del '45, aveva qualche conto in sospeso. Niente del genere. Mi spiace, anche, perché terrei con me volentieri un'immagine di lui felice, incontrovertibilmente felice, lui che era un uomo così pudico nelle sue gioie. Eppure tutto, nella memoria, risulta ingoiato da due singole immagini, che hanno cancellato tutto il resto, come due flash accecanti che hanno spento tutto, intorno. E in tutt'e due c'è Rivera. La prima è lui abbracciato al palo, un istante dopo aver fatto passare un pallone pizzicato dalla testa di Müller e spedito proprio dove c'era lui, sulla linea di porta, lì esattamente per fare quello che però, all'ultimo, non era riuscito a fare, e cioè interporre un qualsiasi arto o lombo tra pallone e rete, gesto per cui non era necessaria nessuna classe, nessun talento, ma giusto la semplice volontà di farlo, la determinazione di trasformarsi in corpo solido, l'ottuso istinto alla permanenza che hanno le cose tutte, tutte tranne Rivera su quella linea di porta, dove vede passare il pallone e guardarlo è tutto, il resto è un palo abbracciato comicamente e un Albertosi che ti grida dietro domande senza risposta.

La seconda è l'icona massima di quell'Italia-Germania. Rivera, ancora lui, completamente solo a centro area, riceve un assist dalla sinistra (Boninsegna) e tira in porta al volo, di piatto destro. Maier, il portiere tedesco, un mattocchio che sapeva il fatto suo, è attaccato al palo destro dov'era andato a chiudere su Bonimba: si aspettava il solito centravanti che sfonda e poi tiracchia appena vede lo spiraglio; Boninsegna era in effetti il più classico dei centravanti; una sola cosa era logico che facesse: tirare. E invece con l'orecchio aveva visto Rivera, là, olimpico e apollineo, in una radura di magica solitudine nel cuore dell'area: illogica rasoiata in quel punto, palla nella radura, e Maier fuori posizione, fatto fuori da un'inopinata incursione della fantasia nel tessuto di un teorema che credeva di conoscere a memoria. Rivera e Maier. Tutta la porta spalancata, vuota. Maier lo sa e alla cieca abbandona il palo e si scaraventa a coprire tutto quello che può di quel vuoto. Rivera potrebbe affidare al caso la pratica, scaricando sul pallone la potenza approssimativa del collo del piede, e vada come vada. Invece sceglie la razionalità. Apre la caviglia (ho visto donne aprire ventagli senza nemmeno sfiorare quella eleganza), e opta per il colpo di interno, scientifico, geometrico, magari meno potente, ma nato per essere esatto: ha un'idea, e per quella idea non gli serve potenza, gli serve esattezza. È un'idea fuori dalla portata di un portiere colto fuori posizione e provvisoriamente consumato dallo sforzo animalesco di rientrare nella propria tana prima che arrivi il nemico. È un'idea perfida e geniale: fregare l'animale in contropiede andando a infilare il pallone non nel grande vuoto che sta davanti all'animale, ma nel piccolo vuoto che gli sta dietro: l'unico punto in cui, fisicamente, gli è impossibile arrivare. In pratica si trattava di tirare addosso a Maier, fiduciosi nel fatto che lui, nel frattempo, sarebbe finito altrove. Rivera lo fece. Il pallone passò a quattro dita da Maier: ma erano come chilometri. Goal. *Il* goal. Una buona parte dei maschi italiani della mia generazione conserva la memoria fisica di quel tocco riveriano appiccicato all'interno del proprio piede destro. Non scherzo. Noi abbiamo sentito quel pallone, non smetteremo più di sentirlo, ne conosciamo i più intimi riverberi, ne conosciamo perfettamente il rumore. E ogni volta che colpiamo di interno destro, è a quel colpo che alludiamo, e non importa se è una spiaggia, e il pallone è quello molliccio sfuggito a qualche stupido giocatore di beach volley, e in braccio hai un frugolo che pesa dieci chili, e in faccia la faccia di uno che l'ultimo cross dal fondo l'ha fatto un secolo fa: non importa: peso sulla sinistra, apertura della caviglia, tac, interno destro: rispetto, bambini, quello è un colpo che è iniziato trent'anni fa, in una notte di giugno, pigiami e zanzare.

Perché poi tutto questo, chi lo sa. Voglio dire: per quanto bella, era poi solo una partita. Cosa è successo perché dovessimo mitizzarla così? A dire il vero non l'ho mai veramente capito. Mi vengono in mente solo due spiegazioni. Avevamo l'età giusta. Tutto lì. Avevamo l'età in cui le cose sono indimenticabili. E poi: quella sera, quella partita, l'abbiamo vinta. Sembra una stupidata, ma sapete qual è la cosa più assurda di tutta questa faccenda? Che se voi citate a un tedesco quella partita, magari con un'aria un po' complice, come a condividere un ricordo pazzesco e perfino intimo, be', quello quasi non se la ricorda, quella partita. Cioè, se la ricorda, ma non gli è mai passato per la testa che fosse qualcosa di più di una partita. Anzi, hanno sempre un po' l'aria di considerarla una partita stramba, folkloristica, neanche tanto seria. Non è un mito, per loro. Non è un luogo della memoria. Non è vita diventata Storia. È una partita. Tutt'al più ti citano Beckenbauer che gioca i supplementari con la spalla fasciata e il braccio bloccato sul petto. Come sarebbe a dire? Tu parli di una cena pazzesca e loro ti citano le patate lesse? Non scherziamo. Tanto quello giocava rigido come una scopa anche se non lo fasciavano, sempre lì a colpire d'esterno, il fighetto, chiedigli un po' notizie di De Sisti, neanche l'ha visto, per tutta la partita, te lo dico io, ma vattela a rivedere e poi ne riparliamo, altro che Beckenbauer, vattela a rivedere, tac, interno destro, altro che esterno, comunque per me quella partita abbiamo incominciato a vincerla al '91, credi a me, no, che c'entra Schnellinger, dico al '91, adesso tu non te lo ricorderai, ma è lì che si è deciso tutto, cambio dalla panchina, fuori Rosato, dentro Poletti, ti dico che lì la partita è girata, ascolta me, vattela a rivedere se non ci credi... Prego? Ma guarda te, questo non sa nemmeno chi è Poletti...

(*10 giugno 2000*)

L'America e il bowling

Lakewood. Il bowling è una vecchia tasca dimenticata in cui l'America conserva vecchi dollari anni cinquanta, mai spesi, e non lo sa. Non lo sapeva. Poi i fratelli Coen hanno messo la mano nella tasca e hanno tirato fuori il piccolo tesoro: ne sono venute fuori le scene più belle de *Il grande Lebowski*. Puoi dimenticarti la trama, puoi non gradire i viaggi psichedelici del Drugo, ma le scene del bowling non le dimentichi. Non importa se non te ne frega niente di quello sport (sport?), non importa se sei italiano e hai in mente posti annebbiati in periferia e ragazzine che si tirano la boccia sui piedi ridendo e controllandosi lo smalto delle unghie. Non importa. Guardi il bowling dei fratelli Coen ed è meraviglia pura. Cose che succedono quando il cinema ti presta i suoi occhi, occhi geniali, occhi non previsti: guarda lui per te, ed è un altro mondo. Sapevo che sarebbe stato una delusione ma l'ho fatto per omaggio feticistico ai Coen (i migliori in circolazione, nel mio personalissimo cartellino): ho portato i miei occhi, normali, a vedere cos'è un torneo di bowling in America. Lakewood, insignificante sobborgo di Los Angeles. Il posto si chiama Cal Bowl. Inizio alle 6.45 pm: da queste parti, ora di cena. Il torneo si chiama AC Delco Classic. Roba da professionisti.

Fuori, un mondo che se ne frega: dentro, ventiquattro giocatori e qualche centinaio di spettatori. Per loro e solo per loro: memorabile serata. Il bowling è il solo gioco al mondo che sia più noioso, da vedere, del baseball. Che entrambi siano una passione tipicamente americana è cosa che forse dovrebbe far riflettere. Di base il bowling consiste nel tirare una boccia di sedici libbre (su per giù il peso di un neonato) su una pista di legno lucido lunga più o meno come due tram e alla fine abbattere dieci birilli alti come bottiglie di acqua minerale e disposti a triangolo, con un vertice rivolto verso di te. Detto così sembra un gioco pieno di variabili, ma in pratica il bowling si riassume in un unico, mitico colpo, quello che in una sola botta fa fuori tutti e dieci i birilli: strike. Ciò che rende il gioco ossessivamente monotono (e in questo senso perfino affascinante) è che, scientificamente, c'è solo un sistema per effettuare lo strike: un solo tiro, sempre quello, che loro conoscono a memoria, fin nelle più piccole sfumature, che ripetono uguale per tutta una vita, e che non è (come si potrebbe pensare) tirare dritto in faccia al birillo centrale, no: devi dare alla boccia un effetto a rientrare per cui quella schizza sul legno dirigendosi verso la sponda, con tutta l'aria di essere un tiro sballato, poi quando perde velocità acquista l'effetto, stringe d'improvviso verso il centro e alla fine becca il primo birillo ma di fianco, ne colpisce altri tre lì dietro, e per una serie di carambole, scientificamente studiate, tutto si sfascia: la boccia colpisce quattro birilli ma ne fa cadere dieci. Scientifico. Strike.

Sembra una cosa relativamente facile. Ma, come recita il mio manuale, con ottimismo tipicamente californiano: "È strano come gli strike, che sono abbastanza facili nel baseball e nella vita [*sic*], siano così difficili nel bowling". Il fatto è che intanto la boccia pesa come un neonato e la tieni con tre dita (non provate con il neonato, please). E poi, soprattutto, è un tiro che, in una serata, devi fare decine e decine di volte. È sempre tutto uguale, la boccia, la pista, i birilli. Ma la variabile sei tu. Solo tu. In pratica il bowling è un duello con se stessi. Il che può spiegare come sia noiosissimo da vedere, ma bello da giocare. In gran parte è una tragedia invisibile. Quel che puoi vedere è quello che sale a galleggiare sulle figure dei giocatori. Qui sono professionisti. Pantaloni larghi, maglietta polo con ricamato sulla schiena il nome: tutto in perfetto stile anni cinquanta. Sembrano una bacheca di un museo di Storia americana. Gli Usa prima di Kennedy. Lucidano le bocce con ossessiva cura, alcuni si spingono anche a baciarle, prima del tiro. Rimangono un istante immobili a guardare quei birilli che sono sempre uguali (niente da capire, solo trovare te stesso in fondo a te stesso), poi fanno tre passi e scagliano il neonato sberluccicante venendone inesorabilmente sconnessi e ritrovando l'equilibrio con il sacrificio di un piede buttato via all'indietro, e obliquamente, come in un improvviso raptus da ballerino di tip tap. Il tempo che la boccia arrivi ai birilli e sono di nuovo in posizione composta, pronti a gratificare l'eventuale strike ognuno con un gesto suo, tipicamente suo, e immutabile (non amano le variabili, da queste parti), sicura preda di eventuali indagini psicanalitiche: quello che si soffia sulle mani, quello che inclina un po' la testa come per dire ah mi pareva, quello che mena un pugno nell'aria, quello che si tira su la cintura, quello che spara uno sguardo timido alla famiglia, seduta in gradinata, e Dale Egle, noto nel giro perché un po' matto: lui stacca un passo da rock'n roll, si gira verso il pubblico e aspetta. E il pubblico: YES. Tutti in coro. Si divertono.

Sulle gradinate, in effetti, si divertono. Incredibile. Nel solito minestrone interetnico, cuoce un pubblico da spettacolo termale, pochissimi teenager e, a sorpresa, molte donne. Uno era abituato a immaginare il bowling come una cosa squisitamente maschile, una via di scampo dalle paludi della vita matrimoniale (gli Antenati insegnano). E invece sono a decine le signore dai capelli bianchi o viola, e gridano pure, si segnano i punti sul foglio e danno di gomito al marito vagamente rincoglionito quando Ricky Ward becca il quinto strike di seguito. Il marito si sistema il berrettino dei Lakers e chiosa: *nice*. Naturalmente uno se li immagina a vent'anni, lei con le tette che spingono sotto la maglietta accollata, lui con il pettine nella tasca dietro, in un bowling nel Minnesota, unico posto per non morire nel giro di cento miglia, tutt'e due con la musica di Elvis nelle orecchie, tutt'e due con un sobrio sogno nel cuore: una casa, qualche figlio, e poi in pensione in California. Fatto, come diceva quello là.

Un cartello dice che giocare, la sera, costa tre dollari. E un dollaro affittare le scarpe, se non ce l'hai. In effetti non mi viene in mente quasi niente che costi così poco, che duri una serata, che puoi fare anche se non hai il fisico, che pratichi per metà del tempo stando seduto, e che non è guardare la tivù. Senza dimenticare quel pacifico ritmo, seduto-in piedi-seduto-in piedi-mangiare-tirare-bere-tirare di nuovo-seduto- in piedi-è tardi, a casa. Condito con un po' di gesti minimi (lustrare la boccia, segnarsi i punti, mettere la mano sul bocchettone dell'aria fatto apposta per asciugarti il sudore) sa di piacere tranquillo e inossidabile: come insegna *Il grande Lebowski*, confezione ideale per chiacchierate senza scopo con cui lubrificare l'amor proprio e vecchie amicizie. Dello splendore che sanno vedere gli occhi dei Coen, solo qualche sfumatura. Ma appunto: bisogna avere quegli occhi lì, per vedere quel mondo lì. Volendo puoi provare a sentirlo. Occhi chiusi, e vai di orecchie. Bella musica. Le bocce sul legno, fruscio di applausi e chiacchiere, il rullante della macchina dei popcorn e poi lo strumento solista: birilli che cadono: bel suono, da qualche parte l'hai già sentito, ma chissà dove, sembra qualcosa che rotola, ma non è quello, è qualcosa che cade, ecco, forse: quando ti mettono il ghiaccio nel bicchiere di plastica, prima di versarci la Coca: solo qualche decina di decibel più su. Per la cronaca, a furia di buttar ghiaccio nel bicchiere, la manche della serata la vince Jeff Rizzi, Sandusky, Ohio. È giovane, si fa di succo d'arancia, e dopo gli strike si volta e mette su una smorfia da bambino un po' timido che porta a casa una pagella tutta nove e dieci.

(*21 giugno 1998*)

11 Settembre 2001

E tutti ci ricorderemo dove eravamo in quel momento. Seduti in macchina a cercar parcheggio, con la testa tra i surgelati a cercar la paella, davanti al computer a cercare la frase giusta. Poi uno squillo di telefonino, e l'amico, il parente, il collega che ti staccano una storia inverosimile di aerei e grattacieli, ma va' via, dai, lasciami perdere che oggi è già una giornata difficile, ma lui non ride e dice: ti giuro che è vero. Ricorderemo l'istante passato a cercare in quella voce una qualunque sfumatura di ironia, senza trovarla. Ti giuro che è vero. E non dimenticheremo la prima persona a cui abbiamo telefonato, subito dopo, e nemmeno quel pensiero – immediato, sciocco ma incredibilmente reale –, "Dov'è mio figlio?", i miei figli, la mamma, la fidanzata, domanda inutile, perfino comica, lo capisci subito dopo, ma intanto è scattata – la Storia siamo noi, è solo un verso di una canzone di De Gregori, ma adesso ho capito cosa voleva dire –, risvegliarsi con la Storia addosso. Che vertigine.

Neanche sappiamo esattamente cosa è successo. Ma certo la sensazione è precisa: molte cose non saranno mai più come prima. E molte cose non saranno più, tout court. Invidio l'intelligenza e la lucidità di chi è capace, qui e adesso, di capire quali e di dircelo. Aspetto fiducioso. E intanto non riesco a non ripensare alla frasetta che tutti pronunciano, ossessivamente, senza paura di essere banali: è come un film. È ovvia, eppure tutti la ripetono, e ci deve essere qualcosa lì dentro che vogliamo dire ma non riusciamo a capire, qualcosa che abbiamo in mente, e che è importante, ma che tuttavia non riusciamo a tirar fuori. Me la rigiro nella testa, la frasetta, e arrivo a capire che c'è qualcosa, in quello che vedo alla televisione, che non quadra, e non sono i morti, la ferocia, la paura, è ancora qualcosa d'altro, qualcosa di più sottile, e mentre vedo per l'ennesima volta quell'aereo che vira e centra il totem sberluccicante nella luce del mattino, capisco quello che mi sembra, davvero, incredibile, e anche se mi sembra atroce dirlo, provo a dirlo: è tutto troppo bello. C'è un'ipertrofia irragionevole di esattezza simbolica, di purezza del gesto, di spettacolarità, di immaginazione. Nei diciotto minuti che separano i due aerei, nello sgranarsi degli altri veri e falsi attentati, nella invisibilità del nemico, nell'immagine di un Presidente che se ne parte da una scuoletta della Florida per andare a rifugiarsi nel cielo, in tutto questo c'è troppa maestria drammaturgica, c'è troppo Hollywood, c'è troppa fiction. La Storia non era mai stata così. Il mondo non ha tempo di essere così. La realtà non va a capo, non concorda i verbi, non scrive belle frasi. *Noi* lo facciamo, quando raccontiamo il mondo. Ma il mondo, di suo, è sgrammaticato, sporco, e la punteggiatura la mette che è uno schifo. E allora perché la storia che vedo accadere in quel televisore è così perfetta? Perché è già perfetta prima che la raccontino, nello stesso istante in cui accade, senza l'aiuto di nessuno?

Allora mi sembra di capire qualcosa di quella frasetta ripetuta ossessivamente, *è come un film*. La ripetiamo perché lì dentro stiamo cercando di pronunciare una paura ben precisa, una paura inedita, mai avuta prima: non è il semplice stupore di vedere la finzione diventare realtà: è il terrore di vedere la realtà più seria che ci sia accadere nei modi della finzione. Ti immagini l'uomo che ha pensato tutto quello e puoi forse sopportare la ferocia di quello che ha pensato, ma non puoi sopportare l'esattezza estetica con cui l'ha pensato: come l'ha fatto è spaventoso almeno quanto quello che ha fatto. Ne siamo terrorizzati perché è come se qualcuno, improvvisamente e in modo così spettacolare, ci avesse portato via la realtà: è come se ci informasse che non ci sono più due cose, la realtà e la finzione, ma una, la realtà, che ormai può accadere soltanto nei modi dell'altra, la finzione: e non solo per scherzo, nelle trasmissioni televisive in cui veri uomini diventano falsi per far finta di essere veri, ma anche nelle curve più reali, atroci, clamorose e solenni dell'accadere. Sembrava un gioco: adesso non lo è più.

Non so. Chi sa mi spiegherà cos'è successo l'11 settembre 2001, e cosa è cambiato per sempre, ieri. Io sto giusto pensando che, tra le altre cose, è anche successo che è andato in corto circuito il raffinato meccanismo con cui la nostra civiltà da tempo scherzava col fuoco e drogava la realtà spingendola verso le performance che sarebbero solo a portata della finzione. Credevamo di poter mantenere un sufficiente dominio su quel giochetto. Ma qualcuno, da qualche parte, ha perso il controllo. A nome di tutti. Adesso è facile chiamarlo pazzo, ma è evidente che è pazzo di una pazzia assai diffusa in famiglia. L'abbiamo coltivata allegramente: adesso eccoci qui, con il televisore davanti che ci srotola quella storia smerigliata e perfetta, eccoci qui, col vago sospetto di essere lo show del sabato sera di qualcuno. Qui a guardarci intorno impauriti, giusto per verificare che tutto questo è vita, magari morte, ma non un film.

(*12 settembre 2001*)

Tutti a dire: siamo in guerra. Sarà. Ma certo è una guerra strana. A me colpisce una cosa: è una guerra senza confini. Non nel senso che è dappertutto: nel senso che, fisicamente, non ci sono confini da difendere, o da attaccare, o dove mandare le truppe, o da fortificare. Togliete al concetto di guerra il concetto di confine e vi trovate tra le mani poco più di un nome che significa poco, forse niente. Sono mai esistite guerre senza confini? Quando proprio due nemici non avevano la possibilità di avere un confine in comune dove scannarsi, se lo andavano a cercare: Vietnam, per dire. Ma dove sono i confini di questa guerra, dov'è la prima linea, dov'è attestato il nemico? Il fatto che non ci sia una risposta certa, dovrebbe far pensare: è un'anomalia che ha qualcosa da insegnarci.

Vorrei provare a semplificare. Dove cade l'idea di confine, cade l'idea che il nemico sia altro da te. Se non c'è un confine tra te e lui, tu e lui siete, in qualche modo, la stessa cosa. Il nemico è dentro di te. Psicologicamente, e non solo, è una prospettiva terrificante. E infatti, nonostante la palese assenza di confini, anche in questa guerra tutto il pianeta sta cedendo all'istinto di andarli a cercare: si incomincia con l'identificare il nemico in Bin Laden, ma poiché il terrorismo è per sua costituzione nomade e non offre confini stabili, si va al di là tracciando un'immaginaria linea tra mondo islamico e mondo occidentale che sarebbe uno splendido confine se non fosse che, appunto, è immaginario: è una linea che separa due civiltà, d'accordo, ma fa acqua da tutte le parti e non è certo un compatto, lineare fronte di guerra. Così, abbastanza comicamente, si finisce per guardare all'Afghanistan e al Pakistan con la speranza di trovare almeno lì la nettezza di confini, la pulizia di Stati limpidamente nemici, la vecchia rassicurante realtà di frontiere da attaccare o al di là delle quali bombardare qualcosa. Si guarda da quella parte perché gli indizi portano lì, ma anche perché da quella parte troviamo la guerra come la conosciamo, come abbiamo imparato a combatterla, come la possiamo sopportare. L'alternativa, quella sì, sarebbe vertiginosamente terrificante: non ci sono confini, il nemico non è più davanti a noi, ma dentro. È quell'alternativa che, a ragione, ci rifiutiamo di prendere in esame. Ed è paradossale: perché, a rigor di logica, quella alternativa disegna la possibilità più verosimile. Provo a spiegare.

Sarà un'osservazione banale, ma se uno pensa agli anni dalla Seconda guerra mondiale a oggi e ricorda i diversi scontri tra l'Occidente e l'Impero del male di turno, non può non notare come, fisicamente, i chilometri di confine coinvolti in quelle guerre, si riducano progressivamente fino all'assurdo: dai fronti della Seconda guerra mondiale ai pochi chilometri di fronte israeliano-palestinese, passando per la Corea, il Vietnam, l'Iraq e la Serbia, quello a cui si assiste è un restringersi vertiginoso degli spazi fisici in cui l'Occidente è riuscito a trovare un confine in cui combattere. La cosa non è casuale. Deriva da una scelta tattica ben nota: quella, praticata in quei decenni, di metabolizzare il nemico piuttosto che schiantarlo, di comprarlo invece che distruggerlo, di invischiarlo nei propri mercati al posto di sconfiggerlo. Decenni di una simile tattica (alcuni la chiamano globalizzazione), perseguita con genio e inossidabile costanza, hanno in effetti ottenuto di togliere al nemico la terra sotto ai piedi, riducendo drasticamente i confini a rischio: oggi, di fatto, la parte del pianeta che può dirsi realmente indipendente dai soldi dell'Occidente, e che quindi potrebbe permettersi il lusso di diventarne un nemico, è significativamente esigua: se poi si tolgono i Paesi sottosviluppati (senza la forza di fare la guerra) e quelli in cui la resistenza è legata alla mitomania di un despota (Gheddafi o Saddam), le parti di pianeta realmente ostili si riducono al lumicino. Detto in termini sintetici, l'Occidente è molto vicino ad essere tutto. Che significa: confini, zero. La guerra scoppiata l'11 settembre sembra, con simbolica e accecante esattezza, l'apoteosi di questo processo. Definitivo azzeramento dei confini e unanimità pressoché globale nella condanna dell'attacco agli Usa. Fino a pochi anni fa sarebbe stata fantascienza, ma adesso è il mondo com'è, realmente, in questo momento. Un unico sistema, indubbiamente molto fragile, ancora abbozzato, ma sterminato, che ha quasi ridotto a zero l'altro da sé. Per un sistema come quello, cosa può mai essere la guerra? Lo scontro con qualcosa che viene da fuori? Difficile. E allora: il cedimento o la ribellione di una parte di sé. Ciò che sarebbe logico pensare è: il nemico è dentro al sistema, non fuori. Per quanto sgradevole ci sembri, la cosa più logica sarebbe pensare: il nemico è dentro. Cercatelo lì.

La sento già la domanda: e allora chi è stato? Un lobbista repubblicano, un businessman asiatico rimasto fuori dal giro, un miliardario svedese afflitto da crisi religiosa? Mi rendo conto che messa giù così è grottesca. Ma ho una cosa da dire. Nel modo più semplice: siamo proprio sicuri che Bin Laden sia definibile come qualcosa di altro dall'Occidente? Da dove arrivano i suoi soldi? Perché è miliardario? Con chi ha fatto affari per diventarlo? Trovava oro in una valle segreta fuori dal mondo globalizzato? Quanto denaro gli abbiamo messo in tasca? E quanto denaro ci ha messo in tasca lui mettendolo in circolo nel sistema sanguigno della ricchezza occidentale in tutti questi anni? Provate per un attimo a resettare tutto e immaginarlo così: un uomo d'affari come tanti che a un certo punto però si rivolta contro il sistema. Non è poi tanto inverosimile, no? Ci rassicura pensarlo come un nemico che viene da fuori e basta. Ma se lo pensiamo come una cellula del sistema, in tutto uguale alle altre, che a un certo punto impazzisce e inizia a divorare l'organismo dall'interno, non è che siamo poi così lontani dalla realtà. Certo che non preme ai confini: scava da dentro. Si inghiotte le Twin Towers: e lo può fare, perché lui è qui, non è là fuori, è dentro, non al di là di confini che non esistono più.

Posso sbagliarmi, ma a me l'11 Settembre sembra il crudele prototipo di quello che può diventare il futuro. Non credo che sarà mai possibile attribuire quell'attacco a qualcuno o qualcosa di integralmente altro dall'attaccato. Penso che lì si sia inaugurata una nuova epoca possibile, in cui guerra sarà sempre o per lo più scontro tra il sistema e parti di sé che, fisiologicamente, degenerano e sfuggono al suo controllo. Penso che vedere tutto il mondo schierato al fianco degli americani non deve indurci a pensare che il nemico è debole o isolato, ma che il nemico non verrà mai più dalla parte da cui è sempre arrivato. Penso che l'ambizione a essere un pianeta unito e pacifico – meravigliosa ambizione – non otterrà mai un mondo perfetto, ma un mondo in cui la parola guerra significherà qualcosa a cui non siamo abituati. Penso che i confini, spariti dalla superficie degli atlanti, sopravvivranno nel tessuto del sistema, come linee che lo attraverseranno verticalmente invece di disegnare, orizzontalmente, sulla superficie della terra, le geometrie di una guerra. Penso che Bin Laden, così come il ragazzo del Black Bloc che sfascia vetrine con le Nike ai piedi, sta al di là del confine, ma di un confine verticale, non più orizzontale, che non c'entra più niente coi vecchi confini e che non siamo ancora capaci a leggere. Penso che il sogno di diventare un unico Paese globale – meraviglioso sogno – si realizzerà soltanto attraverso la violenza, la sofferenza collettiva, e una sostanziale sospensione della difesa dei più deboli e dei vinti: e penso che tutto questo non sarà cancellato ma sopravvivrà come ferita destinata a infettare dall'interno il sistema, in una guerra logorante che non siamo ancora capaci a combattere, ma che non sarà meno inevitabile delle vecchie guerre che abbiamo combattuto per secoli. Penso che tutto questo assomiglia molto a una storia di fantascienza. Ma ho visto un Boeing sventrare le mura di Manhattan. E so che, da quel momento, immaginare il futuro è diventato un gesto da compiere senza prudenza e senza vergogna.

(*14 settembre 2001*)

La morte di papa Wojtyła

Erano i giorni del papa. Quello vecchio. I giorni della morte del papa. E io stavo lì, come tutti, a seguire la grande messa in scena. La situazione, come si sa, inclinava a tutta una serie di sentimenti discordanti. Ma con il passare delle ore iniziò a sembrarmi sempre più chiaro che non io in particolare, ma tutti, assolutamente tutti, stavamo per essere sopraffatti da un sentimento più forte degli altri, mica tanto confessabile, ma adamantino: il fastidio. Eravamo tutti colpiti, vagamente commossi, ma soprattutto inesorabilmente infastiditi per quel che stava accadendo: e quello che stava accadendo non era che un papa moriva, no: quello che stava accadendo era una colata mediatica senza precedenti, un'invasione allucinante della mono-notizia papale, un distruttivo tsunami dell'informazione, anzi di una informazione. Piaccia o no, la vera reazione che ha accomunato tutti, in quei giorni, credenti e laici, buoni e cattivi, è stata il pensare che si stava esagerando. Che, davvero, tutto quello era troppo. Quando arrivi a Sky Sport e trovi Porrà, e Porrà sta parlando del papa, allora è troppo. Poi magari la gente lo diceva a mezza voce, perché le spiaceva sputare sul presepe: ma lo pensava, e senza esitazioni. Si stava esagerando. Quando ho sentito esporre il concetto dal conduttore di una di quelle radio della capitale che parlano solo, ventiquattr'ore al giorno, di Roma e di Lazio, ho capito che si stava formando un colossale ingorgo intellettuale: quella è gente che può passare tre giorni a discutere e dissezionare una frase di Cassano: eppure perfino a loro pareva troppo quello che si stava facendo sul papa. Cosa diavolo stava succedendo? Da che parte stava, ormai, l'intelligenza?

E intanto il grande racconto mediatico alluvionava qualsiasi spazio e tempo, partorendo a ritmo sempre più elevato domande senza risposte e paradossi logici. Più erano le ore papali di televisione più si allungava la coda, da piazza San Pietro lungo il Tevere: comprensibilmente, perché ogni ora televisiva moltiplicava il mito. E più si allungava la coda, più si allungavano le ore papali in televisione: comprensibilmente, perché più lunga era la coda, più la notizia diventava clamorosa. Sì, ma qual era l'inizio di tutto: la tivù o la coda? Voglio dire: quel era la cosa vera? Cos'è che effettivamente era accaduto: che tanta gente era in coda, o che i media avevano messo su un mito? O tutt'e due? Mah. E così passeggiavi lungo la grande coda, come allo zoo, cercando di capire. Con una domanda in testa: sarebbe una coda così lunga se non fosse una coda così lunga? Voglio dire: quanti di quelli non sarebbero mai venuti se quella coda fosse stata una coda normale? Qual è il punto in cui la lunghezza naturale di una coda inizia a generare un gigantismo derivato dal suo essere un evento? Dove iniziava la parte artificiale di tutto quello che stavamo vivendo? O anche: c'era ancora qualcosa, là dentro, che non fosse artificiale? O addirittura: non è che in questa follia stava morendo la distinzione stessa tra naturale e artificiale? Non ne uscivi. Quando iniziavi a chiederti "cos'era vero" finivi in una palude senza fine. E a ben pensarci, ecco, quello era il punto: l'aver smarrito in modo così plateale la linea di demarcazione tra realtà e racconto. Di per sé l'alluvione mediatica l'avresti anche sopportata: ma il fatto era che quella alluvione generava una sbornia collettiva dove anche le più elementari regole di confronto con la realtà andavano allegramente a farsi benedire. E così se ne sentivano di tutti i colori. "Il papa è stato un rivoluzionario, ha rivoluzionato tutto ciò che ha toccato," dice il ragazzotto intervistato in piazza San Pietro. Così, d'acchito, nel gran sciroppo che dura da ore, ascolti e ti sembra normale. Sensato. Non ci fai caso. Però se ti capita di ripensarci, magari mentre fai altro, il giorno dopo, allora, d'improvviso, quel che ti chiedi è: ma che cavolo sta dicendo? Wojtyła, un rivoluzionario. Ma è vero? La missione del papa era quella di regnare sulla Chiesa. Bene. Si può dire che in questo suo peculiare compito lui abbia rivoluzionato qualcosa? Io ho fatto in tempo a vedere cosa significa rivoluzionare la Chiesa. Ero piccolo, ma me ne sono accorto quando hanno girato gli altari, quando i preti hanno iniziato a parlare la mia lingua, a dare l'ostia in mano e confessare la gente guardandola negli occhi. Posso assicurare che quella sì era una rivoluzione. Non sono un vaticanista, ma se dovessi dire l'impressione che ventisette anni di papato wojtyliano mi hanno lasciato, allora potrei dire molte cose ma una certamente non la direi: che è stato un rivoluzionario. Può darsi che rivoluzionario sia stato il modo in cui Wojtyła ha interpretato e comunicato la figura del papa. Va bene. Ma non era lì per fare quello. Non era il pierre della Santa Sede. Era il pastore di una moltitudine: da quello, va giudicato. Non ce l'ho con il ragazzo di piazza San Pietro. Ce l'ho con il modo di fare: se una battuta è coerente alla sceneggiatura (Karol il Grande) poco importa se è demenziale: diventa sensata, e legittima. Con tanti saluti al confronto con la realtà.

Con lo stesso spirito milioni di persone hanno assistito alla scena madre dell'imperatore che si inginocchia davanti al papa. Due generazioni di Bush – gente che considera la guerra un modo di fare la politica, e regolarmente la pratica – si inginocchiano davanti a un uomo che ha detto senza sfumature, e a nome di Dio, che la guerra è il male assoluto. Non una cosa da evitare, o una spiacevole marachella: il male assoluto. Se in quei giorni avessimo conservato anche solo una briciola di senso del reale, la scena ci sarebbe parsa vertiginosamente assurda. Completamente scissa dalla realtà delle cose. Era una scena impossibile. Ma come scena del Grande Film ci è perfino piaciuta. Eravamo commossi. Spaventoso, a ben pensarci.

Mi spiace cadere nel più logoro dei luoghi comuni giornalistici, ma insomma, mentre passava l'alluvione papale, un giorno mio figlio, sei anni, mi chiede, sintetico: "Ma perché ti emozioni se tanto non credi che Dio esiste?". Non vorrei creare delle illusioni: i bambini sono ignoranti e dicono un sacco di boiate. Però qualche volta hanno il dono della sintesi. E vedono le cose da un'angolatura assurda, e quindi privilegiata. Per giorni mio figlio, a cui è toccata in sorte una famiglia laica, si deve esser chiesto come mai fosse così importante quel che aveva detto e fatto un uomo che, a quanto gli risultava, era uno che credeva nel Grande Cocomero. Giro la domanda all'intellighenzia laica. Io lì per lì, ho solo trovato questa risposta: "Che c'entra?, anche tu ti emozioni per Spiderman, ma mica credi che esista!". E mentre lo dicevo, capivo che era un segno di resa, era l'ammissione dello svacco planetario, la tardiva spiegazione di tutto ciò che era accaduto intorno a noi per giorni: era solo un film, piccolo. Era il gran finale di una storia durata ventisette anni e scritta in tutte le lingue del mondo. Nel suo genere, il best seller del secolo.

Non so, francamente, se poi le cose stiano esattamente così. Probabilmente la faccenda è più complessa: ma resto dell'idea che negli ultimi anni, in almeno due occasioni, il sistema di equilibrio tra realtà e narrazione della realtà è andato in tilt, ha avuto come un'ischemia: quando quei due aerei sono entrati nelle Twin Towers, sullo sfondo di quel blu assolato newyorkese, e quando milioni di persone hanno fatto code di ore per andare a fotografare, col telefonino, il cadavere del papa. Un'ischemia, dico: per un attimo non c'era più niente, non c'era più differenza fra realtà e racconto, originale e copia, contenuto e messaggio. Non c'era origine e scopo, ma solo evento. Poi il corpo si riprende, ed eccoci qui a ragionarci su. Ma, in quel momento: tutto nero e basta.

Quando ti prendono scrolloni di quel tipo, di solito, mentre barcolli, ti aggrappi a qualcosa di stabile, di fermo. Mentre il papa moriva in quel modo là, a me è venuta una voglia illogica di cose vere: qualcosa che avesse la stabilità pietrosa delle cose vere. Mi è venuto da entrare in una chiesa, qualunque, una chiesa che nessuno stesse raccontando, e guardarla, e appurare che esistesse ancora. Ho anche pensato che, in certo modo, c'era un gran bisogno che qualcuno lo facesse, a nome di tutti: si defilasse dal Grande Racconto e facesse un pellegrinaggio alle cose vere. Mica per capire chissà che: solo per una norma igienica, per risciacquare la mente, per ripristinare un certo equilibrio ecologico nell'indice del mondo. Poteva essere un'idea sciocca, e magari lo è: però quando ne ho parlato agli altri scrittori della Fandango (erano quelli che avevo più a portata di mano) mi sono accorto che la capivano perfettamente, e anzi che ce l'avevano in testa anche loro, e da un sacco di tempo. Così abbiamo deciso di farlo. Molto semplicemente: siamo andati in sette posti della Chiesa, posti reali, fatti di muri e facce, posti che non sono notizie ma posti, e abbiamo scritto quel che abbiamo visto, e sentito. Ripeto: non è per spiegare la Chiesa, o per capire alcunché: e non sono reportage o inchieste: è come quando sono giorni che il vicino di casa non lo senti più, e allora magari ti preoccupi un po', e allora scavalchi lo steccato del giardino, e arrivi a spingere la porta di casa, e chiedendo permesso a voce alta vai a vedere. Non è per capirlo, o per scoprire chissà che: è solo per essere sicuro che c'è ancora. Insomma, siamo usciti da casa, e siamo andati a vedere. Ci mancava un po' la realtà. Ammesso che esista ancora. Chi vorrà potrà leggere, da oggi, quello che abbiamo visto. Di questi tempi, se sei uno scrittore, forse è poco più del tuo sguardo quello che puoi offrire come resistenza al mondo che va. Comunque, tranquilli: si era solo addormentato davanti alla tivù. Il vicino, dico.

(*30 aprile 2005*)

Fare cinema

Lo scorso anno ho girato un film. Prima l'ho scritto e poi l'ho diretto, come si dice. Strana esperienza. Dopo decenni spesi in sale buie a farmi stregare dal cinema, mi è successo di passare dall'altra parte, e di scoprire come lo fanno. Non sto a farla lunga, ma praticamente è stato come andare a scuola. Ho imparato un sacco di cose, e adesso che il film è finito – proprio adesso che definitivamente lo stanno stampando, facendolo diventare un oggetto irreversibile, come un ritratto, come un chiodo stortato – mi viene da festeggiare mettendo insieme un breviario di ciò che ho capito, o che almeno mi è sembrato di capire. In ordine alfabetico, che è pur sempre un ordine.

Attori

Ecco le cose da sapere sugli attori.

1. Metà del talento di un regista consiste nello sceglierli bene. La cosa, peraltro, è difficilissima. Fare un casting è come riconoscere un uovo sodo in una confezione da dodici di uova fresche. O sei bravo a guardare attraverso il guscio, o quello di cui hai bisogno è una gran fortuna.

2. Quando sul set, girando, un attore si commuove davvero, quello è un momento bellissimo: ma è esattamente la scena che non monterai mai. Al cinema un attore che si commuove davvero è meno convincente di un attore che si commuove per mestiere. È una questione di vicinanza dello sguardo, di implacabilità della macchina da presa. Infatti a teatro, secondo me, è il contrario.

3. Contro ogni previsione, girare prima il finale e dopo la scena iniziale, o spezzettare una scena d'amore in due giorni di riprese è una cosa che agli attori non complica la vita. A te, la complica, ma non a loro. Sono abituati, in fondo preferiscono così. Quindi il

modo migliore per fargli dire bene "Ma sei scemo?" è mollargli la sberla una settimana prima.

4. Vengono meglio le attrici con gli zigomi alti, sempre e comunque.

5. Un attore veramente bravo lo riconosci dal fatto che sul set, quando vai a imporgli un dettaglio, o a suggerirgli un altro modo di fare la scena, lui sta a sentire e poi dice: grazie.

Budget

I film sono cari. Per fare un buon film, in Italia, ci vogliono più o meno gli stessi soldi che Lele Mora si è messo in tasca invece di darli al Fisco (o almeno così sostiene il Fisco).

Ciack

Se sei bravo, alla fine te lo regalano. Come le orecchie del toro al torero.

Controllo

In assoluto la cosa più difficile del mestiere del regista. Mantenere il controllo di quello che stai combinando, sapere cosa stai facendo, in qualsiasi momento. Anche scrivendo libri è una faccenda complessa, ma scrivere è un gesto compatto, dove sistemi tutti i diversi tasselli nello stesso momento. Costruire una frase è un gesto sintetico, come fare le formine sulla spiaggia. Nel cinema è diverso. La sintesi è alla fine, tu lavori sempre su porzioni provvisorie. Hai sottomano qualche tassello, e tutti gli altri te li devi immaginare o ricordare.

Giri un finale senza aver girato l'inizio, scegli costumi senza poterli mettere addosso agli attori, scrivi battute senza sapere chi le dirà, monti il film senza i rumori d'ambiente (allucinante), per tutto il tempo lavori vedendo passare il film su schermi piccoli dove la luce, i colori e la definizione c'entrano poco con quello che si vedrà sullo schermo. Cose così. Come correre tenendo la testa in un sacchetto del pane (provate...). Per fare un esempio scemo, a me è capitato di dover scegliere i rumori che un attore faceva raschiando sul ghiaccio con due strumenti diversi, uno per mano: per imperscrutabili ragioni tecniche il rumore della mano sinistra l'ho scelto in un laboratorio a Roma Nord, quello della destra in un ufficio dall'altra parte della città. Naturalmente senza poter ascoltare gli altri rumori d'ambiente e la musica. Si può lavorare così? Sì, si può, lo fanno tutti, e questo perché tra le decine di artigiani che lavorano a quella faccenda ce n'è uno che sempre, dico sempre, ha in mente tutto, e ha il film in testa, e non smette mai di vedere nel riflesso dell'acqua l'intero fiume, e nel singolo volo l'intero stormo, e in una risata tutta una vita. E quello sei tu, il regista. Capirete che uno, poi, di notte, non dorme proprio benissimo.

Digital Intermediate

Detto confidenzialmente "DiAi". Acquisizione abbastanza recente. Pochi sanno esattamente come funziona, ma in sostanza si prende il montato, lo si converte in materiale digitale, si pasticcia un sacco, e poi lo si fa tornare pellicola: quella che poi gira nel proiettore. In teoria è una figata pazzesca perché, nell'allegro intermezzo digitale, tu puoi mettere le mani dove vuoi e fare il lifting al tuo film. In pratica, la sensazione è molto simile a quando ti regalano un culatello e tu lo metti in freezer: hanno un bel giurarti che poi quando lo scongeli sarà uguale, ma il dubbio che stai facendo una boiata pazzesca non te lo toglie nessuno.

Doppiaggio

Dato che il mio film è girato in inglese (non è il caso di spiegare, adesso, perché), mi è toccato il trauma di fare il doppiaggio per l'edizione italiana. La prima volta che, seduto lì, senti il tuo attore australiano parlare come nei documentari sulla vita dei castori, e farlo in una lingua in cui lui sa solo dire "spagheticarbonari", pensi naturalmente all'*Esorcista*. E non è un bel momento. Ma quindici giorni dopo ti può anche accadere di vederti tutto il film doppiato e godertela proprio, a conferma che siamo un Paese di eroi, santi, navigatori e doppiatori.

Esercito

Non mi è chiaro perché, ma il cinema ha un'organizzazione sottilmente militare. Molto contano le gerarchie. Si direbbe che tutti ne abbiano bisogno. Niente può mandare in palla il sistema come un runner che mette l'occhio nella camera da presa (sacrilegio) o un regista che fa sedere sulla sua sedia il parrucchiere. Riverbera, in una simile e apparentemente babbea rigidità, l'idea, appunto militare, che se ognuno resta al suo posto nulla può veramente succedere che possa poi sorprenderci. È una convinzione errata, ma io mi ci sono trovato bene, perché in quell'errore ho passato tutta la vita.

Faq

Domanda: che differenza c'è tra fare lo scrittore e fare il regista? Risposta: la stessa che c'è tra suonare il pianoforte e dirigere un'orchestra. In un certo senso, sempre musica è. (Va aggiunto, per dovere di cronaca, che di pianisti veramente bravi a dirigere ce n'è forse due, nel mondo.)

Graduatorie
Domanda: è più difficile scrivere un libro o girare un film? Risposta: girare un film, almeno nel senso in cui è più difficile stare in piedi su una meringa che dipingere la Cappella Sistina.

Hurt, John
Vedi *Star*.

Inquadrature
Volendo puoi anche girare facendo tutte le inquadrature possibili (su di lei, su di lui, tutt'e due, da sotto, da sopra, di fianco): poi scegli in montaggio. Ma è come sfarfallare al calciobalilla.

"Lezione ventuno"
È il titolo del mio film. In origine l'avevo intitolato *Freude*, che è la parola tedesca con cui inizia l'*Inno alla gioia* di Schiller musicato da Beethoven nella *Nona sinfonia*. Mi suonava bene. Freude. Al terzo che mi ha detto "un film su Freud?", ho deciso di cambiare. Comunque il film parla in effetti della *Nona* di Beethoven. Della *Nona* e della vecchiaia: curiosamente, due cose di cui non ho nessuna esperienza diretta. Va' a capire. Fine dell'intermezzo pubblicitario.

Manifesto
Se il film va male la colpa è del manifesto, sbagliato.

Montatore
Ci son solo tre figure, nella vita, con cui è dato raggiungere un livello di vera, incondizionata intimità, pur senza fare sesso: quando ti spacchi un ginocchio, il tuo fisioterapista; quando sei cattolico, il tuo confessore; quando giri un film, il tuo montatore.

N
È incredibile come io non abbia imparato niente che inizi con la N.

Obbiettivi
Sono le lenti che l'operatore mette sulla macchina da presa.

Puoi scegliere tra una dozzina di soluzioni diverse. I veri talenti non sbagliano mai. Va anche detto che, in genere, l'obbiettivo che scegli l'hanno lasciato in albergo.

Produttori

Una cosa che ho capito è che il vero autore di un film, nel senso più limpido del termine, è il produttore. Voglio dire, è lui che vede una costellazione là dove ci sono solo stelle: il talento di un regista, il mestiere degli artigiani, una certa quantità di soldi, i grandi attori, gli attori bravi ma non famosi, una certa storia, un certo pubblico: di per sé sono relitti sparsi che vanno alla deriva, lui ne fa una zattera per navigare. Che poi ne esca un film di Natale o *Full Metal Jacket*, quella è un'altra faccenda. Ma in origine il suo gesto non è quello di un contabile che fa quadrare i conti, ma quello di un creatore che dove gli altri vedono una cava di pietre vede il cantiere di una cattedrale. Poi noi ci andiamo a fare la messa cantata, là dentro, ma lo spazio è figlio suo, era nella sua mente, ed è l'incubo di sonni suoi, e talvolta il sogno.

Quanto manca?

Domanda ricorrente sul set. Va sottinteso "alla pausa pranzo".

Rugby

Nel rugby, dice la saggezza popolare, c'è chi suona il pianoforte e chi lo sposta. Non è molto differente nel cinema. Il regista lo suona, il macchinista lo sposta. Il direttore della fotografia lo suona spostandolo, l'aiuto regista lo sposta suonandolo. Il montatore lo suona quando tutti se ne sono ormai andati, e lo scenografo quando ancora non è arrivato nessuno. Alla fine, stufo, il distributore lo vende.

Star

Attori apparentemente simili agli altri. Solo che sullo schermo lasciano il segno anche solo deglutendo. Io ne avevo uno, nel mio film. Deglutiva da dio.

Sopraluoghi

Si va in giro per il mondo a cercare il posto giusto in cui girare. Delizioso. Prima vanno gli specialisti, poi, fatta la scrematura, arriva il regista. Allora lui si aggira come un rabdomante, cercando l'ispirazione, e tutti gli altri lo seguono, parlando piano, e senza fare domande. Nel caso di location in esterno può capitare che il regista a un certo punto si allontani silenzioso, come preso da subitanea illuminazione. Tutti lo seguono. Allora il regista dice che sta andando a pisciare. Tutti si allontanano.

Tempi morti

Nei tempi morti, sul set, gli attori leggono libri. Sempre per quella storia che sono uno scrittore che ha girato un film, ho spesso pensato, guardandoli, che lì c'era una morale da cogliere. Solo che non sono mai riuscito a capire quale.

Uscita

Scegliere quando far uscire un film nelle sale è un'arte, e anche il gioco d'azzardo preferito dalla gente del cinema. Analogamente alla dermatologia, è una scienza inesatta, che avvita dogmi indiscutibili sulla pacifica ammissione che nessuno ci capisce niente. Nel caso di un film normale, si tratta, come in una specie di campo minato, di scegliere il weekend giusto evitando Natale, Pasqua, i ponti col sole, le settimane bianche, l'uscita dei grandi film americani, l'uscita dei film europei concorrenti, eventuali elezioni, i mesi estivi, la finale di Champions, il Festival di Sanremo e la prima comunione del figlio del regista. Il mio film, ad esempio, uscirà nel 2017.

Visione

Alla fine la si può raccontare così: ti accade un giorno di mettere a fuoco una sorta di visione, e mesi dopo, magari anni dopo, ti siedi in una saletta e ti aspetti di trovarla sullo schermo, diventata materia, e dunque visibile anche dagli altri. Nel passaggio dalla mente allo schermo ne sono successe di tutti i colori, e in ogni momento di quel casino il tuo vero compito era in definitiva non perdere contatto con la tua visione – salvarla. Non hai fatto altro che quello. Per mesi hai tenuto per mano un bambino al luna park cercando di non perderlo. Anche qui si potrebbe dire che in fondo quando scrivi un libro non è poi tanto diverso. Ed è vero. Ma nel cinema quella acrobazia invisibile che è restare fedeli a una propria visione diventa un esercizio fisico da compiere in mezzo a un gran piroettare di cose e persone, e con l'aiuto di un sacco di maestri. Nel cinema partorisci in pubblico, come le regine. Questo genera una sorta di progressivo sfocamento della tua visione originaria, un suo veloce scivolare nel buio. Paradossalmente, più impari il mestiere e i tuoi occhi diventano capaci di guardare il set, meno riesci a mantenere uno sguardo vero sulla visione originaria. Può suonare assurdo, ma alla fine, per fare il cinema, devi accettare di diventare cieco. È una cosa che coi libri non succede. Quando perdi contatto con la visione d'origine ti interrompi e aspetti. Nel cinema è più complicato. Avete presente quelli che a un certo punto della loro vita sono diventati ciechi, per un incidente, una malattia, un caso? Provate a immaginare il gesto ostinato, difficilissimo e poetico con cui tengono aggrappati alla loro memoria un paesaggio visto da bambini, e la forma di un campo da calcio, e la faccia del loro migliore amico. Fare il cinema a me è sembrata una cosa del genere. Al termine della quale ti portano in una sala buia, davanti a uno schermo, dove per quanto possa sembrare incredibile tu rivedi il paesaggio, il campo e l'amico. Quando sono identici a come te li ricordavi, allora è una sensazione che non si può dire.

Zoo

Dato che gli sceneggiatori guadagnano meno, si divertono meno, e sono meno famosi dei registi, si vendicano scrivendo scene in cui compaiono animali. Alcuni, i più cattivi, scrivono scene con animali e bambini. Accade di rado, ma alcune personalità disturbate arrivano a scrivere scene in cui animali e bambini stanno in mezzo alla neve, o sotto un diluvio, o in una tempesta di vento. In quei casi, lo sceneggiatore, prudenzialmente, non va sul set. In altri casi ci va, ma nessuno se lo fila. Allora lui torna casa a scrivere una scena in cui sette bambini inseguono un tacchino sotto una tempesta di neve sulla spiaggia di Sabaudia. Di notte.

(*10 febbraio 2008*)

Corrida 1

Barcellona. Grigio il cielo, marrone la sabbia, niente a che vedere con quelle abbacinanti plazas andaluse, arene gialle sotto soli giaguari, e donne flamenche in cieli vergognosamente blu. Sul marrone della sabbia, in un angolo, un toro da 485 chili non ne vuole sapere di morire. Se ne sta sdraiato su un fianco, a muggire ogni volta che lo trafiggono nella nuca con un piccolo pugnale: una scossa in tutto il corpo, ma non stramazza. Qualche fila davanti a me c'è un omino. Sessant'anni veri o quaranta trasfigurati dalle disillusioni: difficile dirlo. Magro magro, camicia di nylon, cravatta, giacca colore senza nome. Ha i capelli brillantinati, perfettamente regolati da una riga laterale che da anni fa l'amore con un pettine finto tartaruga (lo posso immaginare, sonnolento, nella tasca interna della giacca). L'omino ha pelle olivastra e un sorriso mite, odontoiatria anni cinquanta, ponti metallici a vista e capsule un po' fané. Lo guardi ed è la Spagna che sta sparendo. Tiene in mano una cartelletta con dei fogli bianchi, e scrive. Guarda il toreo e scrive.

Il foglio è accuratamente diviso in tre parti. Lui scrive con calligrafia minuta ed esatta, in righe irragionevolmente ordinate, e fitte. Come se pettinasse anche loro. O è un pazzo o è un critico taurino. Senza escludere la possibilità che sia entrambe. È a due file da me, e decenni lontano. Non trovano il punto giusto, nella nuca del toro, e lui continua a guizzare e a non morire. Odore di sigaro greve come torba bruciata, la gente fischia, e sciabolate di voci dicono in spagnolo cose che sanno di orrendo. Avrei una domanda: che ci faccio io qui? Risposta: sono venuto a vedere El Juli. Il Mozart del toreo. Il più grande, dicono.

El Juli ha diciassette anni. Molti, se nuoti a rana e vai alle Olimpiadi. Niente, se ammazzi tori. Nel panorama un po' imbolsito delle corride, è arrivato lui, e si è spalancato un mondo. Fa venire in mente la storia di Tiger Woods, il campione di golf: giovane, nero, arrogante, spettacolare. Era un gioco titic e titoc, per grassotelli stempiati e bianchi, e lui ne ha fatto uno sport per gente tosta e divertita. Da El Juli tutti si aspettano un po' la stessa cosa: si aspettano che sdogani il toreo, consegnandolo alle nuove generazioni e sottraendolo al mio amico e al suo pettine. Lui ci prova, inventando corride e rischiando la vita. Dicono che sia bellissimo. Ma non è vero. Faccia grassottella da bambino cresciuto in zone residenziali, acne d'ordinanza, capelli meno biondi di quanto potrebbero essere, occhi meno azzurri di quello che potrebbero essere. Tipica faccia dimenticabile. Suo padre era torero, dimenticabile anche lui, un corno gli ha portato via un occhio e la voglia di continuare. Oggi fa il manager del figlio. Spreme la rapa, per così dire. Per avere El Juli bisogna scucire, pare, duecento milioni. Ci sono toreri che toreano da anni, rammendati ovunque sotto i vestiti, che non hanno mai visto la metà di quella cifra tutta in una volta sola. El Juli fa ottanta-novanta corride all'anno. Più la stagione in Sudamerica. Gli hanno fatto i conti in tasca. Più di venti miliardi, l'anno scorso. Li vale? Nessuno ha dubbi. Li vale. Ci sono le corride, e poi ci sono le corride col Juli. Tutt'un'altra cosa. Il bambinello fa sognare, non c'è santo. E non c'è prezzo, per i sogni.

Il toro vede poco. Vede, e male, una corsia davanti a sé. Non sa cosa sia la coda dell'occhio. Questo significa che se vuoi farti vedere da un toro c'è un unico posto giusto, per te: esattamente davanti, in mezzo alle corna. Non è un bel posto, nemmeno se sei a venti metri di distanza. Ma se non vai lì non inizia niente. Quando poi è iniziato, quello che devi fare è sparire. Il toro vede male: vede ciò che si muove. Non gli importa del rosso, del viola, quelle son tutte balle. Lui vede quello che si muove. E lo attacca. Se quello che si muove è una cappa, lui incorna la cappa. Se quello che si muove sei tu, lui incorna te. Il torero perfetto è una statua quasi invisibile. A voler essere esatti, se hai fatto tutto giusto, quando alla fine ti metti davanti al toro per la estocada finale, quella è la prima volta che il toro ti vede da vicino. Ti ha sfiorato, magari, per decine di volte, ma non ti ha mai visto. Ha combattuto con un nemico fatto d'aria. Oppure: ha danzato con un angelo. Manolete, angelo triste e grandissimo, ogni tanto diventava una statua con una perfezione tale che quando gli scivolava accanto il toro lui non lo seguiva con lo sguardo, ma immobilizzava gli occhi nel nulla davanti a sé, il mento sollevato, la faccia di pietra. Ho visto lo stesso sguardo – un misto di arroganza e incurabile lontananza – negli occhi di fantastici ballerini di rock, a Los Angeles. Li ho visti in quelli che ballano da noi nelle sagre di paese, senza sbagliare un passo, e nei ballerini di tango argentino, che si sfiorano le labbra riuscendo a non guardarsi. Anni fa ho visto Wilhelm Kempff suonare Bach, era vecchio y final, non guardava mai la tastiera, aveva lo sguardo di Manolete, ma stanco, scivolava sotto il coperchio del pianoforte e viaggiava chissà dove. E una volta ho visto Estiarte, stella spagnola della pallanuoto, battere un rigore con gli occhi fissi tutto da un'altra parte, senza girare la testa: adesso so chi sognava di essere. Manolete se lo portò via un toro Miura di nome Islero, il 18 agosto 1947. Potrei sbagliarmi, ma il rigore di Estiarte si stampò sul palo.

La prima volta che sono andato a veder toreare El Juli sono finito in un posto che si chiama Brihuega, a un centinaio di chilometri da Madrid. Pioveva grosso così e non se n'è fatto niente. La cosa mi è sembrata quasi magica. Bisogna sapere che Brihuega non è un posto qualunque: lì, durante la Guerra civile spagnola, i soldati italiani mandati da Mussolini a fiancheggiare Franco, si presero una batosta storica. Nei libri la chiamano la battaglia di Guadalajara, ma in realtà tutto successe proprio a Brihuega. Gli italiani avevano studiato tutto per bene. In una guerra che spesso era barbaro corpo a corpo, per l'occasione avevano studiato qualcosa di moderno, pulito, e scientifico. Colonna motorizzata appoggiata da artiglieria e aviazione. Con la stessa tecnica i tedeschi si sarebbero da lì a poco divorati l'Europa. Loro contavano di sbranarsi velocemente un bel pezzo della strada per Madrid. Però successe una cosa. Si mise a piovere. Vedi come la Storia, alle volte, è legata a un filo. Da quelle parti la terra è argillosa. Ci pisci sopra ed è già fango. Le piste da cui gli aerei dovevano decollare erano in terra battuta. Non riuscirono a staccarne uno da terra. L'artiglieria si vide un muro di nubi basse davanti e rinunciò a sparare. La colonna motorizzata andò avanti, ma il fango era dappertutto, e la passeggiata si convertì in tortura. Fecero fuori un po' di avamposti repubblicani che neanche avevano capito quello che stava succedendo. Poi si impantanarono definitivamente. I soldati avevano freddo, non c'era più niente d'asciutto, e la strada era un ingorgo tipo Raccordo Anulare la domenica sera. Il comando italiano decise che era meglio sostituire gli uomini con un nuovo scaglione riposato e asciutto. Immaginarono che si potesse fare: quelli bagnati tornavano indietro e quelli asciutti li sostituivano là davanti. Il tutto senza che i repubblicani, dall'altra parte, si accorgessero di niente. Ne venne fuori un ingorgo biblico. Su cui i repubblicani si avventarono senza pietà. Disfatta. Dico tutto questo non per far lezione di storia, ma perché la pioggia di Brihuega, quel giorno, mi ha ricordato una cosa. Che non riuscirei a spiegare a nessuno cos'è la corrida senza parlargli della Guerra civile spagnola (parlargli di che guerra furono capaci di fare), così come senza prima avergli fatto vedere una Semana Santa in Andalusia, o un quadro di Velázquez, o i pascoli delle ganaderias, dove crescono i tori, o il colore che ha la sabbia dell'arena a Siviglia. Non saprei spiegare perché, ma è così. Sono le diverse tessere di un'unica icona. Fai a pezzi l'icona e non capisci più niente.

Sono le sei e mezza de la tarde, l'omino scrive, la puzza di sigaro cova bestemmie in spagnolo. El Juli indossa un traje de luces color lilla e oro. Lo ammetto, sembra bellissimo. Lo sembra dal primo passo che fa, dal primo gesto che accenna. Il bambolotto fotografato davanti alla sua bella casa, in jeans e maglietta, è misteriosamente sparito. Qualcosa d'altro misura l'arena a passi lenti e si piazza esattamente in centro. Il toro è vicino alla barrera, fermo, stupefatto. È entrato da poco e ha poco tempo per capire un sacco di cose. Anche il torero, in quel momento, ha quel problema: deve capire il toro, capire come corre, capire da che parte preferisce incornare, capire se è matto o vile o coraggioso. Capire se e dove è pericoloso. Per questo, le prime mosse del torero sono, in genere, prudenti. Si fa passare il toro sotto gli occhi per studiarlo. Niente di più. In genere. El Juli, lui, ha un'idea diversa, su quei preliminari. La prima cosa che gli vedo fare, dal vivo, è mettere giù un ginocchio e inchiodarsi in una posizione che non prevede fuga da nessuna parte, e nessuna chance se il toro deraglia. Poi dà una scossa al capote, e getta un urlo al toro. Il toro si gira. Vede. Ha due corna, molta paura e mezza tonnellata di forza da sparare contro quello che vede. E lo fa.

(*10 maggio 2000*)

78

Corrida 2

Sono arrivate numerose lettere di protesta, a "Repubblica", per i miei due articoli pubblicati, nei giorni scorsi, sulla corrida. A scrivere sono stati molti animalisti, ma anche lettori non abitualmente impegnati in quel genere di battaglia. Tutti si dicono esterrefatti e indignati per aver trovato, nel giornale, "pagine dedicate all'esaltazione della corrida". Tutti sottolineano che la corrida è una "pratica atroce e barbara", uno "spettacolo insulso e arcaico". I toni vanno dal sinceramente addolorato all'apertamente aggressivo, con corredo di insulti e appelli al boicottaggio. Unanime sembra la condivisione di un principio: "Nessuna tradizione o divertimento può basarsi sullo sfruttamento e sulla sofferenza di altri esseri viventi". A me interessano quei pezzi di mondo in cui l'orrore e il meraviglioso si intrecciano in un modo apparentemente inestricabile. Mi incuriosisce la possibilità che qualcosa di bello abbia bisogno, per nascere, di un terreno che fa schifo: e mi attira riflettere su tutto ciò che di orrendo può nascere da un terreno che crediamo positivo e giusto. C'è qualcosa, in fenomeni come quelli, che sfugge a ogni logica: sono domande aperte, e scomode. Boicottano la nostra generale propensione a un igienismo ideologico per cui esistono solo cose pulite e cose sporche. Ci aiutano a ricordare che noi siamo più complessi di così, e il mondo che noi abbiamo prodotto non è completamente coerente: in molte sue tessere, pulizia e sporcizia dipendono una dall'altra: hanno bisogno una dell'altra.

Mi capita spesso di andare a vedere da vicino quelle tessere: e di provare a scrivere quello che ho visto. Credo che sia una delle cose che danno un senso al mio mestiere. Tempo fa sono andato a Vienna a vedere che effetto faceva ascoltare i Wiener Philharmoniker nel cuore di un Paese in buona parte xenofobo e razzista.

Qualcosa di sublime che accade spalla a spalla con qualcosa che detesto. Sarebbe stato abbastanza semplice tirare una bella riga e mettere di qua l'Austria pulita (quella dei concerti) e di là quella sporca (quella di Haider). Il nostro istinto igienista sarebbe stato letteralmente deliziato da una cosa del genere. Ma la verità è che io sono andato là proprio perché non credo che si possa tirare quella riga: perché so come l'apparato ideologico sui cui la musica classica si appoggia per produrre il sublime sia un apparato in buona parte discutibile, obsoleto e deteriore: perfino parente di quello che ha generato Haider. Lo so e non lo voglio dimenticare, perché è una delle cose che rendono la bellezza prodotta da quel mondo una bellezza sofferta, intelligente e vera. I Wiener, in quel momento, in quella città, non erano qualcosa di tranquillizzante: erano una domanda aperta, e scomoda. Sono andato, e ho scritto.

Con uno spirito non molto diverso sono andato a vedere la corrida. C'è qualcosa, in quello spettacolo, che evidentemente non torna. E che fosse un argomento scomodo lo sapevo io e lo sapeva il direttore di questo giornale. Ma proprio per questo ci è parso che valesse la pena di andare a pensarci un po' su, al riparo dall'urgenza della cronaca, e col respiro necessario a una riflessione che provasse ad andare al di là dello slogan o del luogo comune. Mi ha sconcertato leggere, nei messaggi dei lettori, l'unanime convinzione che ne siano usciti due articoli di "esaltazione della corrida". Posso dirlo serenamente: non sono due articoli di esaltazione della corrida. Sono il racconto di uno che va, guarda, vede l'orrore, e vede la bellezza. Sono il racconto di uno che si sforza di non nascondersi né una cosa né l'altra. Perché è nella coabitazione dell'orrore e della bellezza che quel fenomeno diventa cifra da interpretare, domanda aperta, e spia di una certa civiltà. Se in quegli articoli si parla molto della bravura dei toreri e meno della sofferenza dei tori, è perché l'orrore della corrida lo puoi fermare per sempre in una sola frase, tanto è evidente e cristallino: mentre la sua bellezza è qualcosa di meno a portata di mano, meno gradevole da raggiungere, più difficile da accettare. Ma c'è. Per quanto possa fare schifo, c'è. E negarlo può aiutare la causa della difesa degli animali, ma non la nostra ambizione a capire il mondo che quotidianamente produciamo.

Se può interessare quel che penso, io penso quello che ho scritto: la corrida "è un orrore grottesco che alcuni toreri tramutano in spettacolo sublime". Non credo che questo basti a volerla difendere. Continua a sembrarmi assurdo, per dire, che la Ue trovi il tempo di perseguire i formaggi di fossa o i forni a legna delle pizzerie, e non si sia ancora posta il problema delle corride. E, francamente, penso che la corrida abbia le ore contate: non credo che mio figlio la vedrà, perché non esisterà più. Ma adesso, ancora, esiste. Puoi far finta di niente, ma se decidi di andare, e scriverne, quel che devi fare è cercare di capire, non cercare di ammortizzare lo choc. Non serve a niente, non sei lì per quello. Speravo che i miei lettori accettassero di compiere insieme a me quel piccolo viaggio nel cuore di qualcosa di sgradevole, e enigmatico. Constato che almeno una parte di loro non ne sentiva proprio il bisogno, e non ne condivide assolutamente la necessità. Rispetto la loro posizione. Mi piacerebbe provassero a capire la mia.

(*14 maggio 2000*)

I tori di Pamplona

Mi rendo conto che ci sono cose più urgenti da capire, ma erano anni che mi chiedevo se la Feria di San Fermín fosse una fesseria spaziale o una fantastica esperienza da non perdere. Quand'è così, l'unica cosa è andare a vedere da vicino. Così, il 6 luglio mi sono presentato, puntuale, a Pamplona, per quella che è considerata la festa più bella del mondo dopo il Carnevale di Rio e prima dell'Oktober Fest. Non è che avessi le idee molto chiare, sapevo giusto quello che sanno tutti: c'entrava Hemingway, in qualche modo, e corrono davanti ai tori. Adesso che sono tornato a casa curiosamente illeso, la so molto più lunga, e sono in grado di esibire alcune, piuttosto alcoliche, certezze.

La prima è che san Fermín non è il santo patrono di Pamplona. (È quel genere di notiziola che alle cene ti può valere una trentina di secondi di attenzione. Anche annotare che Frankenstein non è il nome del mostro ma dello scienziato che lo costruisce, può funzionare. Come ricordare che la Grande Muraglia non si vede affatto dalla Luna.) Il santo patrono è un altro (san Saturnino), solo che malauguratamente la sua festa cade in un mese deprecabile (novembre) e così da quelle parti hanno pensato bene di scegliersi un martire che festeggiasse in un mese più intelligente: se devi inventare una delle feste più belle del mondo, anche i dettagli sono importanti. Per cui, alla fine, San Fermín, dal 6 al 14 luglio. Viva San Fermín!, Gora San Fermín! (Paesi Baschi, da quelle parti se non dici tutto in due lingue si indispettiscono.)

La seconda certezza è che quando arrivi alla Feria senza sapere cos'è, sei destinato a fare, per alcune ore, la figura del deficiente. Sono momenti in cui ancora ti importano cose di cui presto percepirai, distintamente, l'insensatezza (ci sono bei musei da vedere?, dov'è che si può mangiare bene?, che ora è?). Il fatto è che non è semplice prendere le misure. Ad esempio c'è il problema del vestiario. Che non si trattasse di una serata di gala magari lo avevi anche capito, mentre facevi la valigia, ma un paio di jeans e una maglietta avevano tutta l'aria di essere una mise adatta. Sbagliato. Lì la divisa è una, e una sola. Tutti in bianco, con una sciarpa rossa legata in vita e un fazzoletto rosso che ti metti al collo e che non ti togli più fino all'ultimo istante della Feria, neanche quando dormi, neanche quando fai la doccia (che peraltro non farai, non essendo più in grado di trovarla in bagno, ma questo all'inizio non lo sai). Così, alla terza volta che qualcuno ti domanda, beffardo, "ma ti piacciono così tanto, i tuoi vestiti?", ti arrendi, ti rechi alla prima bancarella che trovi e ti compri il completino. Dopo un bel birrone trovi il coraggio di mettertelo e di guardarti allo specchio. Va detto che costa pochissimo, ma dopo un paio d'ore capisci anche il perché: dato che sei ricoperto di sangria dalla testa ai piedi, torni alla bancarella e compri tre di tutto. Evitando accuratamente di mandare selfie a casa, te ne esci finalmente in regola, a cercare qualcuno in jeans da fissare come in un ospedale fisserebbero un infermiere vestito da sci.

Cos'è, veramente, la Feria lo capisci poi, molto velocemente, quando vai al Chupinazo: ore dodici del 6 luglio, inizio solenne della Festa. Di per sé sarebbe una cerimonietta da nulla: esce qualcuno dal balcone del municipio, fa scoppiare un petardo, grida qualche Viva san Fermín, e via. Solo che lì, a vedere la cerimonietta (ma vedere non è la parola giusta, bisognerebbe dire che se la divorano, che la stritolano, che la mettono a fuoco) arrivano quarantamila persone, tutte in bianco e rosso, stipandosi in modo inverosimile nella piazza e nelle vie che portano alla piazza. Si direbbe che provengano da secoli di infelicità o schiavitù o noia: dilagano come una lava umana bianca e rossa, sputati da un'eruzione di cui non sapevi niente. Iniziano ad urlare quando manca ancora mezz'ora al petardo: se ho mai percepito cos'è la follia dell'ultimo istante prima della felicità, io l'ho sentita in quel posto. Ruggiscono, fanno paura. Mentre ruggiscono si moltiplicano, invisibilmente, fino a che non c'è più spazio, o via di fuga, o aria. Sei in un ruggito, e non c'è più niente da fare: al confronto, rimanere chiuso in un ascensore a due posti con porta metallica senza vetro, è uno scherzo da nulla. Il ruggito si soffoca quando le lancette arrivano al mezzogiorno. Quarantamila persone trattengono il respiro, prendono il fazzoletto rosso e lo alzano verso il cielo, in una specie di sciarpata da stadio: inneggiano a un santo, però, non alla Juve. Ovviamente quello è il momento in cui capisci che sei finito in una follia. Guardi allibito la famiglia in cui sei rimasto incastrato (bambini di tre anni sulle spalle, neonati in braccio, e la vecchia nonna, centotré anni, che evidentemente non ha un femore da spaccarsi), cerchi di distrarti voltandoti verso un nugolo di ragazzette dalla bellezza illegale, provi ad allontanarti dai ragazzoni americani che hanno attraversato l'oceano per sfuggire dalle loro università e adesso non vedono l'ora di diventare, allegramente, degli animali. Se alzi lo sguardo, vedi solo balconi che scoppiano di gente, come se la lava rossa e bianca fosse entrata nelle case, fosse dilagata su per le scale e poi se ne fosse uscita fuori, bella grassa e rovente, da ogni finestra che trovava. Dove cavolo son finito?, pensi. Poi senti il rumore secco, puntuale, del petardo. Non bisogna pensare a un botto bestiale. Giusto un *patùm*, perfino modesto. Dopo, l'inferno.

Cioè, a sentir loro, una specie di paradiso. In un urlo collettivo di liberazione, il grande blob bianco e rosso inizia a sbandare, i neonati se ne rotolano sulla cresta dell'onda, la vecchia senza femore si mira in bocca lo zampillo di una borraccia piena di sangria (prendendo in pieno te), i ragazzoni americani iniziano a ballare come rinoceronti, le ragazze illegali spariscono nel nulla perché erano un sogno. Tu hai l'ultimo pensiero vagamente logico: riuscirò a tornare in albergo? Il resto è una roba lunga giorni, di cui teoricamente dovrei avere scarsa memoria, visto che la regola è attraversare la Feria completamente ubriachi, sempre. Non dico così per dire: sono veramente tutti ubriachi, sempre. A un certo punto, in un angolo, ho visto un barbone, uno di quelli che nella vita normale consumano il loro destino nella penombra dei ponti e in una costante bolla di odore di alcol e di sporco. Non era vestito in bianco e rosso: era rimasto barbone, cioè libero e diverso, a modo suo. Ma si guardava attorno: con un sorriso fantastico registrava la curiosa circostanza per cui adesso, lì, per qualche ragione, tutti barcollavano come lui, puzzavano ridevano saltavano come lui, dormivano per terra come lui, erano senza ieri come lui, e apparentemente senza domani: ma tu guarda, alla fine hanno capito, si sarà detto.

Ma dato che ero lì per lavorare, oltre a qualche birretta non sono andato (più l'alcol passivo che si respira camminando per le strade). Quindi sono in grado di raccontare qualche altra cosetta, di quella follia. Ad esempio questa storia di Hemingway. Sarà che sono fissato, ma è un bellissimo esempio di importanza dello storytelling. Va detto che la Spagna è piena di feste come quella, lo è da secoli, in molte corrono davanti ai tori, proprio come a Pamplona, e spesso sono in posti più ameni, o raggiungibili, o adatti. Ma allora perché proprio Pamplona?, ti chiedi. Perché qui sono diventati leggenda e là si fanno la loro festicciola e amen? Quando lo chiedi, la risposta è sempre quella: Hemingway. Lo scrittore americano finì per la prima volta alla Feria nel 1923: lui aveva ventiquattro anni, la Feria aveva qualcosa come quattro secoli. Gli piacevano i tori, gli piacevano gli spagnoli, gli piaceva l'alcol: va da sé che si trovò bene. Scrisse qualcosa per il suo giornale, il "Toronto Star", ma soprattutto tornò l'anno dopo e quando si trattò di scrivere il suo primo romanzo ne ambientò un bel pezzetto a Pamplona, durante la Feria. Si intitolava *The sun also rises* (*Fiesta*, nella sua traduzione italiana) e raccontava di americani che scappavano da se stessi e dall'America. Lo sfogli e trovi dialoghi di questo tipo:

"Non posso sopportare il pensiero che la mia vita fugge e io non la vivo".

"Nessuno vive tutta la propria vita, tranne i toreri."

Sembra incredibile, ma puoi finire lontano, a furia di battute come queste. Comunque sia, dal libro usciva la leggenda di una festa dove tutti diventavano orrendamente veri, e imprudenti, e definitivi. Soprattutto se erano americani. Un'esca irresistibile. A lungo andare, raggiungere Pamplona e correre davanti ai tori è diventato, per molti yankee, una specie di rito di iniziazione: essendo loro i padroni del mondo, sulla scia se ne sono arrivati anche gli altri. Risultato: in quei sette giorni, una cittadina di centocinquantamila persone si gonfia fino a spremerne un milione e mezzo: tradotto in litri di sangria deve fare una cifra esorbitante. Morale: se un premio Nobel non si fosse messo lì a raccontarla, quella rimaneva una festa come tante, e quelli erano ancora lì a sbronzarsi tra di loro, parrebbe. Miracoli dello storytelling.

Naturalmente, in *Fiesta*, molte pagine sono dedicate all'encierro: è la cosa di cui tutti ti chiedono, quando torni da là. Corrono davanti ai tori, si sa. È una cosa che viene da lontano: tenevano i tori nei campi intorno alla città, e la mattina della corrida dovevano portarli nella Plaza de toros. Non c'erano camion, così li spingevano per le stradine della città: per farli andare dove volevano gli correvano dietro, gridando e facendo casino. Poi a qualche grullo dovette venire in mente che andare a corrergli *davanti* doveva essere niente male. Detto fatto, inventato l'encierro. Naturalmente, se vuoi inventare la festa più bella del mondo, devi curare i dettagli, quindi adesso l'encierro è una specie di liturgia completamente folle ma molto ordinata. Si inizia alle otto spaccate, e dopo due, tre minuti, è tutto finito. Il percorso è di 848 metri virgola 6 e attraversa la cittadina secondo uno schema fisso, che tutti conoscono a memoria, curva dopo curva, manco fosse il circuito di Montecarlo. È una faccenda di stradine, va detto, niente viali o piazze. Un budello. Il gioco consiste nel mettersi a un certo punto del budello e, quando arrivano i tori (sei, quelli che combatteranno e moriranno alla corrida della sera), iniziare a correre e sperare in bene. Lo sperare in bene deriva dal fatto che i tori corrono a una media di venticinque chilometri all'ora e lo fanno per ottocento metri: tu no. Quindi a un certo punto molli, e il problema è dove andarti a schienare. Ci sarebbero delle vie di fuga laterali, ma ai pamplonesi la cosa dev'essere sembrata una spiacevole inesattezza da correggere: quindi le chiudono con delle staccionate. (Conosco solerti funzionari delle commissioni di sicurezza italiane a cui non vedo l'ora di pagare il viaggio alla Feria.) Va aggiunto, per completezza di informazione, che i tori pesano cinquecento chili e tu, pancia inclusa, non arrivi ai cento. Inoltre dispongono di corna spettacolari, mentre tu esibisci solo natiche e schiena. Infine loro corrono in sei (più qualche vacca che li accompagna) e invece tu corri con altri duemila (duemila!) pirla come te, molti dei quali si inciamperanno, faranno fesserie, non capiranno più una fava. Per carità, esistono cose più complicate, nella vita (anche solo capire le cartelle di Equitalia, per dire), ma certo se avevi in mente una mattinata tranquilla non ti conviene farti sorprendere nel budello tra le otto e le otto e zerodue. Nel caso, corri.

(In una simile follia, va ricordato, si muore. Non spessissimo, ma si muore. La cosa avvicina a quello che, alla fine, è il cuore di tutta la faccenda. Non è per caso che la Feria, per quanto festa religiosa, orbiti ossessivamente intorno ai tori, un encierro e una corrida al giorno, tutto il resto è quasi un contorno. Come aveva capito Hemingway, dove c'è il toro, c'è la morte. Il fascino stesso della corrida, qualunque cosa si pensi al proposito, deriva dal fatto che la morte sia al centro della liturgia: la morte dell'animale, ma anche quella dell'uomo, costantemente sfiorata e spesso cercata. Si muore anche in montagna o nei circuiti, e probabilmente, a guardare le statistiche, muoiono più motociclisti che toreri: ma nello sport la morte è combattuta, poi rimossa, e sempre considerata una calamità. Nella corrida è invece qualcosa che fa corpo col rito: bastano due centimetri in più tra uomo e toro, e tutto sparisce, la gente lo sa, fischia. Se non si muore, non c'è più senso. Lo dico perché altrimenti è impossibile capire la furia con cui da quelle parti vivono lo spirito della festa: devi avere a portata di mano la morte, per essere capace di festeggiare la vita con quell'avidità furibonda.)

Alla fine i tori arrivano ed è come vedere degli squali infilarsi in un pallone di acciughe. È tutto molto liquido, stranamente silenzioso, e magicamente fluido. La somma delle follie produce uno spettacolo quasi logico, come una pietraia in montagna, o uno stormo in volo. Bellissimo da vedere, a patto di starsene tranquilli su un balcone. Là sotto, nel budello, non so. È che mi vengono in mente almeno venticinque modi più eleganti di morire.

(*18 luglio 2014*)

Si chiamava Vivian Maier

Si chiamava Vivian Maier, e se il nome non vi dice niente, la cosa è abbastanza normale. Nella vita faceva la tata, lo stesso mestiere di sua madre e di sua nonna: lo faceva per le famiglie upper class di Chicago, e lo faceva bene, con limitato entusiasmo, pare, ma con inflessibile diligenza. Lo fece per decenni, a partire dai primi anni cinquanta: i suoi bambini di allora adesso sono adulti che, piuttosto increduli, si vedono arrivare giornalisti o ricercatori che vogliono sapere tutto di lei. Un po' spaesati, annotano che non è il caso di immaginarsi Mary Poppins: era un tipo maniacalmente riservato, un po' misterioso, piuttosto segreto. Faceva il suo dovere, e nei giorni di vacanza, spariva. Non c'è traccia di una sua vita sentimentale, non pare avesse amici, era solitaria e indipendente. Non scriveva diari e che io sappia non ha lasciato dietro di sé una sola frase degna di memoria. Le piaceva viaggiare, naturalmente sola: una volta si fece il giro del mondo, così, perché le andava di farlo: è anche difficile capire con che soldi. Una cosa che tutti ricordano di lei è che accatastava oggetti, fogli, giornali, e la sua stanza era una specie di granaio della memoria, immaginato per chissà quali inverni dell'oblio. Collezionava mondo, si direbbe. L'altra cosa che tutti ammettono è che sì, in effetti, girava sempre con una macchina fotografica, le piaceva scattare foto, era quasi una mania: ma certo, da lì a immaginare quel che sarebbe successo...

Quel che è successo è questo: arrivata a una certa età, tata Maier si è ritirata dall'attività, si è spiaggiata in un sobborgo di Chicago e si è fatta bastare i pochi soldi messi da parte. Dato che accatastava molto, come si è visto, affittò un box, in uno di quei posti in cui si mettono i mobili che non stanno più da nessuna parte, o la moto che non sai più che fartene: ci ficcò dentro un bel po' di roba e poi finì i soldi, non riuscì più a pagare l'affitto e quindi

finì come doveva finire. Quelli dei box, se non paghi, dopo un po'
mettono tutto all'asta. Non stanno nemmeno a guardare cosa c'è
dentro: aprono la porta, gli acquirenti arrivano, danno un'occhiata
da fuori e, se qualcosa li ispira, si portano via tutto per un pugno di
dollari: immagino che sia una forma sofisticata di gioco d'azzardo.
L'uomo che si portò via il box di tata Maier si chiamava John Maloof. Era il 2007. Più che altro si portò via scatoloni, ma quando
iniziò a guardarci dentro scoprì qualcosa che poi avrebbe cambiato la sua vita e, immagino, ingrassato il suo conto in banca: un mi-
surato numero di foto stampate in piccolo formato, una marea di
negativi e una montagna di rullini mai sviluppati. Sommando si
arrivava a più di centomila fotografie: tata Maier, in tutta la sua
vita, ne aveva visto forse un dieci per cento (pare non avesse i soldi
per lo sviluppo, o forse non le importava neanche tanto), e non ne
pubblicò nemmeno una. Ma Maloof invece si mise a guardarle per
bene, a svilupparle, a stamparle: e un giorno si disse che o era pazzo o quella era una dei più grandi fotografi del Novecento. Optò
per la seconda ipotesi. Volendo credergli, si mise anche a cercarla,
questa misteriosa Vivian Maier, di cui non sapeva nulla: la trovò,
un giorno del 2009, negli annunci mortuari di un giornale di Chicago. Tata Maier se n'era andata in silenzio, probabilmente in solitudine e senza stupore, all'età di ottantatré anni: senza sapere di
essere, in effetti, com'è ormai chiaro, uno dei più grandi fotografi
del Novecento.

La prima volta che ho incrociato questa storia ho naturalmente
pensato che fosse troppo bella per essere vera. Tuttavia le foto erano davvero pazzesche, tutte foto di strada, quasi tutte in bianco e
nero: pazzesche. Così ho setacciato un po' il web scoprendo che in
effetti il mito della Maier era già lievitato niente male, sebbene
all'insaputa mia e dei più: mostre, libri, perfino due film, uno prodotto dalla Bbc: insomma, se era un falso, era un falso fatto maledettamente bene. Quindi una certa curiosità continuava a ronzar-
mi dentro finché ho scoperto che a Tours, amabile cittadina della
provincia francese, neanche poi tanto lontana, c'era una mostra
dedicata a tata Maier. Non so, ho pensato che volevo andare a vedere da vicino, a toccare con mano, a scoprire qualcosa. Insomma,
alla fine ci sono andato. Dopotutto, Tours è anche il posto in cui è
nato Balzac, un pellegrinaggio letterario non ce lo si nega mai, potendo. (Balzac, lo dico per inciso, è una lettura molto particolare.
Quel che ho capito io è che per apprezzarlo veramente bisogna
leggerlo in alcuni, circoscritti, momenti della vita: quelli in cui si
vive con un filo di gas. Non saprei definirli in altro modo, quindi

fatevi bastare questa definizione. Ma è certo che se uno è felice, Balzac è palloso, se uno sta male davvero, Balzac è inutile. Quando state lì, sospesi tra una cosa e l'altra, leggerlo è una delizia. Ah, un'altra cosa su Balzac, se posso approfittare della parentesi: io sono convinto che quando parliamo di letteratura intendiamo una cosa che è nata nel passaggio da Balzac a Flaubert ed è morta nell'ultima pagina della *Recherche*: il resto è un lunghissimo, geniale e grandioso epilogo, in certo senso perfino più interessante. Fine della digressione.)

Tours era una città mirabile, una volta: per i francesi era la capitale di riserva, quella che stava in panchina e entrava in campo quando Parigi dava forfait. Adesso è rimasto poco, e questo perché degli allegri ragazzoni americani, nei loro bombardieri, l'hanno spianata cercando di centrare il ponte sulla Loira, e presumibilmente facendolo con una certa generosità di mezzi o deficienza di mira, non so. Alla fine è rimasto poco. Nel poco, una sfolgorante cattedrale, una di quelle che offrono il privilegio di pronunciare l'elegantissima frase Sono entrato nella cattedrale ad ammirare le vetrate (blu e rossi magnifici, un'emozione, se posso dire la mia). E poi un castello, almeno un pezzo del castello, proprio sulla riva del fiume: ed è lì che tenevano tata Maier. Ingresso gratuito, devo registrare. Francesi.

Insomma, sono salito al primo piano, e lei era lì. Foto che, quando andava bene, lei si era vista in un formato che stava nel portafogli, sfavillavano belle grandi sulle pareti bianche: formato quadrato, stampa impeccabile. Come ho detto, sono tutte foto rubate per strada: per lo più gente, ma anche simmetrie urbane, cortili, muri, angoli. Un cavallo morto su un marciapiede, le molle di un materasso abbandonato. Ogni volta, tutto perfetto: la luce, l'inquadratura, la profondità. E, sempre, una specie di equilibrio, di armonia, di esattezza finale. Come facesse, non si sa. Voglio dire, per azzeccare il ritratto di un passante e ottenere qualcosa di quella intensità, e forza, e impeccabile bellezza, bisognava avere un talento mostruoso. Lei l'aveva. Aveva dodici colpi, nella sua Rolleiflex, per ogni rullino. Dato che poi li teneva a marcire in un box, quei rullini, noi adesso possiamo vedere come sparava: mai due colpi sullo stesso bersaglio. Se ne concedeva uno, le era estranea l'idea che nella ripetizione si potesse migliorare. L'unico soggetto a cui abbia dedicato ripetuti ritratti, inaspettatamente, è se stessa: si fotografava riflessa nelle vetrine, negli specchi, nelle finestre. L'espressione è tragicamente identica, anche a distanza di anni: lineamenti duri, maschili, sguardo da soldato triste, una sola volta un sorriso, il resto è una piega al posto della bocca. Impenetrabile, anche a se stessa. Le piacevano le facce, i vecchi, la gente che dorme, le donne eleganti, le scale, i bambini, le ombre, i riflessi, le scarpe, le simmetrie, la gente di spalle, la rovina e gli istanti. Si vede lontano un miglio che adorava il mondo, a modo suo – ne adorava l'irripetibilità di ogni frammento. Probabilmente le andava di produrre quello che ogni fotografia ambisce a produrre: eternità. Ma non quella friabile delle foto dei mediocri: lei otteneva quella, incondizionata, dei classici.

Poi non so, magari mi sbaglio. Ma devo registrare il fatto che, nel caso, iniziamo ad essere molti, a sbagliarci. Quindi darei per buono che, in effetti, c'è un grande fotografo del Novecento in più. Naturalmente adoro l'idea che non abbia detto una sola frase sul suo lavoro, né abbia guadagnato un dollaro dalle sue foto, né abbia mai cercato una qualunque forma di riconoscimento. Ma la storia non è ancora finita, e magari, nel tempo, qualcosa verrà fuori, a incrinare tanta irreale purezza. Ma le foto resteranno, su questo è difficile avere dubbi. Tra l'altro, sfido chiunque a fissarle senza percepire, in un attimo di lucidità, la smisurata vigliaccheria del fotografare digitale: devo a tata Maier il mio definitivo disprezzo per Photoshop.

Le devo anche il fatto che poi sono uscito, tirava vento gelido, e pioveva orizzontale, a folate, mi sono rifugiato nella cattedrale di prima, giusto per non inzupparmi, e aspettando che passasse ho alzato gli occhi verso le vetrate, e nelle vetrate, spente dal cielo nero del temporale, le storie dei santi avevano quella bellezza uccisa che tante volte vedo negli umani, sempre cercando di trovarle un nome, senza trovarlo.

(*9 marzo 2014*)

Maestro Vattimo

Caro Vattimo, troppo tardi ho scoperto che oggi salirai in cattedra per l'ultima lezione all'Università. Troppo tardi per smontare tutto e riuscire a venire lì, come mi sarebbe piaciuto fare. Peccato. A conti fatti, non se ne incrociano poi molti, di veri maestri, in una vita, e tu per me lo sei stato, un vero maestro, e in un modo che non ho mai dimenticato. Secondo me, se hai vent'anni e ti piace lo spettacolo dell'intelligenza, finire in un'aula a sentire un vero filosofo, è il massimo. A me è successo per quattro anni, alle tue lezioni, e da lì ho contratto la convinzione che la filosofia resta l'esercizio più alto, se solo quello che cerchi è l'ordine delle idee, il rigore delle visioni, il virtuosismo dell'intelligenza: è uno sport estremo, da vette ultime, e chi c'è passato sa che non c'è nulla di paragonabile alla vista che c'è da lassù. Tutto il resto è pianura. Colline, ogni tanto.

Mi hai insegnato molte cose, ma adesso mi viene in mente la chiarezza. Tu spiegavi, e noi capivamo, non c'era santo. Io penso di aver capito anche Schelling, spiegato da te (non vorrei esagerare, ma qualcosetta riuscivi a farla capire perfino di Fichte). Eri elegante nella linea delle argomentazioni, e limpido nel nominare le cose. Quando il gioco si faceva duro, non avevi paura di usare degli exempla, e non ti faceva schifo andarli a scovare dovunque. Credo di aver capito l'etica kantiana quando molto seriamente ci hai fatto presente che alle tre di notte, in una città deserta, davanti a un semaforo rosso, ti fermi solo se sei un fesso: o se sei Kant. Noi ascoltavamo, e intanto, senza accorgercene, capivamo che la chiarezza, nella filosofia, non era lo scopo, ma il punto di partenza, la precondizione senza cui il pensiero non si metteva in moto. Era come mettere i pezzi sulla scacchiera. La partita vera, era il casino che c'era dopo.

Si rideva molto, alle tue lezioni, e anche questo era un insegnamento. Be', molto forse no, ma considerato che il tema era il vivere per la morte di Heidegger o quell'allegrone di Adorno, tu ci infilavi un umorismo che non eravamo sicuri fosse previsto. Sembravi credere che ogni impennata dell'intelligenza andasse accompagnata dall'antidoto dell'ironia: è una cosa che non mi sono più tolto di dosso. Ancora adesso non riesco a fare lezione senza infilarci qualche battuta e non mi riesce di scrivere un libro che non faccia, anche, ridere. Se era solo un vezzo, un lascito della tua vanità di showman, me ne frego: a me sembrava un modo di stare al mondo, o quanto meno nel mondo del pensiero: aveva l'aria di essere un modo giusto.

In quegli anni lavoravi a fondare il pensiero debole (ossimoro, lo so, lo so). Tu ci credevi, quindi noi ci credevamo. Poi, in tutto il tempo che è passato dopo, mi è successo un sacco di volte di ascoltare o leggere gente che ricordava quell'impresa teorica con sufficienza, o ironia, e perfino con immotivabile rancore. Avevano il tono di quelli che qualcuno gli aveva versato lo champagne sul tappeto. Io non so, non ho più gli strumenti per giudicare: ma vorrei dirti che per molti di noi il pensiero debole, e la pratica dell'ermeneutica, sono stati una scuola a cui abbiamo imparato a pensare con violenza flessibile, e ci siamo abituati all'idea che leggere il mondo fosse un modo, forse l'unico, di scriverlo. Questo ci ha resi differenti, in qualche modo, e, credo, immensamente più adatti a ricevere le mutazioni che il pianeta aveva in serbo per noi.

Mi sa che adesso te ne andrai in giro a far lezione ai quattro angoli del mondo, a spiegare Schelling a sudamericani o giapponesi che, come noi, di Schelling non hanno mai capito un tubo. Beati loro, beato te. Mi ricordo che avevi un gesto tutto tuo, quando iniziavi la lezione: parlando, mettevi una mano nella tasca della giacca, e rimestavi un po' lì dentro, intanto che la spiegazione decollava. Poi c'era un momento in cui tiravi fuori la mano della tasca, e c'era sempre un gettone telefonico, delle monete, cose così: le posavi sulla cattedra, ordinate. Forse era il tuo modo di spiegare anche al più deficiente di noi quello che veramente stavi facendo in quel momento. Stavi mettendo in ordine per noi la paghetta intellettuale che poi ci saremmo spesi nel corso di una vita. Oggi è il giorno giusto per dirti che con quelle monete mi son comprato un sacco di cose, e che erano preziose, e leggere. Perfino il gettone telefonico lo era: prezioso, leggero. E allora stay hard, stay hungry, stay alive, come dice il boss (sarebbe Springsteen: non è mai stato chiaro fin dove arriva la tua cultura musicale). E ogni fortuna, per te, maestro.

(*14 ottobre 2008*)

Entr'acte 1

I cinque migliori posti al mondo dove pensare e avere idee intelligenti su se stessi e sugli altri.

Mumbai

L'India è tante cose, e una è Mumbai, che nei miei libri di bambino si chiamava Bombay ed era una faccenda di marajà e velieri olandesi. Mai avrei immaginato questo mare marrone, le Millecento con gli interni tappezzati a fiori, e queste famiglie che nella notte dormono sdraiate sui marciapiedi, di un sonno così serafico, e così sottili nella loro sconfitta fisica, da sembrare litografate lì da un artista geniale. Elefanti, immaginavo, invece. Ma anche, con un istinto inspiegabile, che le donne avrebbero camminato così, con questa eleganza illogica, anche le più vecchie o le meno belle, tutte occupate, senza saperlo, a convertire l'India in un apparente gigantesco ricovero per top model *retirées*. E turbanti, sognavo. Ma era un bel po' di tempo fa.

Mumbai è tante cose, e una è questa biblioteca che ho attraversato un quarto di mondo per rivedere, e per essere sicuro che ancora c'è. Se pensate a una biblioteca come le nostre siete fuori strada, e sarà una fatica venirvi a riprendere. Facciamo tutti più veloci se vi immaginate il palazzo di un qualche imperialista inglese, votato al dominio, portato per la ricchezza, e innamorato dei libri. Tanto da farsi una sala da lettura enorme, tappezzarla di volumi, arredarla con ordinati tavoloni di legno lavorato: aggiungete delle splendide porte finestre che dalla sala conducono a una veranda coperta, resa sublime dalla presenza rassicurante di chaise-longue in legno e vimini. Se riuscite, immaginate il tutto in stile neogotico vittoriano, ma mi rendo conto la difficoltà, è uno stile architettonico di cui gli inglesi dovrebbero chiedere scusa, e bon. Ma, tornando a noi: se avete messo a fuoco la biblioteca dell'ipotetico imperialista inglese (metaforicamente, si intende), sappiate che siete solo a metà del lavoro. Adesso aggiungete a quella biblioteca una rivoluzione, il crollo dell'Impero, l'India di Gandhi, un decennio di socialismo, molti decenni di umidità e di temperature impossibili, il passaggio di infiniti studiosi o perditempo; infine considerate una civiltà in cui il termine *manutenzione* ha un significato certamente sublime ma diverso dal nostro, e l'idea di gusto è il risultato di variabili di cui non siamo all'altezza. Ecco. Benvenuti alla Sassoon Library, 152 Mahatma Gandhi Road, Mumbai.

Che poi non era nemmeno una biblioteca, all'inizio, e cioè a metà Ottocento, quando gli inglesi la costruirono. Se ho capito bene era una specie di club per impiegati della Zecca inglese, studiosi di meccanica. Il nome – che io trovo splendidamente dickensiano – viene da un uomo che si chiamava David Sassoon: era un ebreo di Baghdad che, sul tavolo da gioco asiatico, fece girare talmente bene cotone, oppio e petrolio da accumulare una ricchezza per cui, immagino, servirebbero quelle unità di misura che mi deliziano quando leggo le storie di Paperon de' Paperoni (fantastiliardi, incredibilioni, quelle lì). Guadagnavano da bestie e poi qualcosetta restituivano: quella biblioteca, ad esempio, fu costruita anche con un bell'assegnone della famiglia Sassoon. Adesso nell'androne di ingresso troneggia la statua a grandezza naturale del grande David, in abito orientale e lunga barba da guru, sembra il Commendatore del *Don Giovanni*, ma mille volte più mite. Aggiri la statua, entri nell'ufficio della Direzione (un'ospitale sala d'aspetto da odontotecnico anni cinquanta), ti fai un'amabile chiacchierata con il responsabile di turno, chiedi se puoi lavorare un paio di giorni nella biblioteca e qualsiasi cosa ti risponda saluti calorosamente, poi sali lo scalone a forbice, non ti fai distrarre dalla vaga sensazione di essere inseguito dall'odontotecnico che in realtà ti aveva risposto *No*, ed entri trionfalmente nella sala di lettura. Stai facendo una cosa che non dimenticherai, e la cosa che te lo fa subito capire è *il rumore*.

Di fatto la Sassoon Library sporge su una delle strade più larghe e trafficate di Mumbai, una specie di fiume in piena che dalla bici al torpedone, dall'Ape alla betoniera, trascina via di tutto, in un gran concerto di marmitte, clacson, frenate, cigolii sinistri e commoventi fischietti (ci sono dei vigili, pare, ma non è chiara la loro funzione). Dato che il caldo è asfissiante e implacabile, alla biblioteca si tengono tutte le finestre aperte e anzi lo si fa con fierezza e impavida naturalezza. Quindi la Sassoon Library è, che io sappia, la biblioteca più incasinata del mondo. La cosa non sembra disturbare gli utenti, molti dei quali, contro ogni logica, escono a studiare sulla veranda, dove più o meno è come sistemarsi su un semaforo. Potevano mettere l'aria condizionata e montare dei doppi vetri: ci terrei a ringraziare personalmente chi non ha mai trovato i soldi per farlo, chiunque egli sia. Io son cresciuto in biblioteche in cui, quando aprivi l'astuccio, si sentiva il rumore della cerniera. Qui, dovendo scambiare due parole col vicino, devi urlare come a una festa. Il vicino, d'altronde, spesso è addormentato, bello disteso su una chaise-longue: non di rado si è messo comodo, togliendosi le scarpe. Davanti a tanta serenità capisci che è solo questione di rilassarsi e in effetti, in un tempo ragionevole, le marmitte là sotto iniziano a tramutarsi in un immenso frullare di ali, e i clacson diventano uccelli tropicali che si scambiano messaggi illeggibili ma evidentemente urgenti. Allora capisci che sei in una meravigliosa voliera, dal sound unico: improvvisamente circondato da un parco in cui ti è risparmiata la miseria del silenzio, ti sorprendi, d'improvviso, a tuo agio. Inizi a studiare, o a pensare. Viene da sé, senza sforzo. Sei nei tuoi pensieri prima ancora di avere il tempo di chiederti se ne hai. È l'effetto della voliera. L'intelligenza è un marchingegno strano, ha i suoi raffinati sistemi d'accensione, ma anche una bella pedata la mette in moto. La voliera, è la pedata.

Oziosamente, poi, ti accade di guardarti attorno, dove tutto è così sghembo, o inesatto, o assurdo che non ti viene più un pensiero diritto neanche a pagarlo: il che, alle volte, porta lontano. Il neon che pende e forse cade, una catasta di sedie in un angolo, tutte rotte, fili elettrici in libertà, un vetro mancante qua, una presa che penzola là. Che meraviglia. Dal soffitto frullano, a una velocità nevrotica, le pale dei ventilatori, e lo fanno nel cuore di una totale immobilità, quella che solo le biblioteche hanno. I libri non si muovono, la gente lo fa con piccoli gesti lenti, minimi. È tutto fermo, tranne quel frullare indefesso, là sopra. Guardavo, e mi sono tornati in mente certi filmati di condannati a morte, davanti al plotone di esecuzione. I corpi immobili (e che puoi fare, d'altro, arrivato a quel punto?). Chissà il cuore, mi son sempre chiesto. Da fuori non si può vedere, ma là dentro, nel petto, il cuore che starà facendo, in quel momento? Come bisogna immaginarselo? Come un ventilatore indiano nell'immobilità di una biblioteca, adesso so.

Immagino che sia il massimo che se ne può sapere, quando hai così scarse possibilità di essere fucilato.

Che poi, a causa di quel batticuore, alla Sassoon tutto tende comicamente a volare via – fogli, appunti, pagine – e questo di per sé non mi avrebbe suggerito niente, tranne forse un sorriso: ma c'erano quegli uccelli tropicali e tutta la voliera al gran completo, nella sua incantevole sgarrupatezza, così era impossibile non avere pensieri sghembi, tanto che ho iniziato a notare come la gente, lì, con grande pazienza e cura, posi sui propri fogli, appunti, fotocopie, per non farli volar via, degli oggetti ordinari, ma pesanti, oggetti della vita quotidiana, il telefonino, l'orologio da polso, il casco, e lì mi sono ricordato che *è quanto facciamo, sempre, noi tutti, ogni giorno.* Voglio dire che si hanno visioni, desideri, follie, o anche solo illusioni, magari progetti, e tutto sommato quel che facciamo mentre li studiamo, o li compiliamo, o li scriviamo nella nostra fantasia, è tenerli fermi con la vita ordinaria – i doveri, i compiti, le responsabilità, il casco – e tutto questo perché il ventilatore della sorte non li faccia volare via. Non si deve credere che ci si riempia la vita di cose da fare, anche noiose, molto responsabili, per sostituirle ai sogni: le si usa per tenere fermi i sogni, così non volano via. Se avete vent'anni non potete capire: è una tecnica sofisticatissima di sopravvivenza che si impara con l'esperienza. Non c'entra neanche col fatto di realizzarli, i sogni: c'entra con l'averli. Il che, si sappia, è l'unica cosa davvero autentica, e importante: realizzarli, poi, è una specie di corollario non sempre così elegante.

Ho studiato un po', mi ero portato Conrad e certi sonetti italiani, per una certa cosa che sto preparando. Nella grande voliera, Conrad suonava impreciso e forte come sempre: Petrarca rotondo come non mi era parso mai. Curioso come il primo scrivesse male e raccontasse tutto, il secondo scrivesse da dio e raccontasse quasi il nulla. In ogni caso il risultato è lo stesso: bellezza. Quella di Conrad stava proprio a casa sua, in mezzo a quel gran calderone di sudore, rumori, odori, calori: un incantesimo sembrava quella del Petrarca, così pulita, limpida e trasparente che avrei svegliato quello là, in calzini, sulla chaise-longue, per fargliela sentire. Sono così gentili, da queste parti, che avrebbe apprezzato, ne sono sicuro. Ma in realtà quel che ho fatto è starmene lì un bel po' e poi rimettere tutto nello zaino e alzarmi: mi andava di andare al Victoria Terminal a vedere i treni partire, altro spettacolo micidiale, altro reperto inglese ora assurto a Babele indiana. La cosa bella è salire sui treni e saltare giù quando partono: le porte non le chiudono mai, salti giù e parti tutte le volte che vuoi senza mai arrivare da nessuna parte (una cosa che trovo deliziosa anche nella vita). Così ho rimesso a posto la sedia (fare ordine nel caos, la mia passione, che pratico senza particolare talento) e ho dato un'ultima occhiata a quella sala che non smetterò certo di amare. Tra l'altro, per ragioni che non sono comprensibili, il primo tavolone era coperto da un metro di libri impilati alla buona (intorno, scaffali vuoti: razionalità indiana, assai meno noiosa della nostra). Anche il secondo tavolone (parlo di tavoli da sei, sette metri), era sepolto sotto un metro di rilegature varie. Poi c'era il terzo, che fino a metà era coperto di libri e solo da metà tornava tavolo, e lì erano seduti in due, proprio dove i libri finivano, a studiare. Per l'effetto perverso della voliera, che devo avere già spiegato, mi è apparso chiaro che i due avevano le ore contate e che, probabilmente di notte, l'avanzata dei libri li avrebbe inghiottiti. Probabile che lo sappiano, mi son detto, e anzi che quello sia il loro vero obbiettivo. In effetti, a ben vedere ci facciamo tutti un mazzo così per poi diventare libri, noi che scriviamo o studiamo: dev'essere il nostro modo di aspirare a una qualche eternità, o a un istante di vera autorevolezza. O più probabilmente è solo un modo molto dignitoso di sparire.

Fuori la voliera era una graticola di odori, destini, piedi, mani e controsensi – senza badarci mi ha preso e trascinato via. Ho portato me, Conrad e Petrarca prima ai treni e poi al mercato alimentare coperto di Mumbai, uno di quei posti dove il temine "igiene" perde qualsiasi significato e la parola "bellezza" ne acquista di sorprendenti. Erano cose che Conrad sapeva. Il Petrarca meno: a stento esisteva ancora, rintanato nei suoi endecasillabi, quasi trasparente, quando a casa ho provato a spiegargli che adesso era finalmente al sicuro, fuori da quella fornace di caos, e ricoverato nella mia allegra malinconia.

(*7 giugno 2013*)

Tangeri

Che io sappia, si nasce in tane, si cresce lì, e poi il resto è viaggio verso un confine, che solo talvolta si è destinati a oltrepassare: spesso arrivarci è già tutto. Per questo io penso bene soltanto dove c'è un riparo assoluto, o dove cammino in bilico su dei bordi. Altri posti, luoghi intermedi, li ho certo visti, e abitati, ma appunto, mi riesce giusto di starci – non è lì che mi riesce facile pensare. Posso viverci, che è un'altra cosa, decisamente meno intrigante.

Restando ai confini, ne ho tutta una mia collezione, e, sorvolando su quelli invisibili dell'animo, mi piace fare la valigia e andare a metterci i piedi e gli occhi sopra, appena posso, soprattutto là dove la geografia o la storia li hanno disegnati con mano particolarmente felice – dove gli sono riusciti proprio bene. Tra gli altri ce n'è uno che geografia e storia si sono messi a disegnare insieme, e forse per questo mi è sembrato da sempre uno dei più precisi, e eleganti, e belli. È un punto circoscritto in cui in verità si incrociano addirittura tre confini: il primo separa Europa e Africa, il secondo il Mediterraneo e l'Oceano Atlantico. Irresistibile è il terzo, che ci viene da una lontana memoria: lì finisce il mondo e inizia l'ignoto. Tecnicamente è una porzione neanche tanto grande di mare. Non ci sono mai stato, fisicamente, a cavalcioni, a mollo nell'acqua, ma so qual è il posto più bello da cui guardarlo, a mollo sulla terra. Trovo delizioso che sia un bar.

Come certi antinfiammatori, Tangeri è una città a lento rilascio: quando arrivi è bella – e finisce lì. Ma se le dai tempo, ti svuota a poco a poco, e allora scollini oltre te stesso, in qualche lontana regione di te da cui di solito ricevi rari dispacci: una provincia lontana. Il punto di non ritorno, secondo me, è quando ti accorgi che esci di casa, al mattino, e non hai nulla da fare – voglio dire, ti sembra assolutamente sensato iniziare una giornata senza alcuno scopo preciso, senza un risultato da ottenere, nulla. A quel punto diventi un tipo di essere vivente i cui unici scopi sono dissetarsi, sfamarsi e saltuariamente cambiare ubicazione, senza motivo apparente, tipo spostarsi dal bar del Continental al Café Tingis: analogamente, si sarà notato, i volatili cambiano ramo, o i cani, al Sud, passano da un lato della piazza all'altro, a sdraiarsi. Arrivati a quel punto, è meglio affrettarsi a fare il biglietto di ritorno. Ma anche, va detto, siete pronti a spingervi fino al luogo che son qui per raccontare: si chiama Café Hafa.

Hafa vuol dire orlo del precipizio e, credo, per estensione, paura. E in effetti il Café Hafa sta proprio sull'orlo del precipizio, cioè dove la scogliera scende ripida e si butta in mare, poco fuori dalla Medina, dalle parti dello Stadio vecchio. Più che un caffè come potete immaginarvelo, è una sequenza di terrazze che scendono giù, in sette, otto gradini, tipo gli uliveti in Liguria. Solo che al posto di ulivi ci sono tavolini e sedie, e soprattutto: davanti non c'è la pozza del Mar Ligure, ma un tratto di mare che è una categoria dello spirito, un luogo totemico, una frontiera della mente: le Colonne d'Ercole. Lì finisce il Mediterraneo e inizia l'Oceano, e lì, per millenni, gli umani hanno fissato la frontiera dove finiva il mondo e iniziava l'ignoto. Da quella porta uscì Ulisse, e nessuno lo rivide mai più, dice la leggenda dantesca: nel suo destino abbiamo insegnato, per secoli, che l'uomo è nato per cercare, e quindi per perdersi.

Seduti ai tavolini dell'Hafa, tutta la faccenda assume, va detto, un'imprevedibile dolcezza. Per una cifra che non arriva all'euro, ti offrono un tè alla menta preso d'assalto da sciami di vespe e chiaramente troppo zuccherato: il fatto che ti sembri il migliore tè alla menta della tua vita mi conferma nell'idea, che mi rende impopolare presso Slow Food, che il piacere del cibo (bevande incluse) dipende quasi interamente dallo stato d'animo in cui lo assumi, da dove sei, da chi c'è con te, da che luce c'è, dai rumori attorno. (Non è così per i libri, ad esempio, e questo vorrà pur dir qualcosa, e so anche cosa, ma non è questo il momento di parlarne, se no parto a divagare...) (Fermo restando il fatto che prima o poi lo devono capire, per esempio, quanto è inutile fare la migliore frittura del mondo se poi la devo mangiare con il *Bolero* di Ravel nelle orecchie.) (Mi scuso, non ce la faccio a trattenermi.) Dicevo. Sei a cavalcioni della più forte frontiera simbolica della nostra civiltà e sorseggi il tuo tè alla menta cercando di non ingoiare le vespe. Va detto che l'Hafa è lì dal 1921 e per un miracolo a nessuno è passato per la testa di venderlo a un riccone o di farne un locale cool: quindi bisogna immaginarsi qualcosa di piuttosto sgarrupato, sedie di plastica, servizio approssimativo, prezzi popolari e igiene al minimo. Nello Stretto, là dove iniziava l'ignoto – e per sempre inizierà, nella nostra fantasia –, il mare scorre lento e sornione: incerto tra essere mare o oceano, finisce per assomigliare a un fiume obeso: in una luce senza condizioni, lo scendono o lo risalgono sordidi cargo, pescherecci poetici, e gabbiani all'oscuro di tutto. Ogni cosa si muove lentamente, tranne il vento, e forse anche per questo quel confine che dovrebbe dettare ansia e sgomento ti ritrovi a fissarlo con una strana pace dilagata, tra gente che parla piano, guarda e non fa niente, di rado gioca a giochi con dadi, quasi non fuma, quasi non parla: tutti in una radura dello spirito che ha a che vedere con la contemplazione. Nessuno sembra sentire la sberla dell'ignoto, che ti colpisce appena giri lo sguardo verso sinistra. Gli occhi fissi davanti a sé, si giace un po' tutti in uno stato d'animo vagamente femminile, molto più da Penelope che da Ulisse: dove il talento dello *stare* fa apparire la meraviglia dell'*andare* un'infantile debolezza.

Ma c'è comunque in Tangeri una sorta di esattezza geometrica che ne fa un confine perfetto, cioè un luogo che simultaneamente è riparo e smarrimento. Per me il Cafè Hafa è l'incarnazione del confine come riparo: l'altra faccia della medaglia, Tangeri te la concede nella Medina, luogo per eccellenza dello smarrimento. Ora, io ho fatto lo scout, e questo mi ha lasciato un'ipertrofica capacità di orientamento (oltre a una dozzina di blocchi morali che mi complicano la vita da quando ho lasciato la mortificante divisa). Be', io nella Medina di Tangeri potrei entrare mille volte, e mille volte mi perderei. In particolare, se ci finisci di notte o col sole allo zenit, e le ombre non ci sono o non dicono più niente, la bella disposizione dei punti cardinali, altrove così salvifica, si spappola che è un piacere. Giri e giri, infili stradine minuscole che poi sono senza uscita, torni indietro, parti dall'altra parte, e prima o poi arrivi al fatidico momento in cui pensi: io da qui non uscirò mai più. Ad alcuni privilegiati la cosa procura una scossa di ridicola paura, che proprio paura è, per quanto ridicola. Essa completa mirabilmente l'esperienza di essere su un confine, esperienza foriera di pensieri più di ogni altra. (In ogni caso non è il caso di preoccuparsi: per un meccanismo che non ho capito, la Medina di Tangeri finisce immancabilmente per espellerti fuori, prima o poi, più o meno come i bambini fanno sempre fuori, in qualche modo, il pezzettino di Lego che hanno ingoiato.)

E a un certo punto è arrivato un vecchietto, lì al Cafè Hafa, ma poi dico un vecchietto per dire, da queste parti non si sa mai che età abbiano, facilmente era nato il mio anno. Con una cesta, il vecchietto, tutto secco secco, la pelle abbrustolita dal sole, il cappellino di lana sulla testa, un bel sorriso. Mette nella cesta le mani, apre un sacchetto, prende qualcosa, poi lo richiude, apre un altro sacchetto, prende qualcosa anche lì, poi lo richiude, mette tutto nella mano, mescola un po' e mi fa vedere: noccioline. Un po' di piccole, con le bucce rosse, e un po' di grandi, senza buccia. Le ha mischiate un po' perché l'effetto cromatico è molto bello, mi convinco. Gli chiedo quanto costa, e lui me lo dice con le dita. Faccio un cenno per dire Va bene. Allora lui, con una cura *infinita*, rifà tutto da capo e poi mette tutte le noccioline in un foglio che ha precedentemente tagliato – ne ha tutta una risma, nel cesto, tutti delle stesse dimensioni, li taglia di notte, mi sono convinto – in un foglio che tiene un po' piegato, con gesto abilissimo, perché le noccioline non scivolino fuori. Poi mescola ancora un po' le noccioline, e quando è soddisfatto appoggia il foglio sul mio tavolo. Potrebbe essere finita lì, ma non è finita. Sotto i miei occhi si china leggermente sul tavolo e si mette a piegare i quattro bordi del foglio, in modo da fare come una sorta di piccolo biliardo bianco per noccioline, e lo fa con gesti che ripete centinaia di volte al giorno, mi immagino da anni, per cui sono di un'esattezza divina. Solo quando ha finito il rudimentale origami, si rialza, e sorride, un po'. Gli dico qualcosa, risponde con un gesto. Pago, lui mi saluta, se ne va verso un altro tavolino, ma sempre senza dire una parola: gli deve essere chiaro che non c'è proprio niente da dire.

Guardo il piccolo biliardo per noccioline, poi ne assaggio una: calda, appena tostata. Mi è venuto in mente che se il tuo scopo è vendere noccioline alla gente quell'uomo aveva fatto ogni gesto necessario, e nessuno di troppo: e tutti con una cura e un'esattezza infinita.

No, era per dire che ero lì al Café Hafa e qualcuno mi ha mandato una metafora vivente di cosa dovrebbe essere il mestiere che faccio – scrivere libri – se solo fossimo nobili abbastanza, e poveri, e giusti.

Poi il resto del tempo l'ho passato a perdermi per Tangeri, aspettando che ci pensasse il caso, a farmi vivere: una cosa che puoi fare solo nel Sud del mondo, se lo fai nel Nord torni a casa, la sera, che non ti è successo letteralmente niente. Infatti me ne sono successe di tutte, tra le quali trovare un maestoso teatro abbandonato ed entrarci (mi ha aiutato un tale Aziz) e vedere una cosa unica, cioè un teatro praticamente bombardato, ma da dentro, si sarebbe detto, visto che il tetto era perfettamente in piedi; o cascare sotto il sole di mezzogiorno in un cimitero ebraico incredibile dove sepolcri di una bianchezza accecante, tutti uguali, sembrano posati da una mano ossessiva sulla terra, identici a tessere di un domino lasciati lì, per una partita spettacolare che qualcuno si deve essere dimenticato di giocare. Il tutto a mollo in una città formicolante, improvvida, sozza il giusto, frenetica e pigra, meravigliosamente allegra. Una di quelle città a cui devo la convinzione che felici sono solo gli uomini che si lavano poco e non mettono in ordine: e lo scrivo qui nella chiara speranza che non accada a mio figlio quattordicenne di leggerlo.

La sera, poi, con il vento che non molla, teso da est, l'ignoto, là a occidente, nell'aperto dell'oceano, diventa una lama di fuoco appoggiata sull'orizzonte, irresistibile – estrema luce rimasta che rende giustizia a Ulisse, alla sua sete, e alla sua follia.

(*11 luglio 2013*)

Las Vegas

La prima volta che sono arrivato a Las Vegas, anni fa, finisco fermo a un semaforo e mentre mi guardo intorno già abbastanza basito, un vulcano, dall'altra parte della carreggiata, *inizia a eruttare*: neanche l'avevo visto, adesso stava lì a eruttare. Non è in quel momento che ho iniziato a capire dov'ero: l'ho capito quando, scattato il verde, in piena eruzione, quello dietro ha suonato perché non mi muovevo. Lì ho capito.

Sì lo so, il vulcano era falso, ma d'altra parte a Stromboli mica c'è il semaforo. Tutto non si può avere.

Che poi a me giocare non piace neanche tanto, cioè va bene per mezz'ora, ma, appunto, mi accorgo che il tempo passa (quando ti accorgi che il tempo passa, non fa per te: io ad esempio mica so da quanto sono qui a scrivere). Quindi adesso mi tocca spiegare com'è che mi piace 'sto posto in mezzo al deserto, e in particolare dovrei riuscire a spiegare come mi sembri in definitiva uno dei cinque migliori posti al mondo dove pensare e avere idee intelligenti: che, sulla carta, è come credere che Assisi sia nella top five del turismo sessuale. Ma non è una questione di snobberia, questo ci tengo a dirlo. Las Vegas è *veramente* un posto in cui il cervello lavora a giri alti, e se penso come questo possa accadere – nonostante tutto lì sia costruito per farti giocare, mangiare, dimenticare ogni cosa e accoppiarti a pagamento – mi viene in mente quando qualcuno va a fare gli esami (medici) e poi se ne esce con quella frase: i valori sono tutti sballati. Ecco, a Las Vegas, il mondo ha tutti i valori sballati. Bello brutto, alto basso, vero falso, causa effetto – se ci sono dei modi *sani* di intendere coppie concettuali di questo tipo, a Las Vegas saltano tutti. Quindi mettere un cervello a bagno nella Strip di Las Vegas è come togliergli da sotto il culo la sedia: è come iscrivere uno scacchista a un torneo di boxe. In fondo gli elementi di base sono gli stessi, ma c'è tutto da imparare da capo, e devi fare i conti con qualcosa che puoi solo chiamare paura.

Come si sarà capito, io trovo che il cervello lavora bene quando lo metti in difficoltà, gli togli il suo habitat naturale, lo spingi oltre se stesso e gli metti paura. Ci sono molti modi di farlo. Converrete che portarlo a Las Vegas non è uno dei peggiori.

Che ci sia qualcosa che non va, lo inizi a capire dai dettagli. A me colpisce ad esempio questa storia della temperatura. Fuori, per strada, 110 gradi Fahrenheit, dentro, nei casinò, 70 (per capirci fa una ventina di gradi centigradi di differenza). Il fenomeno strano è che gli umani entrano ed escono dal tostapane al freezer, lo fanno in continuazione, e neanche li sfiora l'idea di cambiarsi quello che hanno addosso: maglietta e via. È gente che nella vita normale si abbottona il cardigan quando sente un po' di arietta: è due giorni che sono qua e una volta, dico una, ho visto due commoventi italiani che, entrati nel casinò, si sono messi una felpetta (probabilmente erano di Torino, da quelle parti la gestione dei maglioncini è un'arte marziale). Che logica assurda sta lavorando in una faccenda del genere? La stessa, immagino, per cui le cameriere, vestite in calze a rete e corpettini da coniglietti di "Playboy", sembrano il frutto di una selezione durissima che fa passare solo quelle con il fisico della mia professoressa di matematica del liceo. Non sembra esserci adeguamento di mezzi ai fini, ed ecco un valore che allegramente va a sballarsi contro la realtà. Realtà? Altro valore sballato. Cosa c'è di reale, da queste parti? Niente, ma anche tutto: è una questione molto affascinante. La sua formulazione migliore – una formulazione che a me sembra nitida come una tesi di Wittgenstein – è il Paris Hotel and Casino. Passo a spiegare.

Qui, come sapete, gli Hotel sono tutti Casinò, e per lo più sono costruiti a tema. Una cosa che piace è rifare pezzi di mondo. C'è Luxor, c'è la Roma di Cesare, c'è anche Venezia, con gondole e tutto. Se non ci siete mai stati, non immaginatevi una robetta: qui fanno sul serio. Le gondole vanno sui canali, coi gondolieri che cantano e tutto. Stai in piazza Navona e in una mezz'ora la luce cambia dall'alba al tramonto, ti fai tutta la giornata in trenta minuti. Bene. A un certo punto a qualcuno è venuto in mente di fare

Parigi. Adesso Parigi è lì, al 3655 della Strip, e io la prima volta che l'ho vista ho visto un meccanismo mentale che abbiamo, che usiamo molto, che disprezziamo e che giuriamo di non avere. Funziona così: per custodire la verità di qualcosa assembliamo un numero limitato di cose false dettagliate benissimo e le fondiamo in una sintesi che in effetti, ci piaccia o no, dice il cuore di quella faccenda. Il Paris Hotel è la realizzazione architettonico-scenografica di questo procedimento. C'è la Tour Eiffel, ma allarga le gambe sull'Opéra, sfiora la Gare Saint-Lazare, sgambetta sul Louvre, sfiora l'Arc de Triomphe e tiene sotto la sua ala tutta una serie di lampioni, finestre, tendine, tetti, abbaini, statue, insegne, marciapiedi, tombini che è quel che voi chiamate *Parigi*. Un condensato spettacolare. Togliete a una città gli spazi bianchi, fatene una frase sola, ed eccola lì. *Fatene un unico oggetto*, che cogliete in un solo sguardo. State facendo una grandissima cazzata, è ovvio, ma anche vi state muovendo come si muovono il vostro cervello, il vostro cuore e la vostra memoria: per i quali Parigi è un'idea, una sensazione, un'astrazione, ma molto concreta, funzionale, sintetica, utile, che potete ridestare in un attimo. È un punto, che da qualche parte è dentro di voi e all'occorrenza lo potete fare salire in superficie in un attimo. Cosa utilissima, anche gradevole, in fondo geniale. Per funzionare bisogna crederci e tollerare una quantità impressionante di microfalsità. La Parigi che voi fate risalire dal vostro cuore, quando vi serve, non è quella reale, ovviamente. Esattamente come quella di Las Vegas. Tamburellate con le nocche su qualsiasi superficie e sentirete plastica o cartongesso. È tutto enorme, ma di un'enormità falsa e abilissima, perché di fatto la Tour Eiffel è più bassa di quella vera, ma a Las Vegas è una delle cose più alte, e tu ti ritrovi a pagare venti dollari per salirci in cima, con una meraviglia che è difficile da spiegare, e che si fonda su quella faccenda di tutti i valori sballati (cos'è alto e cosa è basso è una cosa di non immediata comprensione in un posto come questo in cui l'auto che ti sorpassa ha i pneumatici più alti della tua auto). Insomma, sulla carta è tutto sbagliato, una roba da vergognarsi, ma la verità è che Parigi è lì, e io credo che con la stessa miscela di falsità e artigianato raffinatissimo noi ricreiamo nella Strip della nostra vita, sintetizzando, barando e lavorando da dio, i pezzi di mondo che ci stanno a cuore. Magari esagero, ma se amate qualcuno, ad esempio, vorrei chiarirvi che voi lo vedete come io, stamattina, stavo guardando Parigi, in un caldo fantozziano, in mezzo al traffico della Strip, circondato da gente assurda, e in un posto a migliaia di chilometri da Parigi. Siamo sempre a quella distanza lì, facciamo sintesi geniali, ci disegniamo sale dove giocare, lavoriamo di cartongesso, bariamo sulle proporzioni, tagliamo e incolliamo, spendiamo miliardi in fantasia – e alla fine, poiché un giorno siamo stati, effettivamente, a Parigi, quella vera, e l'abbiamo capita, e amata, per sempre la capiremo e la ameremo, dalla Las Vegas dove la deriva della vita ci porta in continuazione, scivolosa com'è, e incurante dei nostri tesori.

Dato che Parigi gli era venuta bene, poi si sono messi anche a fare la Francia, va detto. Cioè, hanno fatto un ristorante dove tu entri e ci sono un bel po' di regioni francesi, tutte sempre messe insieme col taglia e incolla, la Normandia di fianco alla Provenza, la Borgogna appena più in là, e naturalmente anche quello che mangi è messo lì con lo stesso criterio, dal confit de canard alle ostriche al croissant, tu giri col piatto in mano e stai girando la Francia, entri in una casetta alsaziana, vai a prenderti il dolce in Bretagna, perdi il bambino in Corsica. Tutto per ventotto dollari. Si mangia abbastanza da schifo e il vino è imbevibile, lo dico con serenità, ma non era quello che mi importava poi tanto. Io potrei starmene mezz'ora nella casetta alsaziana a studiare questa tecnica geniale che consiste nel creare una cosa con il minor numero di elementi decisivi possibile, fermandosi non appena uno percepisce l'Alsazia, ma mai un momento prima: e ottenendo questo risultato nonostante la plastica, i camerieri messicani, i sapori insignificanti. Non riesco a immaginare niente che porti più vicino al cuore di quella acrobazia che chiamiamo *teatro*: conoscere qualcosa di vero, ricrearlo con il minor numero possibile di particolari falsi, e in questo modo restituirne quel cuore che, nella vita reale, risulta per lo più irraggiungibile. Prendere la verità alle spalle: gesto magnifico.

Così passeggio, rintronato dalle escursioni termiche, ogni tanto tamburello con le nocche su pareti che sono o di una piramide o di un tempio romano o di un galeone sentendo un rassicurante rimbombo di plastica vuota. Rare le delusioni: nei cessi dell'ultimo nato, un casinò che si chiama Aria, ho tamburellato sulle pareti ed erano di pietra vera: non è più la Las Vegas di un tempo. Librerie neanche a parlarne, per curarmi dall'astinenza sono finito da un antiquario (altra parola che qui ha i valori sballati: ci trovi numeri di "Playboy" degli anni sessanta e Colt da pistolero western) a sfogliare l'unica cosa che aveva vaga forma di libro cioè i libretti di istruzioni delle auto anni cinquanta: lettura peraltro deliziosa. Come in tutto il mondo, le nuove star sono i cuochi, e Gordon Ramsay su tutti: per dire, sull'Arc de Triomphe, al Paris Hotel, c'è una sua gigantografia. Dai piani alti degli alberghi vedi il deserto tutt'intorno, nei garage guardi attonito auto assemblate da maniaci, e tra le slot machine incontri una formicolante umanità assemblata dalle variabili della vita con quella consueta infinita fantasia che mi sembra alla fine ridurre tutti i nostri libri a geniali ricostruzioni in cartongesso (ma anche lì, senza sottovalutare la meraviglia di riuscire, di tanto in tanto, a prendere la verità alle spalle). Grato al jet lag, anche domani mattina me ne uscirò prestissimo dall'albergo, per la cosa più bella che puoi fare a Las Vegas, cioè camminarla quando è appena andata a dormire o sta per svegliarsi. La luce è strana, pulita, il caldo è clemente, la gente alle slot machine solitaria y final. Poche macchine, negozi chiusi, qualche ristorante a dare colazione, i messicani che ramazzano. È tutto finito e sta per incominciare. Dura un'oretta, ed è poesia.

(*16 luglio 2013*)

Hanoi

E poi le stazioni ferroviarie. Si pensa bene nelle stazioni ferroviarie. Ovviamente non bisogna avere un treno da prendere. Può vagamente funzionare andando molto in anticipo ad aspettare qualcuno che arriva. Ma certo la situazione ideale è andarci e basta, senza alcuna ragione, nella luce di un tempo vuoto rubato alle incombenze del vivere. Andare, sedersi nel punto giusto, e sprofondare lentamente come un sassolino in uno stagno, dove lo stagno è la brulicante vita della stazione e il sassolino sei tu. Il fondo dello stagno è dove sono andati a cacciarsi i tuoi pensieri migliori.

La bellezza della stazione conta. Come il partire e l'arrivare dei treni, che dev'essere costante ma non ossessivo, ordinato ma non prevedibile. Assolutamente da evitare le stazioni troppo moderne e tecnologiche. Strutture in ferro e locomotive da trenini elettrici rendono tutto più semplice. Meglio evitare binari in cui si sono consumati addii o ricongiungimenti memorabili: si finisce per virare troppo sul sentimentale. Quel che serve è una bella stazione un po' defilata, con una luce giusta e delle destinazioni, sul tabellone, non banali, capaci di fare sognare un po': un generico *treni verso il Sud* può già bastare, per capirsi.

Alla fine, dopo diversi tentativi, la mia stazione preferita l'ho trovata per caso, dopo essermi perso nei meandri di una città che non conoscevo e che conoscevo da sempre. È una stazione piccola, con un solo binario, a scartamento ridotto: ci passano una decina di treni al giorno, ma lunghissimi, ogni volta sono una solennità e un mondo, come quando arrivava la nave nelle isole, una volta alla settimana, in certi romanzi di storie orientali. La prima volta che ci sono cascato – l'ho detto, per caso – non mi sono nemmeno reso conto subito che era una stazione: sembrava semplicemente la casa di uno, c'erano anche le braghe appese a stendere, fuori, tre paia di braghe e una specie di straccio. Ma è che ero arrivato dal lato *Arrivi*, e il binario non si vedeva. Questa volta ci sono tornato e me la sono studiata bene. Mi andava di farne un posto mio, non so se capite cosa voglio dire. Si chiama Ga Long Biên. Sta appoggiata a un ponte memorabile, sulla riva del Fiume Rosso, in fondo al quartiere commerciale della mia preferita città orientale: Hanoi.

Beirut era l'inferno, Hanoi la tana del cattivo, Houston il trampolino per la Luna e la Liguria un mezzo sogno: ero torinese, ero piccolo, le vacanze erano quelle che erano, e il telegiornale era sacro: la mia geografia mentale era tutta lì, in quei quattro nomi. A parte la Liguria, non ero mai stato da nessuna parte, di quella geografia, ma il suono di quei nomi mi era talmente famigliare e quotidiano che sembrava ci fossi nato. Non credo di avere mai cenato senza che in quello schermo acceso, in bianco e nero, a un certo punto non apparisse la cartina del Vietnam e un signore compassato non mi informasse di come andava la guerra, in un rosario di nomi in cui Hanoi era il grano che tornava ossessivamente, colorato di orrore. Va da sé che noi si stava dalla parte degli americani, portatori di civiltà e democrazia: erano fra l'altro enormemente più belli, coi denti sani e con due spalle così. I vietcong, degli insetti. Non so se ci avete badato, ma le balle più enormi, quando sei piccolo, te le sparano a proposito della Storia: è incredibile quello che sei costretto a berti. Forse solo la storia del papà che consegna un semino alla mamma regge il confronto.

Ma insomma, Hanoi era il covo del cattivo. Ed era per me il nome della guerra. Così, andarci, una volta esplosa la pace, è stato uno dei desideri che per anni mi son portato in tasca. Poi mi è riuscito di esaudirlo e adesso posso dire di aver vissuto abbastanza per riuscire a passeggiare nella tana del cattivo con immenso diletto o per vedere vietnamiti contenti di sfoggiare dei Ray-Ban: è quel genere di cose che ti convince, se mai ce ne fosse bisogno, della sconfinata stupidità di qualsiasi guerra.

Va detto che Hanoi non c'entra con le megalopoli asiatiche di cui si favoleggia. È un caso a parte. La puoi quasi attraversare camminando, e se proprio sei stanco ti guardi un attimo attorno e trovi qualcuno che ti dà uno strappo in motorino. È caotica ma in modo controllato, silenziosamente rumorosa, tranquillamente febbrile. È orgogliosamente puritana, un po' rétro, mai ricca in modo fastidioso, raramente povera in modo scandaloso. Quanto alla gente, direi che sono incomprensibili ma in un modo molto lieto e gentile. Fanno ginnastica per la strada, non urlano quasi mai, commerciano in qualunque cosa (è il loro vizio) e riescono a caricare sul portapacchi di uno scooter intere famiglie o, a scelta, un bufalo (d'accordo, era morto, ma giuro che l'ho visto, ho anche la foto). (Peraltro ho poi scoperto che è una specie di sport nazionale: esistono cartoline con gente in motorino che trasporta sei, dico *sei*, maiali.) (Agli italiani, comunque, la cosa non è sfuggita: vista tanta passione, la Piaggio si è stabilita qui, col bel risultato che da 'ste parti avere una Vespa è più o meno quello che in California è avere una Ferrari.) (Finite le parentesi di divagazione scooteristica.) E poi esiste il Passato, e non sembrano avere particolare interesse per il Futuro: questo, in Estremo Oriente, è un miracolo. Voglio dire che ad Hanoi non esiste quel tratto alla *Blade Runner* che già solo a Ho Chi Minh City (la ex Saigon) puoi trovare: quell'accelerazione verso un futuro vagamente apocalittico e babelico che a noi occidentali dà quello strano brivido di libidine e di schifo. Ad Hanoi, al posto, c'è il Passato, molto Passato, come fossero le stratificazioni della Troia di Schliemann: invece che scavare, vai in motorino, e fai un viaggio nel tempo (volendo, come ho detto, puoi approfittarne per trasportare un frigorifero, o un armadio quattro stagioni, non c'è problema). Nei secoli qui sono passati Cinesi e Mongoli, la Francia ci ha tirato su una capitale, l'Unione Sovietica ha lasciato il proprio inconfondibile marchio di fabbrica stilistico: attraversi una pagoda, giri intorno a un teatro dell'Opera, plani su un mausoleo stalinista, ti vai a riposare in un tempio buddista, capiti per caso davanti a una cattedrale gotica: tra colazione e pranzo ti sei già fatto un bel pezzo di Storia. Dietro a ogni traccia del passato c'è ovviamente una feroce storia di dominazione, di guerra, di eroismi, di prevaricazioni: è un sussidiario utilissimo. Passeggi un po' qua con tuo figlio, e metà delle cose che ci sono da capire lui le capisce, sull'umana ferocia e bellezza. Be', se non metà, una bella fetta, ecco. Dopo di che, come ho detto, lo molli alla madre e te ne vai a Ga Long Biên, la stazioncina. Che tra l'altro, me n'ero dimenticato, è la ragione per cui sto scrivendo queste righe. Rimedio subito.

Il modo ideale per arrivarci è attraversare a piedi la città vecchia, che è la città dei commerci, l'anima vera e ultima della città. Non c'è una casa che non abbia al pian terreno un negozio, un laboratorio, una bottega, un posto dove mangiare. Chiunque vende

qualcosa. Cioè, vendere non so: diciamo che sta lì con la sua merce, perché poi chi le compri, quelle milionate di cose, proprio non
l'ho capito. Mi son seduto in una specie di bar e davanti c'era un
negozio di ventilatori, solo ventilatori, a centinaia: mai visto uno
entrare. Mi è venuto da andare a informarmi sui prezzi, giusto per
dare un senso a quello stare imperturbabile del proprietario, seduto su una seggiolina di plastica, come un uccello su un ramo. Non
so, mi sembrava una cosa da fare. Ma poi chissà, magari gli piace
così, starsene seduti, eterni, davanti al proprio negozio. Comunque: attraversi la città vecchia e a un certo punto sali una specie di
terrapieno e lì c'è la ferrovia. Un binario solo, l'ho detto. È la stazione. Povera, una cosa tipo stazioncina di paese. Il bar è una signora seduta per terra con un po' di lattine e della frutta; gabbie
con uccelli appese qua e là, lanterne rosse, una televisione alla parete, sedie di plastica. È un buco, davvero, ma è appeso alla città
dove la città sta in bilico sul grande fiume, il Fiume Rosso, che
passa solenne e immenso, e quindi la stazioncina è una specie di
molo, o di confine, o di trampolino: davanti, il misterioso Nord, al
di là del fiume, e quel binario, unico e stretto, ci si butta, in un gesto acrobatico e solenne, grazie al fatto che i francesi, quando vennero qui a dominare, costruirono un fantastico ponte in ferro, lungo quasi due chilometri, puro stile Eiffel, il primo ponte sul Fiume
Rosso, facendo passare il treno in mezzo, e due strade ai fianchi,
una per andare l'altra per tornare. Incredibilmente è ancora lì. Per
tutta la guerra gli americani lo presero di mira, ovviamente, senza
mai riuscire a tirarlo giù: adesso rischia di sbriciolarsi perché i de-
relitti vanno a svitare le viti di acciaio per rivenderle. Così ormai se
ne sta lì, magnifico ma un po' cariato, con le traversine dei binari
ammuffite e le arcate di ferro che non ce la fanno mica più tanto.
Percorrerlo a piedi fa parte del piacere della stazioncina, camminando lenti tra lo sciame dei motorini e l'andare impareggiabile
del fiume, là sotto, marrone, denso e sacerdotale. Mi hanno raccontato che i vecchi vanno a nuotare, lì sotto, si buttano in acqua e
nuotano controcorrente, stando quindi sostanzialmente fermi, e
tornando a riva, quando sono stufi, nello stesso identico punto in
cui erano entrati: immagino che sia una lezione da cui bisognerebbe imparare qualcosa.
  Se no, si resta seduti nella stazioncina, con addosso quella in-
definibile sensazione che si prova quando sei l'unico occidentale in
un posto dove tutti gli altri sono orientali. Da loro apprendi, rapidamente, un senso del tempo di cui noi non disponiamo, e che ha
un po' a che fare con la lentezza implacabile e sorda del grande

fiume là sotto. Qualcosa di vagamente certo c'è, cioè l'orario del prossimo treno: ma non è che la cosa sembri poi essere molto importante. Si sta lì, ecco tutto. Tu li guardi curioso, loro ti guardano curiosi. Prima o poi qualcuno tira fuori qualcosa (loro una gallina, io un cellulare, cose così: ma alle volte il contrario) e allora iniziano i primi sorrisi, partono le prime parole, gli fai vedere quello che hai tirato fuori dalla tasca, ti fanno vedere quello che hanno tirato fuori dalla borsa. Poi lo so che nessuno ci crede, ma scatta la conversazione. Che ne so, è una faccenda di fonemi, di gesti, di cose con gli occhi, di risate, di smorfie: si fa conversazione. Non dico che ci si faccia degli amici, ma insomma, si passa il tempo. Quando hai voglia di pensare, ti lasciano tranquillo. Ogni tanto alzi lo sguardo dal taccuino, incroci gli occhi di qualcuno, sorridi, e lui sorride. Poi torni a scrivere. Non è che ci siano poi così tante cose più belle di quella.

Finché a un certo punto arriva il treno, che, come ho detto, è così solenne, lunghissimo, obsoleto ed epico che ogni volta sembra l'ultimo, e per sempre. Allora tutto inizia a muoversi intorno a te e solo tu rimani immobile, tu e altri due o tre, come sassi fermi nella corrente di un ruscello. Gli altri caricano, scaricano, salgono, scendono, prendono per mano, salutano, aprono porte, perdono pezzi, ritrovano pezzi, come in tutte le stazioni del mondo, ma qui a gruppi, e secondo logiche a noi precluse, a una velocità che da noi sarebbe giudicata modesta e che qui dev'essere il massimo della concitazione. Inutile dire che la parte migliore dello spettacolo è l'assembramento alle porte dei vagoni merci: quella è gente capace di caricare su uno scooter sei maiali, dagli un treno da caricare e non ti deluderanno.

Poi qualche fischio, o latrato meccanico, e il treno faticosamente riparte, se lo ingoia il ponte, e il grande fiume, e il misterioso Nord – un minuto ed è già macchiolina all'orizzonte. Nella stazioncina ci si guarda, radi ormai, e in un silenzio appena sfornato: ognuno con la sua segreta ragione per non essere salito su quel treno. C'è tutta una nuova attesa da inaugurare e lo si fa sereni, perché il non essere partiti dà a ognuno un'aura di tranquillità e di mistero. Allora il tempo se ne va, e se hai voglia molti pensieri tornano indietro dai solai della mente dove tempo prima li avevi accatastati perché non intralciassero il tuo andare quotidiano. Recuperarli è per lo più un privilegio, di rado una noia, sempre una strana sensazione.

Quel che succede poi è lampade che si accendono, buio che scende intorno, tu che ti alzi e saluti, i loro sorrisi, la città vecchia che ti aspetta fasciata di luci e odori. Il tipo che vende ventilatori è sempre là, ma adesso vagamente verdognolo sotto un neon traballante. Ha più o meno la mia età. Chissà dov'era quando io cenavo sperando che un marine di vent'anni lo facesse fritto in nome della libertà. Chissà quante bufale si sarà dovuto sorbire anche lui. Chissà com'era fatta la sua Liguria. Quasi quasi andrei a chiederglielo davvero, e mentre mi cullo in questa idea, è lui invece che mi riconosce, mi saluta, e mi chiede qualcosa, in un inglese stinto. Gli faccio ripetere la domanda e capisco che vuole sapere cosa ci faccio, ad Hanoi. Sono venuto a pensare, gli dico. Lui mi guarda un po' e poi fa un cenno con la testa che potrebbe significare Ho capito, ma anche Non so di cosa stai parlando. Dato che scelgo la prima, ci sorridiamo ed è quella l'ultima volta che ci vediamo nella vita. Adesso, in questo preciso momento, sarà là, come un uccello sul ramo, felicemente ignaro del fatto di essere l'unico venditore di ventilatori del mondo ad essere finito, questa settimana, su "Vanity Fair".

(*17 ottobre 2013*)

Boca

Come devo aver già spiegato, ci son dei posti in cui si pensa meglio, e non sono quelli che adesso vi vengono in mente (boschi in montagna, chiostri di conventi ecc. ecc.). Chi ha letto le puntate precedenti di questo piccolo viaggio si sarà fatto un'idea di come la penso al proposito: l'ultima puntata, per dire, era su Hanoi. La prima, sulla biblioteca più rumorosa del mondo. Come devo aver già spiegato, non è snobismo, è che io veramente penso molto più facilmente in posti come quelli. Nessuno si stupirà quindi se adesso introduco il quarto posto dove posso in tutta franchezza dire di essermi trovato da dio, e di aver passato tre ore indimenticabili a pensare, e di aver prodotto più idee di quante avrei potuto produrre in un mese, avvitato alla scrivania. Ha un nome da pasticceria: La Bombonera. È uno stadio, probabilmente il più bello del mondo. Quel giorno, era vuoto.

Va detto che, sempre, stare in solitudine ai bordi di un campo da gioco deserto, in cui non sta succedendo assolutamente nulla, è un'esperienza incantevole (o sono io che sono pazzo?). Nel tempo, io me ne son fatto tutta una collezione, nella memoria: il campetto da baseball di un paesino del Nevada, un calciobalilla dimenticato in un rifugio di montagna, sette scacchiere in un parco di Pechino, innumerevoli campi da bocce in alberghi al mare fuori stagione. Una volta, in Russia, in mezzo alla campagna, non lontano dalla casa di Tolstoj, mi è capitato di trovare un campo da basket abbandonato, con tabelloni e cesti regolamentari, completamente coperto di grano maturo. L'importante, in ogni caso, è che sia tutto a posto, che non ci sia nessuno che sta giocando, e possibilmente nessuno intorno. Allora scatta qualcosa dentro, come una specie di quiete febbrile, che ho cercato più volte di capire e che adesso, dovendo provare a spiegarmi, riesco solo a descrivere come qualcosa di molto simile a quando si ha la fortuna di vedere le persone che amiamo *mentre dormono*: se proprio non sei così sfortunato da beccarli mentre sbavano sul cuscino o segano tronchi, ecco lì davanti a te qualcosa di così splendidamente innocuo, limpido, mite, vero e senza tempo: sono come contenitori di vetro dove, in quel momento, possiamo versare ogni ricordo che ci sia grato, e tutta la vita che, in quel momento, possiamo immaginare. Analogamente, di fronte a un campo da tennis deserto, mente la rete fa vela nel silenzio, e le linee di fondo biancheggiano nella luce testimoniando la salutare esistenza di un sistema di regole, tu potresti stare lì per ore a vedere i fantasmi di vita, di gioco, di sfide, che lì sono successe o succederanno: o almeno, io ci sto delle ore. Respiro l'ordine, apprezzo l'esattezza delle geometrie, immagino l'infinito, mi godo l'eclisse di qualsiasi tempo (adoro quando c'è un cronometro fermo) e viaggio felicemente sul mare delle possibilità (adoro quando c'è un tabellone con un risultato inchiodato sullo zero a zero). C'è tutto e non c'è niente: allora ci sei tu, ma in modo molto forte, e libero, e calmo: io quello lo chiamo *pensare*.

Per cui, ovunque vada, ci sto attento. Se c'è la possibilità di infilare qualche campo da gioco deserto, non me la perdo. Adesso posso dire, con una certa competenza, che, per solennità e mistero, i posti migliori dove pensare in quel modo là, sono due: le plazas de toros e gli stadi di football. Ma, nel primo caso, non si tratta esattamente di uno sport. Dunque, stadi di football. Ho goduto molto nel Maracanã vuoto, mi sono cullato al dolce declivio delle tribune dell'Old Trafford, ho provato una certa emozione nel vecchio Wembley, ma alla fine quello che mi sento di poter affermare con assoluta certezza è: non c'è niente come la Bombonera deserta, un martedì mattina, nel sole.

È lo stadio del Boca Juniors. E sta, appunto alla Boca, epico quartiere di Buenos Aires: posto di emigranti e poveracci, commerci e furti, miti e leggende. Da girare, come quartiere, è piuttosto strano. Di solito parti dal Caminito, dove l'impressione fastidiosa di trovarsi in un posto falso per turisti è inequivocabile. Ma basta che ti distrai un attimo e ti ritrovi in strade piuttosto deserte, tra case cadenti, dove gente fa il barbecue sui bidoni di benzina e ti guarda strano. Quel tipo di posto in cui ti sorprendi ad accelerare il passo, a perdere l'orientamento e a cambiare marciapiede quando vedi quei tre in piedi laggiù, che sembra proprio aspettino te. Nel cuore di questo mondo anomalo, senza vie di mezzo, prima o poi ti imbatti nella Bombonera. Altissima, colorata, schiacciata tra le case come un meteorite caduto lì per caso. E in effetti c'era talmente poco spazio, quando l'hanno costruita (1938), che di lati, per gli spalti, ne costruirono solo tre. Il quarto non ci stava e se la cavarono con un obelisco ornamentale. Adesso il quarto lato è una specie di sottile parete quasi trasparente dove hanno piazzato dei palchi per vip (Maradona ne ha uno suo, il Boca è la sua squadra del cuore). La cosa dà allo stadio una forma sbilenca, irragionevole e irresistibile. Dall'alto, nelle foto aeree della città, sembra un televisore anni cinquanta sistemato come un pezzo di Lego tra le case, con lo schermo all'insù, evidentemente per il diletto di Dio. Di trasmissione ne danno una sola: il Boca che gioca. Di rado ci va a cantare qualche star, ma insomma, non è la stessa cosa. Va aggiunto che non c'è naturalmente pista di atletica intorno al campo e le gradinate salgono su verticali da far paura, e ci vanno per tre anelli. Il risultato è che se vai a giocare lì, giochi in una specie di forno. Quando i soliti maniaci di turno si son messi a fare la classifica degli stadi in cui era più dura andare a giocare, non c'è stata storia: è vero che andare a giocare in casa del Galatasaray o del Peñarol non è gradevole, ma al primo posto c'era la Bombonera: perché giocare lì, se non stai sudando nella maglietta del Boca, è un incubo. Per dire che tifosi sono, i biglietti della partita neanche li vendono: sono tutti abbonati, sono cinquantamila, e di rado sono laureati a Eton.

La prima volta che ho pensato di andarci avevo appena letto un'altra classifica da trapanati, questa volta fatta dagli inglesi, che metteva in fila i dieci eventi sportivi da vedere almeno una volta prima di morire. Manco a dirlo, al primo posto cosa c'era? Il Superclásico, cioè Boca Juniors contro River Plate, poveri contro ricchi. Poi le cose erano complicate e insomma, a Buenos Aires ci sono finito per altre ragioni apparentemente più raffinate (fiera del libro). Nel primo momento libero, però, mi sono sparato alla Bombonera: come ho detto, il fatto che non ci fosse affatto una partita era, per me, una ragione in più per farlo. C'era il sole, era un mattino qualunque, ho pagato un biglietto, sono passato da un corridoio, ho oltrepassato un portone, e improvvisamente ero là dentro. In una luce esagerata, lo stadio era accecante, gli spalti smaltati di giallo e azzurro, il prato verde. Un silenzio irreale. Qualche umano qua e là, ma poca roba. Mi sono seduto. Tre ore dopo ero ancora là e pensavo che prima o poi avrei dovuto dire a qualcuno come quello fosse un posto tanto assurdo quanto esatto per stanare certe risposte che nella vita quotidiana proprio non c'è verso nemmeno di avvicinare.

Fatto.

Devo dire che, l'anno dopo, ci sono tornato, e questa volta quando il forno era acceso, e quella volta perché stavo inseguendo una voce. Non come Giovanna d'Arco, non era una cosa mistica, stavo inseguendo una voce vera. Una storia curiosa, se avete voglia ve la racconto.

Il fatto è che la prima volta, quel martedì di sole, ero anche passato dal Museo del Boca, che sta nell'antistadio, e lì mi aveva colpito un enorme poster di Maradona, giovane e con la maglia del Boca, messo a coprire un'intera parete. La cosa che mi colpì era che in calce c'era, stampato, una specie di verso poetico: diceva così: *Barrilete cósmico... ¿De qué planeta viniste?* C'era anche una firma, ma lì per lì non ci feci caso. La sera, poi, ero a cena con un giornalista e traduttore argentino da cui ho imparato molte cose, Guillermo Piro, e mi è venuto da chiedergli cos'era, quella scritta, gli chiesi se era un verso di una poesia. No, cioè sì, rispose: e si mise a recitare a memoria tutta quanta la poesia: *Barrilete cósmico... ¿De qué planeta viniste para dejar en el camino a tanto inglés, para que el país sea un puño apretado, gritando por Argentina? Argentina 2-Inglaterra 0... Diegol, Diegol, Diego Armando Maradona... Gracias Dios, por el fútbol, por Maradona, por estas lágrimas, por este Argentina 2-Inglaterra 0...* Cavolo, dissi, la sai a memoria. *Tutti* la sappiamo a memoria, disse. E poi mi spiegò cos'era: erano le parole che disse il telecronista della tivù argentina, in diretta, tra le lacrime, vedendosi accadere sotto gli occhi il più bel goal della storia del calcio (Maradona se lo tenne in serbo per gli inglesi, Mondiali 1986). Ormai sono un classico, mi disse Piro. Poi mi disse il nome del telecronista, ed è lì che iniziai a tornare alla Bombonera, perché il nome era Victor Hugo, e allora io pensai: devo conoscerlo.

L'ho detto, Piro è uno a cui devo molte cose, e la più preziosa è che, un anno dopo, mi ha fatto conoscere Victor Hugo. Sono andato a trovarlo alla radio dove lavora. È una specie di star. Colto, raffinato, affascinante, un signore sudamericano alla Vargas Llosa. Adora l'Opera, una volta all'anno viene in Italia e si spara tutti i teatri più belli. Lavora circondato da una specie di corte in cui tutti lo aiutano con una devozione che credevo esistesse solo nei romanzi di cappa e spada. Non posso dimenticare l'uomo bassino, baffi spioventi e faccia da narcotrafficante nei film, che si muoveva intorno a lui con una dolcezza sublime e a un ritmo di danza faceva quel che probabilmente fa da anni, e con inarrivabile perfezione: preparava il mate e lo passava a Victor Hugo.

Insomma, un bell'incontro, e dato che da quelle parti sono generosi, ne è uscito un invito alla Bombonera, a seguire la partita nella cabina della telecronaca, al fianco di Victor Hugo. Praticamente è come se Abbado ti facesse salire sul podio insieme a lui mentre dirige al Musikverein di Vienna. Ci sono andato e quello che ho visto e sentito in quella cabina me lo tengo per me, tanto non riuscirei a raccontarlo. Qui però voglio dire che a un certo punto sono uscito dalla cabina e me ne sono andato a zonzo a scottarmi al forno che era lo stadio in quel momento. Me lo ricordavo dormiente, cristallino, senza tempo, e adesso eccolo lì, nella notte illuminata dai proiettori, pieno fino all'orlo e roboante di un casino che non avevo mai sentito. Il frastuono era così forte che gli omini in braghe corte, là sul prato, sembravano telefonati da lontano, quasi dei fantasmi. Si muovevano come stelline di pastina sul fondo di una tazza piena di brodo rovente (certe similitudini ti vengono in mente solo se sei in Sudamerica). Quello che non posso dimenticare è che la gradinata dove stanno i più scalmanati (se fai il portiere per quarantacinque minuti ci vai a giocare, là sotto, ed è già qualcosa se ti ricordi ancora in che ruolo giochi), la curva non smette *mai* di battere tamburi e cantare. Quando dico mai, intendo dire proprio mai: perfino quando il Boca prende un goal (ne prendono anche loro), quelli non fanno una piega e continuano come se non fosse successo niente, a picchiare sui tamburi e sgolarsi come aquile. Quando segna il Boca non so, perché ero un attimo distratto, mi è esploso il forno intorno, e mica ci ho capito molto, tranne che, senza sapere perché, stavo urlando anch'io.

(*17 gennaio 2014*)

124

ACROBAZIE

L'ultima danza di Michael Jordan 1

Chicago. Qui non sanno nemmeno bene dire se c'è una squadra di football della città (la risposta sarebbe sì). I Mondiali di calcio sono lontani: come gabbiani in montagna, arrivano da lontano voci di telecronisti ispanici, ogni tanto, a ricordare mari di erba verde e reti a pescar palloni. Qui e adesso lo sport, tutto lo sport, è basket, flipper di muscoli e rimbalzi messo a bagno in schemi pitagorici. I più forti del pianeta giocano qui, questa sera, e si chiamano Bulls. Cinque volte campioni del mondo negli ultimi sette anni.

Una squadra micidiale raggrumata intorno a tre fenomeni. Scottie (pronuncia: Scadi) Pippen: con quel nome in Italia sarebbe finito: nero, occhi da cartoon, palpebre sempre a mezz'asta, sorriso da gigante buono: difesa e attacco, dà lezioni dappertutto. Dennis Rodman, detto "il Verme": quello coi tatuaggi, i capelli colorati, il piercing, cuoio e borchie dappertutto: nero, cattivo, strafottente: salta poco, segna poco, ma se lo paghi può fermare anche un Pendolino. E infine, con la maglia numero 23: Michael Jordan: Mister Air, mai nessuno come lui, un mito planetario: roba che Coppi e Alì sfumano a vip di provincia: un miracolo messo a pendolare tra un canestro e l'altro per la meraviglia di tutti: il più grande. Quei tre, più altri nove, più un coach che sembra una cassapanca vestita da Armani, più ventitremila spettatori, più mezza America davanti al televisore, più una squadra da battere, fanno l'istante che sta per accadere. Istante storico, nel suo piccolo. È una partita, ma l'hanno già ribattezzata: l'ultimo ballo. Il fatto è che tutto finisce e anche i Bulls stanno per finire. Il prossimo anno si cambia, e via un altro ciclo. I grandi Bulls giocano per l'ultima volta, stasera, sul parquet di casa, allo United Center. Ultimo tango a Chicago. Sparirà, forse, Michael Jordan, che ha voglia di smettere, e di stare in poltrona a vedere chi avrà mai il coraggio di scegliere, da qualche parte, la maglia numero 23. La notte degli addii. E giacché la sceneggiatura dello sport è sempre scritta da dio, tutto avviene nel game five della finale Nba, sul 3 a 1. Tradotto: se i Bulls vincono, diventano campioni del mondo e mettono su un addio da non dimenticarselo più. Se perdono vanno a giocarsi tutto in trasferta, a Salt Lake City. Chicago vuole la vittoria qui e ora. Poliziotti a cavallo circondano il centro per salvare almeno un pezzo di città dai tradizionali saccheggi post-vittoria. I media si sognano un Michael Jordan che annuncia il suo ritiro con la Coppa in mano, le lacrime agli occhi, e Chicago ai suoi piedi. Notte speciale: adrenalina per tutti. Ore otto. Si comincia.

Il primo Michael Jordan che vedo dal vivo sorride e fa la bolla col chewing-gum. Si scalda, nel casino generale, e sembra uno che sta accendendo i fornelli per cucinare. Serafico. Lui, sospeso in aria, sarà una delle icone del secolo, se solo gli storici avranno un po' di buon senso. L'umanità pesava di più, prima di lui. Generazioni di consumatori hanno volato, in quell'icona, e sicuramente hanno perso, mentalmente, qualche chilo, sentendosi più leggeri. Un'azienda con qualche dirigente geniale l'ha capito, e concentrando tutto l'effetto sulle scarpe, ha messo su un impero. Se vendevano pancetta, avrebbe funzionato lo stesso: mangeremmo pancetta e sogneremmo di volare: tanto quell'icona non lascia scampo. Jordan in aria è tempo arrestato. Lui salta, come tutti, ma poi lassù si ferma, ed è una cosa che non ha senso, ma lui abita quell'aria, ci trova dentro il tempo di fare dei ragionamenti, di vedere pian piano scendere tutti gli altri, di cambiare idea, mano, equilibrio, di rimanere da solo, lui il pallone il canestro, con gli altri ormai giù, gli occhi all'insù. Quando atterra, il pallone sta ancora là in alto, a frusciare nella rete del cesto, come una specie di risarcimento all'aria violata. Pazzesco. Tu guardi, e sei più leggero, sarà stupido ma è così. Lo sei anche se hai le espadrillas ai piedi e non quelle macchine gommate che ha lui. Lo sei perfino se non lo sei. Miracolo. Mister Air. Signor Aria. Come disse una volta Larry Bird, uno dei grandi del basket americano: "Ehi gente, questa sera in campo c'era Dio. Era quello travestito da Michael Jordan".

L'ultimo ballo i Bulls lo iniziano con la testa altrove. Li tiene a galla Toni Kukoč, un croato che infila il canestro da ogni posizione. Un cecchino. E grazie di averci restituito, pulita, una parola orrenda. Di fronte, i Bulls hanno i Jazz Utah, una squadra che macina punti ruotando intorno a suoi due fuoriclasse, Stockton e Malone. Il primo è bianco, piccolo, faccia da ragioniere ordinato, sembra uscito da un televisore in bianco e nero: lui è la mente. Il braccio è Malone, un nero immenso, soprannominato "il Postino": infila palloni nel cesto come lettere nella buca: tranquillo e a mazzi. I Bulls hanno messo in campo, per fermarlo, Luc Longley, uno che è alla sua altezza, ma solo in quanto a centimetri. Per il resto, soffre e sta a guardare. Il postino ringrazia e distribuisce posta per tutti. Allora dalla panchina dei Bulls si alza Rodman, il Verme. L'unico che Malone soffre veramente. Rodman gli incolla i suoi tatuaggi addosso ed è collisione continua, uno spettacolo. Bulls avanti di due punti nel primo quarto e di sei a metà partita. Sembra l'inizio dell'apoteosi finale. Ma Pippen scaracolla un po' svagato, e Jordan va a sbattere sulla contraerea dei Jazz. I Bulls si inceppano. Malone vede il canestro al di là dei capelli verdi del Verme. Lo vede e lo becca con una regolarità sconcertante. Stockton fa girare la palla come una saponetta, Kukoč non basta più. Vacillano i Bulls. Prende palla Jordan. I ventitremila dello United Center sanno quel che deve fare. Ipnotizzare la partita, e vincerla, anche da solo. Lo sa benissimo anche lui. E ci prova. Il sistema è semplice. Al diavolo gli schemi e dritto in volo a canestro. Specialità del locale. Di solito, quando decide di partire, tira fuori la lingua, in un modo che è diventato mitico. Chi difende su di lui, lo sa. Quando vede apparire la lingua, maledice il momento in cui ha iniziato a giocare a basket. "È stupido, ma ti viene voglia di fermarti a guardare, e basta," disse una volta Michael Cooper. Stavolta però, i Jazz hanno deciso che lo spettacolo è durato abbastanza. Si chiudono su di lui come una diga di maglie viola, e le ali di Jordan frullano errori. Terzo quarto disastroso. Bulls sotto di quattro punti. In Italia, in uno stadio di calcio, tutto piomberebbe in un silenzio da tragedia. Ma qui il tifo è una cosa strana. Si sgolano, danno di matto, ma è diverso. La partita è una polpetta di carne che si perde in un hamburger fatto di mille altre cose: i giochetti degli sponsor, le telecamere che inquadrano la gente e ne rispediscono l'immagine sugli schermi giganti (questo li fa letteralmente impazzire), le domande da Trivial se rispondi vinci qualcosa, i Bulls Brothers che arrivano in moto sul campo durante il time-out e giù tutti a cantare, le ragazze pompon che a ogni minuto vuoto invadono il terreno snocciolando le curve in coreografie da *Domenica In*, tutto un gran casino da fiera permanente. E annegata lì dentro, la partita. Un ultras, qui, non potrebbe nemmeno esistere. Intanto avrebbe le mani occupate da una birra e da un hot dog. E poi come fai a scambiare per una guerra un posto dove sul più bello tutti si mettono a ballare il limbo, chi lo fa meglio finisce dritto sui megaschermi? Ti viene da mandare tutto in mona.

A sorpresa, emergono dalla fiera le due squadre e si sfidano nel rettilineo finale. Una manciata di minuti che durano un'eternità. È il bello del basket. Più ti avvicini alla fine, più il tempo si dilata. In manciate di secondi può accadere di tutto. Roba per cuori forti. A tre minuti dalla fine i Bulls sono sotto di cinque punti. Vola Jordan, abbattuto. Vola di nuovo, abbattuto di nuovo. Un minuto e tredici secondi. Bulls sotto di quattro. Jordan si carica la squadra sulle spalle e decolla. Per fermarlo, questa volta, devono ricorrere al fallo. Due tiri liberi. Mastica la gomma, Jordan, fissa il vuoto e poi tira. Dentro. Tira il secondo. Dentro. Bulls a meno due. Tutti in piedi. Malone in area. Rodman gli ringhia addosso tutto quello che gli resta. Malone solleva il suo abbondante quintale, frusta la palla con il polso, blocca il respiro a milioni di americani e infila. Bulls a meno quattro. Cinquantatré secondi da giocare. Tutti sanno che può ancora succedere di tutto. L'ultimo tango a Chicago finisce col cronometro che segna tre decimi alla fine. Palla ai Bulls, sotto di due. Una briciola di tempo per resuscitare. Tre decimi per inventare un lampo. Qualcuno lo deve fare. Chi, se non lui? Palla nelle mani di Jordan. A chilometri dal canestro. Tiro della disperazione. Palla che vola. Sirena che suona. Palla che sparisce nel nulla. Apoteosi rimandata. Mister Air se ne esce lentamente, tenendo lo sguardo basso. Non alza gli occhi neppure un istante. Non sembra l'uscita di uno che, lì dentro, con la maglia numero 23, non rientrerà mai più.

(*14 giugno 1998*)

Dà spettacolo lo sport, e ogni tanto sembra davvero che a scriverne i destini ci sia dietro le quinte uno sceneggiatore di genio. Ultimo minuto, a Salt Lake City. Ultimo minuto dell'ultimo ballo. Per chi ama i confini, che posto... I Bulls inseguono dall'inizio della partita. Pippen sta più nello spogliatoio che in campo, sconfitto dal mal di schiena. Malone continua a imbucare lettere con regolarità da poste svizzere. Jordan è il Jordan vero, non quello intorpidito della gara di Chicago: tiene la squadra attaccata agli avversari, ma il sorpasso non riesce mai. Scocca l'ultimo minuto, un intero sport va in apnea. Dietro le quinte, lo sceneggiatore tira fuori il meglio del repertorio. Conosce il suo mestiere: via le comparse, le ultime battute devono essere delle star. Stockton, il ragioniere in bianco e nero, infila da fuori, con una mano di ghiaccio, e i Jazz salgono a più 3. Quarantun secondi alla fine. Mezzo mondo dà i Bulls per spacciati. L'altro mezzo, guarda la maglia numero 23. Jordan. Pendola un po' davanti alla difesa dei Jazz, poi è come una scossa elettrica, entra tra le maglie viola e appoggia a canestro.

Bulls sotto di un punto, palla ai Jazz. Stockton fa quello che tutti farebbero: palla a Malone, appostato nel suo posto preferito, un tre metri dal canestro, sulla sinistra. È come mettere il pallone in cassaforte, tutti pensano. Su Malone ringhia Dennis Rodman, portandogli via tutto l'ossigeno. Malone cerca una feritoia per respirare. La cerca a destra, poi a sinistra. Apnea. Rodman non molla. I secondi passano. Quando Malone decide cosa fare, è troppo tardi. Da dietro, dal nulla, arriva Jordan e gli ruba palla, proprio dalle mani, come nei campi di periferia, una manata sulla palla, e Malone a guardare con stupore un pallone che non c'è più: se lo stanno portando in attacco i Bulls. Sette secondi alla fine. Palla a Jordan. Lo va a marcare Russell, uno che è riuscito a farlo sudare

131

per sei partite. Un attimo per guardarsi negli occhi. Poi Mister Air parte sulla destra. Russell risponde. Jordan inchioda e riparte dall'altra parte. Disumano. A Russell, che è umano, l'inversione a U non riesce. Non c'è più nulla tra Jordan e il canestro. Ci sono cinque secondi e mezzo tra quell'istante e la fine. Jordan si ferma, piega le gambe, sale nell'aria, porta lassù il pallone nel palmo della mano e poi lo saluta mandandolo in volo. Rumore di retina, come un frullare di ali, è il rumore di due punti pesantissimi. 87 a 86 per i Bulls. I Jazz hanno ancora cinque secondi e due decimi per sperare. Nel basket possono essere un'eternità. Lo sceneggiatore, dietro le quinte, dà il colpo finale. Niente Malone, questa volta. Stockton, il ragioniere in bianco e nero. È per lui, l'ultima battuta. La pronuncia a un secondo e tre decimi dalla sirena. Un tiro da tre punti, che se entrasse, entrerebbe nella storia dell'Nba. Rotola nell'aria, apparentemente perfetto, ma trova il ferro, e non la rete, a pochi centimetri dalla gloria. The end. Bulls campioni, Jordan nella leggenda. Trovate quello sceneggiatore: è un genio.

(*16 giugno 1998*)

Scozia, qui la Storia si fa con il rugby

Folate di fritto con venature al curry, ginocchia rispettabili e pelose che spuntano da kilt elegantissimi, pub che traboccano umani con pinte di birra in mano, persone a migliaia che scolano giù dalla città verso la periferia, guance che scoppiano a suonare cornamuse, cielo grigio su tutto, in grembo a una domenica che sarebbe qualunque. Però l'animalone di odori suoni persone si sposta, e quando si ferma c'è uno stadio a risucchiarlo. Si chiama Murrayfield. Non è uno stadio: è un tempio. Dentro ci sono settantamila posti e un prato. Righe di gesso e pali strani. È una gran macchina che respira rugby. Sta trattenendo il fiato.

Non è una domenica qualunque: ancora mezz'ora, e poi: Scozia-Inghilterra. Scozia-Inghilterra è qualcosa di più di una partita. È più di un secolo che la giocano, ogni anno, guerre escluse. E prima che iniziassero loro, la storia del rugby non ricorda altre sfide. Non per caso, gli inglesi qui hanno un soprannome che resiste: il vecchio nemico. C'entra il rugby, ma non solo. Scozzesi e inglesi se le sono date per secoli con una ferocia e una costanza che hanno pochi paragoni nella Storia. Adesso è tutto un valzer, con Blair che è nato a Edimburgo, e un referendum che da poco ha restituito alla Scozia il suo parlamento. Ma la Storia lascia qualcosa sotto la pelle. Anche sotto quella, dura, dei rugbisti. Non a caso la mitologia del rugby tramanda il seguente pistolotto, attribuito a tal Phil Bennett: "Guardate che cosa hanno fatto al Galles questi inglesi bastardi. Hanno preso il nostro acciaio, la nostra acqua, il nostro ferro. Comprano i nostri cavalli per divertirsi quattro giorni ogni dodici mesi. Che cosa ci hanno dato in cambio? Assolutamente nulla. Siamo stati espropriati, derubati, controllati e puniti dagli inglesi. E noi giochiamo contro di loro questo pomeriggio". Difficile immaginare gli scozzesi più concilianti dei gallesi. Di certo, il "vecchio nemico", lo sopportano poco. E quando parlano della sfida contro gli inglesi, che dura da centoventisette anni e non finirà mai, usano una bella espressione: la caccia al pavone.

La caccia al pavone si tiene ogni anno in occasione del Torneo delle Cinque Nazioni. E qui bisogna spiegare. In Europa si gioca molto a rugby. Ma quando si tratta di stabilire, una volta all'anno, chi lo gioca meglio, allora è una faccenda che si risolve in dieci partite. Il Cinque Nazioni. Inghilterra, Galles, Scozia, Irlanda e Francia. Non si dilungano in partite di andata e ritorno: uno scontro e via. Per decenni non si sono neanche presi la briga di mettere in palio una coppa, un trofeo qualunque, anche solo una targa. Niente. Quattro partite ciascuno, e alla fine una classifica che entra nella Storia. Il Cinque Nazioni è quello. In Italia, il Cinque Nazioni è, da sempre, il sogno dei rugbisti nostrani. Che, evidentemente, sono gente tosta. Hanno fatto anticamera per degli anni, prendendo batoste e imparando. Poi hanno chiesto di entrare nel club, come sesta nazione. Gli altri hanno smesso di ridere quando hanno iniziato a buscarle. Allora, con la morte nel cuore, si sono rassegnati. Nel Duemila il Cinque Nazioni diventerà il Sei Nazioni. E per vincerlo dovranno venirselo a prendere in posti come Rovigo o Padova. Sono soddisfazioni. Tra l'altro, per superare l'esame, gli azzurri han dovuto passare proprio sugli scozzesi: 25-21, a Treviso. L'indomani, da queste parti, la cosa era già nota come "la disfatta". Gli bruciava talmente che hanno rispedito a casa l'allenatore e ne hanno scelto uno nuovo. Si chiama Jim Telfer, una vecchia gloria, soprannome di battaglia Old Grey Fox. Ieri gli hanno chiesto come si sentiva a poche ore dallo scontro con gli inglesi. "Impaurito," ha risposto lui, candido. Ha aggiunto che se i suoi non imbroccano la giornata giusta vanno incontro a una sonora legnata ("right hammering", per la precisione). Gli allibratori condividono: a puntare sulla Scozia vincente rischi di portare a casa una fortuna. D'altronde i risultati parlano chiaro: disfatta con la Francia, sconfitta con i gallesi, vittoria per un punto con gli irlandesi, che non vanno in meta neanche se preghi. Con gli inglesi, gli scozzesi perdono, regolarmente, da otto anni. Gli restano ottanta minuti per stupire tutti, se stessi compresi. Detto così suona retorica da bar: ma lo stadio si è incendiato, e sull'orologio c'è scritto che quegli ottanta minuti sono qui e adesso.

Visti da così vicino sembrano minuti capaci di qualsiasi cosa. Bande, vecchie glorie, cori e cornamuse, i settantamila tutti al loro posto, chissà tradotti in litri di birra che cifra fanno. Inglesi in bianco, scozzesi in blu notte. Pallone che vola nel cielo grigio: è cominciata. Ci provano per primi gli scozzesi, sprecano un calcio piazzato, ripartono, rimbalzano contro la difesa inglese. Il gioco oscilla tra le due linee di meta come un'alluvione indecisa sul da farsi. Reggono gli argini, da una parte e dall'altra, e l'orgasmo della meta vanno a sfiorarlo, ma a toccarlo, mai. Il punteggio va avanti con quel succedaneo della meta che sono i penalties, punti fatti coi piedi, un ripiego. Tre a zero per gli inglesi. Tre a tre. Ancora gli inglesi avanti di tre punti. Ancora gli scozzesi che non mollano e pareggiano. È come l'estenuante attesa di una qualche esplosione. Accende la miccia Derrick Lee, l'estremo scozzese, infilandosi tra le rughe della difesa inglese. Lo seppelliscono a tre metri dalla linea di meta. Fischio dell'arbitro. Mischia. Tutti sull'orlo del baratro, quintalate di giocatori a rubarsi i centimetri. I giocatori scozzesi si voltano verso il pubblico e con un gesto inequivocabile chiedono una mano. Parte un ululato da far paura. Testa giù e spingere, con il pallone ovale che sparisce, poi dal nulla schizza via come una saponetta in bilico tra due bande di scalmanati che la braccano come se dovesse andarne della loro vita. Erano solo tre metri. Basta la saponetta che guizza via da una mano scozzese, e per gli inglesi diventano dieci, e poi campo aperto, e poi partita che si riapre. Il tabellone dice sei pari, quando l'arbitro fischia e il primo tempo finisce.

Intervallo. Pensieri. Rugby, gioco da psiche cubista – deliberatamente si scelsero un pallone ovale, cioè imprevedibile (rimbalza sull'erba come una frase di Joyce sulla sintassi) per immettere il caos nell'altrimenti geometrico scontro di due bande affamate di terreno – gioco elementare perché è primordiale lotta per portare avanti i confini, lo steccato, l'orlo della tua ambizione – guerra, dunque, in qualche modo, come qualsiasi sport, ma lì quasi letterale, con lo scontro fisico cercato, desiderato, programmato – guerra paradossale perché legata a una regola astuta che vuole le squadre avanzare sotto la clausola di far volare il pallone solo all'indietro, movimento e contromovimento, avanti e indietro, solo certi pesci, e nella fantasia, si muovono così. Una partita a scacchi giocata in velocità, dicono. Nata più di un secolo fa dalla follia estemporanea di un giocatore di calcio: prese la palla in mano, esasperato da quel titic e titoc di piedi, e si fece tutto il campo correndo come un ossesso. Quando arrivò dall'altra parte del campo, posò la palla a terra: e intorno fu un'apoteosi, pubblico e colleghi, tutti a gridare, come colti da improvvisa illuminazione. Avevano inventato il rugby. Qualsiasi partita di rugby è una partita di calcio che va fuori di testa. Con ordinata, e feroce, follia.

Questa ricomincia con gli inglesi furibondi. Affettano il campo con sciabolate che fanno male, e schiacciano gli scozzesi nei fatidici ultimi cinque metri. Una mischia. Poi un'altra. Poi una terza. Sempre sull'orlo del baratro. Lo stadio urla uno Scotland Scotland che resusciterebbe un morto. Gli scozzesi resistono. Quarta mischia. Dice un proverbio francese: nel rugby c'è chi suona il pianoforte e chi lo sposta. Adesso è il momento di quelli che lo spostano. Il pallone non esce neppure più da là sotto, è ormai una guerra di forza, tutti a testa bassa, un pacchetto di mischia contro l'altro. Gli scozzesi perdono un passo, s'inchiodano lì, hanno la striscia di gesso dietro ai talloni, e gli inglesi non la vedono ma la sentono, testa bassa, scarpe a mordere l'erba, un altro passo avanti, la linea di gesso sparisce sotto la mischia, qualcosa di invisibile scricchiola e si spezza: gli inglesi portano in meta tutto quanto: pallone, avversario, se stessi. È come se crollasse una diga. Crolla la Scozia. Una sciabolata dopo l'altra il pavone sale a 34 punti, dando spettacolo e facendo la ruota. Due minuti alla fine, è aria di disfatta. Ma il rugby è un gioco strano, il pavone forse è stanco, gli scozzesi sicuramente sono incazzati. In due minuti trovano due mete, se le cercano martellando in mezzo al campo, e le trovano con due scosse elettriche sulle ali, due fiondate che lo stadio si beve come una birra dopo un deserto. Così domani i giornali potranno scrivere 34-20, onore delle armi per gli sconfitti, al Murrayfield, nella centotredicesima puntata di una storia che non finirà mai.

(*23 marzo 1998*)

Beethoven, Abbado e i Berliner 1

Vedo il gran rumore che si fa sui media per questa maratona beethoveniana di Abbado e dei Berliner, e mi immagino che alla gente normale faccia la stessa impressione che fa a me trovare sulle prime pagine dei giornali le cronache dalle sfilate di moda milanesi, o parigine: penseranno: ma chi sono, 'sti marziani? E anche: ma io che c'entro? E infine: ma non c'è proprio niente di più importante di cui parlare?

Per me quello della moda resta un mistero insondato. Ma quanto alla musica classica, qualche idea ce l'ho. Tipo: pagine e pagine sul do di petto non eseguito al *Trovatore* scaligero è miseria intellettuale pura. Pagine e pagine sui Berliner e Abbado e Beethoven, no. Ho passato due sere all'Auditorium di Santa Cecilia, e la cosa mi ha aiutato a cancellare i dubbi residui. Non siamo pazzi. Non siamo marziani. Chissà se riesco a spiegare perché.

Venerdì sera c'era la *Prima sinfonia*. Beethoven a inizio carriera. Apparentemente, una cosa abbastanza insignificante, una specie di numero zero. Dato che uno ha in mente la *Terza*, e la *Quinta*, e la *Nona*, quella robetta passa via così indolore che si finisce per dedicarsi al piacevole passatempo di leggere sul programma di sala cosa s'è inventato il musicologo di turno per dimostrare, arrampicandosi sui vetri, che invece è un capolavoro. Giuro che riescono a dire cose incredibili. Che verrebbe voglia di alzarsi e applaudire. Meglio non farlo, comunque. Consiglio caldamente di non farlo. Dunque, dicevo. Io ho messo a punto un altro trucchetto, che tutto sommato mi sembra più produttivo. Ti siedi, aspetti che l'orchestra entri, applaudi e poi inizi ad ascoltare, ma facendo finta che stai ascoltando una sinfonia di Mozart. Convinto che in programma ci sia una sinfonia di Mozart. (Per i più coltivati, una variante ancora più utile è immaginare che sia di Haydn: ma comunque con Mozart funziona lo stesso.) Quello che succede, immediatamente, fin dalle prime note, e in un modo che ti sconcerta, e ti smarrisce, quello che succede è che pensi: ehi, ehi, cosa diavolo sta succedendo? Cosa gli è preso? Più o meno tutto quello che ascolti è roba che Mozart avrebbe potuto scrivere, spesso anzi è roba che lui aveva già scritto. Ma c'è qualcosa che non quadra. È come se tutto fosse diventato improvvisamente così serio, e adulto, e importante. Non lo era, fino a qualche minuto prima, potresti giurarlo. Non lo era. E adesso lo è. È come quando incontri quella ragazzina che per tutti gli anni del liceo avevi desiderato in quanto lapiùcarinadellaclasse, e adesso, dopo un sacco di tempo, la incontri per strada, e ha trent'anni e un marmocchio per mano, e i tratti del volto son gli stessi, è proprio lei non c'è santo, ma nel frattempo è diventata una donna, e tu questo non te lo eri mai immaginato, non avevi mai immaginato che quella ragazzina potesse contenere dentro di sé una donna, che quella bellezza là potesse ospitare questa bellezza qua, bellezza che adesso ti dice be', ci vediamo, e se ne va. La *Prima sinfonia* di Beethoven è una sinfonia di Mozart che si è sposata. Provo a dirlo in termini vagamente più tecnici: nella *Prima sinfonia* tu vedi lo stesso materiale con cui costruivano Mozart e Haydn, ma l'architetto è pazzo: pensa, con quella roba, di fare grattacieli, invece che gazebo da giardino.

State attenti, perché questa non è una svolta qualunque. È *la* svolta. Tutto un patrimonio di tecnica, di sapere, di gusto, tutta una civiltà vecchia di più di un secolo viene presa in mano da un uomo che la guarda e pensa: con questa forza noi possiamo raccontare l'uomo, possiamo raccontare agli uomini se stessi. Adesso sembra scontato ma allora non lo era: allora era una follia da megalomane. Per decenni quella musica era stata fondamentalmente diletto, elegante decorazione, piacevole intrattenimento, tutt'al più emozionante performance, al limite bozzetto della natura e di qualche edulcorato riflesso sentimentale: ma quell'uomo intuì che in tanti anni di perfezionamento, quella musica era diventata una macchina potentissima, capace di fare molto di più: la usavano per tosare il prato, ma volendo ci voleva niente a farne una locomotiva. Questo bisogna capire di Beethoven: lui intuì la donna nei gesti e nei tratti della ragazzina. Lui pensò che quella musica, quel linguaggio e quella civiltà di gusto, poteva raccontare il cuore dell'esperienza umana, il dolore, la speranza, la morte, l'utopia. Nel momento in cui lo pensò, in quel preciso momento, inventò la musica classica. Beethoven non è un compositore di musica classica. È l'inventore della musica classica: che è, appunto, ancor oggi, l'idea di attribuire a un certo linguaggio (quello musicale sette-ottocentesco) la capacità effettiva di tramandare il cuore dell'esperienza umana, e addirittura il cuore vero, non quello simulato dell'Opera settecentesca, no, proprio il buco nero che si trova in fondo, se continui a scavare, senza cautela, il cuore smarrito, quello illeggibile, quello che batte ritmi che non sappiamo ballare. Quando senti la *Prima sinfonia*, e fai finta che sia di Mozart, la prima cosa che ti viene addosso è proprio: il ritmo. Ce n'è troppo, ed è violento, ed è storpiato. È come se Mozart fosse andato a lezione di batteria jazz. Eccolo là il cuore bastardo che inizia a battere, si sente lontano ma ormai è fatta, non lo nascondi più. Avevano inventato la musica classica, e non c'era più niente da fare.

Io la conosco l'obbiezione: e Mozart, e Bach, e Händel, e tutto quello, cos'era, se la musica classica l'ha inventata Beethoven? Forse che loro non avevano ambizioni spirituali, forse che non erano artisti? La conosco l'obbiezione. So che al pubblico della musica classica piace pensare che tutto, da *Gesualdo da Venosa* a *Ligeti*, è spiritualmente alto, è arte, è tensione verso la verità. Ma io non ci credo tanto. Magari mi sbaglio. Ma non ci credo. So che alcuni sprazzi profetici indovinarono quello che sarebbe successo, questo sì: alcune pagine del teatro mozartiano, qualche scheggia delle *Passioni* bachiane... Chi può negare che lì crepitasse la stessa ambizione che Beethoven assunse su di sé? Ma cosa sono quelle poche pagine rispetto alla sterminata letteratura musicale del tempo? E, a voler essere drastici, quanto erano consapevoli? E perché poi alla fine tornavano sempre indietro, e dopo aver composto il *Don Giovanni* pensavano che avesse ancora senso scrivere *La clemenza di Tito*? Come diceva Borges: non ci sono anticipatori: ci sono dei grandi che creano, a ritroso, la grandezza dei loro predecessori. Detta nuda e cruda: se non ci fosse stato Beethoven, siamo sicuri che ameremmo il *Don Giovanni*? Se non fosse passata l'idea che quel linguaggio musicale dovesse cavare il cuore all'uomo, se la musica del Settecento fosse rimasta semplice ostentazione di una civiltà, di un gusto, di un galateo morale, siamo sicuri che non troveremmo quell'opera un po' esagerata, come dire..., fuori luogo, inopportuna? Non avremmo in fondo apprezzato di più Salieri, e la sua misura? Non posso esserne sicuro, ma per spiegarmi: se non ci fosse stato Beethoven, le *Nozze di Figaro* sarebbero un'opera eccentrica, vagamente fuori luogo, e il vero capolavoro dell'opera buffa sarebbe *Il matrimonio segreto* di Cimarosa.

Insomma. Volevo dire che c'è una ragione per cui questo articolo parte dalla prima pagina, e in generale la maratona beethoveniana con Abbado e i Berliner è trattata come un evento quasi sacro. Cioè, ci sono molte ragioni, ma una è: lì si celebrano le origini della musica classica. E ciò che noi chiamiamo musica classica è una di quelle rare, grandi occasioni in cui l'umanità ha cercato di far saltare il banco: ha coniato un linguaggio fortissimo, e con quello è andata a prendersi il proprio cuore. Adesso quell'avventura sembra appannaggio di una piccola élite di attempati benestanti. Ma non è così. È un'illusione ottica. La memoria di quell'avventura è diventata rito di pochi, questo sì: ma quell'avventura riguardava, e riguarda, tutti: quando Beethoven puntava dritto al cuore, non faceva distinzioni. Era un uomo illuminista, ed era abituato a pensare all'uomo, non a differenti target. E la sua musica, come tutta quella che a lui è seguita, dice qualcosa dell'uomo inteso in quel senso lì, dice qualcosa di tutti, racconta l'eroe che noi tutti siamo, non solo Napoleone, racconta la tragedia che noi siamo, tutti, e la fantastica forza che siamo, tutti, non pensate che non vi riguardi, lo scorbutico genio aveva in mente anche voi, nel suo mirino c'erano Bobbio e Taricone, simultaneamente, che ambizione, eh?, non si è più capaci di pensare così in grande, quella sì era una sfida, che sfida, che spettacolo. Da prima pagina.

Poi ci sono altre ragioni, interessanti anche quelle: Abbado, i Berliner, Brendel, Argerich. Anche quella è una cosa che vale la pena di raccontare. Il prossimo articolo, però. (Dimenticavo: sapete una cosa che mi piace di Beethoven? A scuola era un disastro. Da bambino, a scuola, non c'era verso di fargli imparare niente. Soprattutto con l'aritmetica: negato cronico. Volete proprio saperla tutta? Per tutta la vita Beethoven non riuscì ad andare al di là dell'addizione. Voglio dire, la moltiplicazione, la divisione: non le sapeva fare. Fuori dalla sua portata. Non è grande? Non è una cosa che se ci pensi ti raddrizza la giornata? Ammesso che tu abbia giornate da raddrizzare, of course.)

(*11 febbraio 2001*)

Beethoven, Abbado e i Berliner 2

Naturalmente tutti chiedono di Abbado, e dei Berliner, e se davvero siano la meraviglia che si dice, e tu rispondi sì, sono la meraviglia che si dice, e allora loro dicono: in che senso? Già, in che senso?

Mi vengono in mente tre cose. La prima è la forza. La musica beethoveniana è una macchina che produce forza. Lo fa spesso, con una frequenza quasi maniacale, e lo fa perché dietro c'è una precisa idea: gli uomini sono eroi, se vogliamo raccontare gli uomini dobbiamo raccontare degli eroi. La vita è una sfida epica, se vogliamo raccontare la vita dobbiamo raccontare un'epopea. Pronunciare la forza, era un modo di dire il nome dell'uomo. Beethoven sapeva farlo da dio. Il trucco era: niente forza gratuita, slogan vuoti, esplosioni orchestrali senza fondamento. Lui non gridava la forza: la costruiva. Costruiva delle fondamenta, poi incominciava a tirare su il muro, e così via, fino a ottenere la diga, immane. La forza, in lui, non era mai un'esplosione irrazionale: era sempre il risultato di un teorema. Ti arriva addosso, alla fine, quando è chiaro che nient'altro potrebbe succedere che quello, quell'orchestra lanciata a razzo, a squartare, con eleganza solenne, il paesaggio sonoro. Questo modo di lavorare dava a qualsiasi inflessione eroica, epica, un irresistibile sigillo di inevitabilità, di certezza: dava alla forza, una forza sconosciuta.

Ora. Bisogna averci la testa di Beethoven. Molti direttori non ce l'hanno. Molti direttori, di quella forza, riescono ad esibire solo la parte finale: l'eruzione del vulcano: luce, spettacolo, lapilli, okay, tutto bello, ma: pensate uno che invece vi porta sotto terra, vi fa risalire tra le vene nascoste del mondo, vi fa prendere velocità seguendo il rovente rigurgito del ventre del pianeta, e poi vi spara in aria, a illuminare la notte del comune disincanto. Immaginatevi uno che riesce a rendervi visibile ogni singolo passaggio del teorema. Pensate a uno che di quella partita riesce a ricostruire tutte le mosse. Voilà: Abbado. Lui sa ricostruire ogni volta la forza da capo. È un lavoro di pazienza: a parte i muri portanti bisogna anche prendersi cura degli stucchi, e poi le tubature, e i serramenti, e che le scale funzionino, e che ci sia luce, dalle finestre: il fraseggio dei contrabbassi, gli accenti nelle frasette degli strumentini, il suono delle viole, l'esattezza dei timpani. Costruisce. Ho sentito la *Quinta*, lunedì sera, e la cosa accecante era che tutto ciò che ascoltavo suonava come necessario, non so come spiegarlo, era reale perché necessario, si sarebbe interrotto il mondo se una sola di quelle frasi musicali non avesse partorito effettivamente quella dopo, se qualcuno avesse inceppato il gran teorema, era una macchina che di deduzione in deduzione produceva forza (di passaggio anche dolore, poesia, perfino divertimento) ma soprattutto forza, una forza che nessuna debolezza avrebbe potuto spazzare da lì. Tutti eroi, in sala, alla fine. Zoppicanti, confusi, sconfitti, sbolinati finché volete: ma tutti eroi, lo garantisco. E questa era una. Una ragione per credere che Abbado e i Berliner sono la meraviglia che dicono.

La seconda c'entra con la modernità. È una cosa un po' noiosa, volendo, ma importante. Se dirigi Beethoven quello che fai è tramandare un pezzo di passato. Non c'è santo. E con ciò puoi anche pensare che il senso del tuo gesto sia bell'e che finito: tramandare un pezzo di passato. Praticamente è come essere una sala di un museo. Detto così sembra una cosa facile. Non lo è. E infatti molti sono applauditi per il solo fatto di riuscire ad esserlo. Però puoi anche immaginare qualcosa di più complicato: prendere un pezzo di passato e farlo risuonare in mezzo alle strade del presente. Non al riparo in un museo, ma allo scoperto, fuori, dove accade il presente. L'operazione è difficile: come riuscire a mantenersi fedeli al passato diventando, però, moderni? Nel mondo ci sono sei o sette musicisti che, attualmente, sanno rispondere a questa domanda. Una decina, va'. Abbado è uno di quelli. Non che la dica, la risposta, è inutile che gliela chiedi. Però sale sul podio e te la fa vedere. Per me l'ultimo movimento della *Settima* che ho ascoltato a Santa Cecilia, la sera del primo concerto, è una delle migliori risposte mai ascoltate. Passato e presente. Fedeltà al testo e fedeltà al proprio tempo. Niente di eccentrico, ma intanto, anche solo vent'anni fa, quella musica, suonata così, nessuno avrebbe potuto farla. Essendo in gran parte una questione di ritmo e velocità, tu puoi fare due cose: fare finta che non sia successo nulla da Beethoven in poi, e fare la bella statuina e la sala da museo. O arrenderti al fatto che ritmo e velocità sono due pilastri del presente, che li abbiamo reinventati già tre o quattro volte da quando Beethoven scrisse quella musica: quindi avvitarti sul collo la testa di un uomo moderno, salire sul podio e vedere cosa succede. Se sei Abbado quello che succede è una meraviglia.

È una meraviglia anche perché (e questa è la terza cosa) con lui c'erano i Berliner. Non so quante orchestre al mondo riuscirebbero a tollerare il tour de force imposto da Abbado in quel finale della *Settima*. Magari tutte riuscirebbero a correre così veloce, ma quante saprebbero farlo senza perdere pezzi per strada: pulizia, compattezza, pienezza di suono, limpidezza di pronuncia, volume, espressione? Più o meno tutti, soprattutto se costretti perché sotto il tiro di un'arma da fuoco, possono buttarsi giù da un ponte con un elastico legato alle caviglie che ti fa rimbalzare nel vuoto come uno yo-yo. Ma quanti potrebbero farlo senza perdere gli occhiali, recitando *La pioggia nel pineto* e sorridendo alla fidanzata che, imbambolata, assiste all'operazione? I Berliner ci riescono. Stavano lì a rimbalzare in quella specie di labirinto cubista, e sembravano gentiluomini riuniti lì per il tè delle cinque. Latte? Sì, volentieri. Solo un attimo perché sta rimbalzando contro il soffitto. Figurati, non c'è fretta. Ecco, è tornato. Giusto una nuvola, grazie. Cose così.

Davanti a cose così, uno pensa che non gli succederà molte altre volte nella vita, e che poi è solo musica classica, d'accordo, ma intanto quella non è stata una serata qualunque, e mai lo diventerà. Già mi immagino tra un bel po' d'anni, cosa ne farà il ricordo: lieviterà a mito, a racconto epico, a iperbole fantastica. Saremo tutti insopportabili, quando racconteremo questi concerti, avremo davanti giovani che ci guarderanno senza ben capire se crederci o no, e noi tra un'artrite e un bypass, lì a fare gran gesti nell'aria, con le mani, e a dire che adesso certe cose non si sentono più, allora sì, quelli sì erano anni, quella era musica, sentitevi i dischi, e imparate. Saremo insopportabili e meravigliosi. Non vedo l'ora.

(*14 febbraio 2001*)

La Vedova non è sempre allegra

Il mondo dei teatri lirici ha le sue innocenti tradizioni. Una vuole che in vista del Capodanno si metta in cartellone *Die lustige Witwe*, *La vedova allegra*. Champagne e feste tutto il tempo: il nesso è innegabile. Quest'anno c'è cascata, tra gli altri, l'Opéra Bastille, a Parigi, che per tutto dicembre, compresa una spiritosa recita la sera del 31, ha messo in scena il capolavoro di Franz Lehár. Adorno la considerava, senza mezzi termini, musica leggera. Immagino che, in quanto tale, non prendesse in considerazione l'eventualità di ascoltarla. Non sapeva cosa si perdeva (sapeva però un sacco di cose indubbiamente più importanti). Se uno non ha fondato la Scuola di Francoforte, in genere non può non amare *La vedova allegra*. Leggerezza in stato di grazia, stupidità al top dell'eleganza. Il vuoto assoluto, ma quello che rimane nella stanza quando il Tutto va un attimo in bagno. Un vuoto geniale.

Lehár lo confezionò con una musica che non la smette mai di danzare, e quando proprio vuole lasciare il segno prende la via maestra del valzer, scollinando qualsiasi dolore e o intelligenza, e immettendo l'umanità tutta giù per la discesa di quel fatidico tre quarti, irresistibile piano inclinato per gaie apocalissi. *Lippen schweigen/ 's flüstern Geigen/ Hab mich lieb!* (Le labbra tacciono/ i violini mormorano/ Amami!): c'è una melodia più esatta per andare, con classe, in malora? La cosa più allucinante, e in definitiva affascinante, della *Vedova allegra* è la data in cui andò in scena per la prima volta: 1905. L'Impero di cui sarebbe rimasta insuperata icona stava, per l'appunto, andando in malora, lento a morire come il vecchio Imperatore dei romanzi di Roth, e feroce come l'ultima Unione Sovietica. Ma quel che più importa: mancavano nove anni – la miseria di nove anni – all'esplosione della Prima guerra mondiale, cioè di quella che Hobsbawm ha definito la più feroce guerra della storia dell'umanità, e Vonnegut (uno scrittore americano mattacchione) il primo tentativo, fallito, fatto da questo pianeta di suicidarsi (il secondo, dice lui, è stata la Seconda guerra mondiale: fallito anche quello; si attende la terza per vedere come va a finire). Ripeto: nove anni. Stavano sull'orlo dell'Apocalisse e cosa gli viene in mente di fare? *Lippen schweigen, 's flüstern Geigen*. Com'è possibile? Non si accorgevano di niente? C'era uno sciopero dei giornali durato anni? A Vienna erano tutti ubriachi? Possibile che non si accorgessero della polveriera su cui stavano ballando il valzer? Possibile. Me l'ha spiegato un libro.

Il libro si intitola *La nuova colonizzazione*, è uscito da poco per Baldini & Castoldi, e raccoglie i resoconti vari di testimoni che, o perché reporter o perché impegnati in associazioni di volontariato, hanno visto coi loro occhi certe significative pieghe del nostro Impero: non di quello austro-ungarico, del nostro: il ridente villaggio globale dove l'Occidente trionfatore coltiva la propria opulenza. Così, in quattrocento pagine, si incrociano Guatemala, Corea del Nord, Sudan, Algeria, Afghanistan, Brasile, Croazia, Iraq, Congo, Albania, India e così via: in un lieto catalogo del dolore che la colonizzazione prima, e le nuove colonizzazioni adesso, hanno contribuito a generare in giro per il mondo, inseguendo, a nome dell'Occidente vincitore, l'elettrizzante sogno della globalizzazione. In genere, per globalizzazione si intende la curiosa circostanza che ti vede a Bangkok mangiare per due lire lo stesso hamburger che fanno in Connecticut, confezionato in una scatoletta fabbricata in Perú, e commercializzato da una ditta a capitale misto franco-giapponese: uno scanzonato collage. I curatori del libro – quelli dell'U-NA, un'associazione che riunisce sette organizzazioni italiane di solidarietà internazionale – si sono fatti un'idea diversa: la globalizzazione è il dominio dei Paesi ricchi esteso ovunque può essere utile, a qualsiasi costo e con qualsiasi mezzo. Abbastanza una schifezza. Che accade tutti i giorni, ogni giorno dell'anno. E noi? Noi balliamo il valzer. Possibile? Possibile.

L'Impero austro-ungarico metteva insieme, sotto il tallone viennese, dodici Paesi e diciannove nazionalità diverse. Non ci voleva molto per prevedere una catastrofe. Quelli della *Vedova allegra* ci ridono su. Si inventano un regno che si chiama Pontevedro (vaga assonanza con Montenegro) e se lo immaginano in bancarotta: tanto da far dipendere la propria salvezza dal patrimonio di una volubile vedova. Allegra. Tutto si risolve tra una festa all'ambasciata e l'altra, tra corna reali o presunte, e grisettes parigine che danno un tono all'ambiente. In caso di sussulti dell'intelligenza o di nostalgie mitteleuropee, si indica Chez Maxim, accogliente locale parigino, come ideale linimento e definitiva cura. Alla fine chi si ama se lo dice: Lehár stacca note memorabili, e gli amanti ballano. Valzer. Commozione in platea. Possibile? Possibile.

Sentite questa: hanno scoperto, come si sa, che produrre un paio di scarpe in Estremo Oriente invece che in Colorado costa meravigliosamente meno: niente sindacati, molta fame, salari minimi. Non si fa direttamente (è poco carino), si subappalta a una ditta locale. Contenti tutti: là lavorano e quindi mangiano, qui le scarpe costano meno e il mercato si moltiplica. Prodezze della globalizzazione. Ora prendiamo la Nike. Ogni anno dà a Michael Jordan, perché continui a farci sognare le sue scarpe, venti milioni di dollari. Bene: sapete quanti anni dovrebbe lavorare un lavoratore indonesiano per portare a casa la stessa cifra, lui che le scarpe le fa? Ventitremila anni. *Lippen schweigen, 's flüstern Geigen.*

La vedova allegra bisogna andare a vederla al Theater an der Wien, poco fuori dal Ring, a Vienna. Gli orchestrali l'hanno suonata talmente tante volte che si portano da casa delle riviste e le tengono sul leggio, e le leggono quando sul palco si recita e non si canta. Però, quando il comico in scena improvvisa, loro si alzano, perché sono giù, in buca, e da lì non vedono bene, e ridono come matti, applaudono, fanno commenti a voce alta. Poi, con gli occhi ancora pieni di lacrime dal gran ridere si risiedono e attaccano il valzer d'ordinanza, alcuni un po' in ritardo perché sono ancora lì a riporre il fazzoletto con cui si sono rumorosamente soffiati il naso, e naturalmente staccano un 3/4 che solo loro sanno fare così, al mondo, con un rubato dentro e subito dopo un ralenti che non c'è modo di imparare, o ce l'hai o te lo sogni e basta. A *Lippen schweigen, 's flüstern Geigen* si commuovono. Sempre. Ne sono sicuro.

Qualche altro bel numerino? Bene. Nell'allegro villaggio globale di cui siamo fieri gestori, i bambini muoiono di fame. Questo si sapeva. Vogliamo provare a quantificare? Contando solo quelli sotto i cinque anni, sono tredici milioni all'anno. Di fame, non di altro. Solo di fame. Quelli che lavorano (i bambini non dovrebbero lavorare, dovrebbero giocare) sono duecentocinquanta milioni. Via col valzer. E parliamo un po' di guerra e pace. Quelli delle organizzazioni di solidarietà se ne intendono. La storia degli americani gendarmi del mondo non l'hanno bevuta. Non fabbricano pace, dicono: difendono risorse e mercati. Non so se hanno ragione, non ho le prove. Però mi ha colpito un'altra loro osservazione. Le sanzioni economiche, espediente per costringere alla pace, molto amato dai pacifisti e dai politici di buona volontà. Quelli della Croce Rossa internazionale si sono messi a studiare che effetti, realmente, hanno. Risultato: c'è un solo caso in cui si possa dire che siano servite a qualcosa: il Sudafrica. In tutti gli altri casi, quello che sembra evidente è che gli embarghi economici non fabbricano pace ma schiacciano le fasce deboli della popolazione. Iraq: il reddito pro capite, nell'88, era di 355 dollari. È sceso a 65 nel '91 e a 44 nel '92. Hanno fatto dei calcoli, che prenderei con le pinze ma completamente sballati non saranno: il numero dei morti in Iraq per conseguenze dirette dell'embargo è di gran lunga maggiore di quello delle vittime civili durante l'operazione Desert Storm. Meglio bombardare, allora? No. Meglio difendere un principio che non mi sembra peregrino: "L'imposizione di sofferenza alle popolazioni civili è un mezzo inaccettabile per l'ottenimento di fini politici, non importa quanto lodevoli".

All'Opéra Bastille, invece, non era come a Vienna, era tutto molto triste. Brutta regia di Lavelli, orchestra che non ne sa nulla di gaie apocalissi, pubblico serio come al *Parsifal*. La Vedova e Danilo neanche ballavano, a *Lippen schweigen*: ma si può? Per i melomani: la Vedova era Frederica von Stade. Curiosa illusione ottica: guarda te come finisce Cherubino, a lasciargli solo il tempo.

Dunque il titolo è: *La nuova colonizzazione*. Provate. Non è per il piacere di sentirsi cattivi, la Storia non è così semplice, non è mai solo colpa nostra. È per capire su cosa stiamo ballando, con maestria e leggerezza, con del genio, alle volte, niente da invidiare a Lehár, per essere franchi. Anche noi abbiamo i nostri valzer, e ballarli da dio forse fa parte del nostro dettato, ma: sotto il parquet, è guano. Don't forget, please.

(*3 gennaio 1999*)

Il teatro dei fondi pubblici 1

Sotto la lente della crisi economica, piccole crepe diventano enormi, nella ceramica di tante vite individuali, ma anche nel muro di pietra del nostro convivere civile. Una che si sta spalancando, non sanguinosa ma solenne, è quella che riguarda le sovvenzioni pubbliche alla cultura. Il fiume di denaro che si riversa in teatri, musei, festival, rassegne, convegni, fondazioni e associazioni. Dato che il fiume si sta estinguendo, ci si interroga. Si protesta. Si dibatte. Un commissariamento qui, un'indagine per malversazione là, si collezionano sintomi di un'agonia che potrebbe anche essere lunghissima, ma che questa volta non lo sarà. Sotto la lente della crisi economica, prenderà tutto fuoco, molto più velocemente di quanto si creda.

In situazioni come queste, nei film americani puoi solo fare due cose: o scappi o pensi molto velocemente. Scappare è inelegante. Ecco il momento di pensare molto velocemente. Lo devono fare tutti quelli cui sta a cuore la tensione culturale del nostro Paese, e tutti quelli che quella situazione la conoscono da vicino, per averci lavorato, a qualsiasi livello. Io rispondo alla descrizione, quindi eccomi qui. In realtà mi ci vorrebbe un libro per dire tutto ciò che penso dell'intreccio fra denaro pubblico e cultura, ma pensare velocemente vuol dire anche pensare l'essenziale, ed è ciò che cercherò di fare qui.

Se cerco di capire cosa, tempo fa, ci abbia portato a usare il denaro pubblico per sostenere la vita culturale di un Paese, mi vengono in mente due buone ragioni. Prima: allargare il privilegio della crescita culturale, rendendo accessibili i luoghi e i riti della cultura alla maggior parte della comunità. Seconda: difendere dall'inerzia del mercato alcuni gesti, o repertori, che probabilmente non avrebbero avuto la forza di sopravvivere alla logica del profitto, e che tuttavia ci sembravano irrinunciabili per tramandare un certo grado di civiltà. A queste due ragioni ne aggiungerei una terza, più generale, più sofisticata, ma altrettanto importante: la necessità che hanno le democrazie di motivare i cittadini ad assumersi la responsabilità della democrazia: il bisogno di avere cittadini informati, minimamente colti, dotati di princìpi morali saldi, e di riferimenti culturali forti. Nel difendere la statura culturale del cittadino, le democrazie salvano se stesse, come già sapevano i greci del quinto secolo, e come hanno perfettamente capito le giovani e fragili democrazie europee all'indomani della stagione dei totalitarismi e delle guerre mondiali. Adesso la domanda dovrebbe essere: questi tre obbiettivi, valgono ancora? Abbiamo voglia di chiederci, con tutta l'onestà possibile, se sono ancora obbiettivi attuali? Io ne ho voglia. E darei questa risposta: probabilmente sono ancora giusti, legittimi, ma andrebbero ricollocati nel paesaggio che ci circonda. Vanno aggiornati alla luce di ciò che è successo da quando li abbiamo concepiti. Provo a spiegare.

Prendiamo il primo obbiettivo: estendere il privilegio della cultura, rendere accessibili i luoghi dell'intelligenza e del sapere. Ora, ecco una cosa che è successa negli ultimi quindici anni nell'ambito dei consumi culturali: una reale esplosione dei confini, un'estensione dei privilegi, e un generale incremento dell'accessibilità. L'espressione che meglio ha registrato questa rivoluzione è americana: the age of mass intelligence, l'epoca dell'intelligenza di massa. Oggi non avrebbe più senso pensare alla cultura come al privilegio circoscritto di un'élite abbiente: è diventata un campo aperto in cui fanno massicce scorribande fasce sociali che da sempre erano state tenute fuori dalla porta. Quel che è importante è capire perché questo è successo. Grazie al paziente lavoro dei soldi pubblici? No, o almeno molto di rado, e sempre a traino di altre cose già successe. La cassaforte dei privilegi culturali è stata scassinata da una serie di cause incrociate: Internet, globalizzazione, nuove tecnologie, maggior ricchezza collettiva, aumento del tempo libero, aggressività delle imprese private in cerca di un'espansione dei mercati. Tutte cose accadute nel campo aperto del mercato, senza alcuna protezione specifica di carattere pubblico. Se andiamo a vedere i settori in cui lo spalancamento è stato più clamoroso, vengono in mente i libri, la musica leggera, la produzione audiovisiva: sono ambiti in cui il denaro pubblico è quasi assente. Al contrario, dove l'intervento pubblico è massiccio, l'esplosione appare molto più contratta, lenta, se non assente: pensate all'opera lirica, alla musica classica, al teatro: se non sono stagnanti, poco ci manca. Non è il caso di fare deduzioni troppo meccaniche, ma l'indizio è chiaro: se si tratta di eliminare barriere e smantellare privilegi, nel 2009, è meglio lasciar fare al mercato e non disturbare. Questo non significa dimenticare che la battaglia contro il privilegio culturale è ancora lontana dall'essere vinta: sappiamo bene che esistono ancora grandi caselle del Paese in cui il consumo culturale è al lumicino. Ma i confini si sono spostati. Chi oggi non accede alla vita culturale abita spazi bianchi della società che sono raggiungibili attraverso due soli canali: scuola e televisione. Quando si parla di fondi pubblici per la cultura, non si parla di scuola e di televisione. Sono soldi che spendiamo altrove. Apparentemente dove non servono più. Se una lotta contro l'emarginazione culturale è sacrosanta, noi la stiamo combattendo su un campo in cui la battaglia è già finita.

Secondo obbiettivo: la difesa di gesti e repertori preziosi che, per gli alti costi o il relativo appeal, non reggerebbero all'impatto con una spietata logica di mercato. Per capirci: salvare le regie teatrali da milioni di euro, *La figlia del reggimento* di Donizetti, il corpo di ballo della Scala, la musica di Stockhausen, i convegni sulla poesia dialettale, e così via. Qui la faccenda è delicata. Il principio, in sé, è condivisibile. Ma, nel tempo, l'ingenuità che gli è sottesa ha raggiunto livelli di evidenza quasi offensivi. Il punto è: solo col candore e l'ottimismo degli anni sessanta si poteva davvero credere che la politica, l'intelligenza e il sapere della politica potessero decretare cos'era da salvare e cosa no. Se uno pensa alla filiera di intelligenze e saperi che porta dal ministro competente giù fino al singolo direttore artistico, passando per i vari assessori, siamo proprio sicuri di avere davanti agli occhi una rete di impressionante lucidità intellettuale, capace di capire, meglio di altri, lo spirito del tempo e le dinamiche dell'intelligenza collettiva? Con tutto il rispetto, la risposta è no. Potrebbero fare di meglio i privati, il mercato? Probabilmente no, ma sono convinto che non avrebbero neanche potuto fare di peggio. Mi resta la certezza che l'accanimento terapeutico su spettacoli agonizzanti, e ancor di più la posizione monopolistica in cui il denaro pubblico si mette per difenderli, abbiano creato guasti imprevisti di cui bisognerebbe ormai prendere atto. Non riesco a non pensare, ad esempio, che l'insistita difesa della musica contemporanea abbia generato una situazione artificiale da cui pubblico e compositori, in Italia, non si sono più rimessi: chi scrive musica non sa più esattamente cosa sta facendo e per chi, e il pubblico è in confusione, tanto da non capire neanche più Allevi da che parte sta (io lo so, ma col cavolo che ve lo dico). Oppure: vogliamo parlare dell'appassionata difesa del teatro di regia, diventato praticamente l'unico teatro riconosciuto in Italia? Adesso possiamo dire con tranquillità che ci ha regalato tanti indimenticabili spettacoli, ma anche che ha decimato le file dei drammaturghi e complicato la vita degli attori: il risultato è che nel nostro Paese non esiste quasi più quel fare rotondo e naturale che mettendo semplicemente in linea uno che scrive, uno che recita, uno che mette in scena e uno che ha soldi da investire, produce il teatro come lo conoscono i Paesi anglosassoni: un gesto naturale, che si incrocia facilmente con letteratura e cinema, e che entra nella normale quotidianità della gente. Come vedete, i princìpi sarebbero anche buoni, ma gli effetti collaterali sono incontrollati. Aggiungo che la vera rovina si è raggiunta quando la difesa di qualcosa ha portato a una posizione monopolistica. Quando un mecenate, non importa se pubblico o privato, è l'unico soggetto operativo in un determinato mercato, e in più non è costretto a fare di conto, mettendo in preventivo di perdere denaro, l'effetto che genera intorno è la desertificazione. Opera, teatro, musica classica, festival culturali, premi, formazione professionale: tutti ambiti che il denaro pubblico presidia più o meno integralmente. Margini di manovra per i privati: minimi. Siamo sicuri che è quello che vogliamo? Siamo sicuri che sia questo il sistema giusto per non farci derubare dell'eredità culturale che abbiamo ricevuto e che vogliamo passare ai nostri figli?

Terzo obbiettivo: nella crescita culturale dei cittadini le democrazie fondano la loro stabilità. Giusto. Ma ho un esempietto che può far riflettere, fatalmente riservato agli elettori di centrosinistra. Berlusconi. Circola la convinzione che quell'uomo, con tre televisioni, più altre tre a traino o episodicamente controllate, abbia dissestato la caratura morale e la statura culturale di questo Paese dalle fondamenta: col risultato di generare, quasi come un effetto meccanico, una certa inadeguatezza collettiva alle regole impegnative della democrazia. Nel modo più chiaro e sintetico ho visto enunciata questa idea da Nanni Moretti, nel suo lavoro e nelle sue parole. Non è una posizione che mi convince (a me Berlusconi sembra più una conseguenza che una causa) ma so che è largamente condivisa, e quindi la possiamo prendere per buona. E chiederci: come mai la grandiosa diga culturale che avevamo immaginato di issare con i soldi dei contribuenti (cioè i nostri) ha ceduto per così poco? Bastava mettere su tre canali televisivi per aggirare la grandiosa cerchia di mura a cui avevamo lavorato? Evidentemente sì. E i torrioni che abbiamo difeso, i concerti di

Lieder, le raffinate messe in scena di Čechov, *La figlia del reggimento*, le mostre sull'arte toscana del Quattrocento, i musei di arte contemporanea, le fiere del libro? Dov'erano, quando servivano? Possibile che non abbiano visto passare il Grande Fratello? Sì, possibile. E allora siamo costretti a dedurre che la battaglia era giusta, ma la linea di difesa sbagliata. O friabile. O marcia. O corrotta. Ma più probabilmente: l'avevamo solo alzata nel luogo sbagliato.

Riassunto. L'idea di avvitare viti nel legno per rendere il tavolo più robusto è buona: ma il fatto è che avvitiamo a martellate, o con forbicine da unghie. Avvitiamo col pelapatate. Fra un po' avviteremo con le dita, quando finiranno i soldi. Cosa fare, allora?

Tenere saldi gli obbiettivi e cambiare strategia, è ovvio. A me sembrerebbe logico, ad esempio, fare due, semplici mosse, che qui sintetizzo, per l'ulcera di tanti.

1. Spostate quei soldi, per favore, nella scuola e nella televisione. Il Paese reale è lì, ed è lì la battaglia che dovremmo combattere con quei soldi. Perché mai lasciamo scappare mandrie intere dal recinto, senza battere ciglio, per poi dannarci a inseguire i fuggitivi, uno ad uno, tempo dopo, a colpi di teatri, musei, festival, fiere e eventi, dissanguandoci in un lavoro assurdo? Che senso ha salvare l'Opera e produrre studenti che ne sanno più di chimica che di Verdi? Cosa vuol dire pagare stagioni di concerti per un Paese in cui non si studia la storia della musica neanche quando si studia il Romanticismo? Perché fare tanto i fighetti programmando teatro sublime, quando in televisione già trasmettere Benigni pare un atto di eroismo? Con che faccia sovvenzionare festival di storia, medicina, filosofia, etnomusicologia, quando il sapere, in televisione – dove sarebbe per tutti – esisterà solo fino a quando gli Angela faranno figli? Chiudete i Teatri Stabili e aprite un teatro in ogni scuola. Azzerate i convegni e pensate a costruire una nuova generazione di insegnanti preparati e ben pagati. Liberatevi delle Fondazioni e delle Case che promuovono la lettura, e mettete una trasmissione decente sui libri in prima serata. Abbandonate i cartelloni di musica da camera e con i soldi risparmiati permettiamoci una sera alla settimana di tivù che se ne frega dell'Auditel. Lo dico in un altro modo: smettetela di pensare che sia un obbiettivo del denaro pubblico produrre un'offerta di spettacoli, eventi, festival: non lo è più. Il mercato sarebbe oggi abbastanza maturo e dinamico da fare tranquillamente da solo. Quei soldi servono a una cosa fondamentale, una cosa che il mercato non sa e non vuole

fare: formare un pubblico consapevole, colto, moderno. E farlo là dove il pubblico è ancora tutto, senza discriminazioni di ceto e di biografia personale: a scuola, innanzitutto, e poi davanti alla televisione. La funzione pubblica deve tornare alla sua vocazione originaria: alfabetizzare. C'è da realizzare una seconda alfabetizzazione del Paese, che metta in grado tutti di leggere e scrivere il moderno. Solo questo può generare uguaglianza e trasmettere valori morali e intellettuali. Tutto il resto, è un falso scopo.

2. Lasciare che negli enormi spazi aperti creati da questa sorta di ritirata strategica si vadano a piazzare i privati. Questo è un punto delicato, perché passa attraverso la distruzione di un tabù: la cultura come business. Uno ha in mente subito il cattivo che arriva e distrugge tutto. Ma, ad esempio, la cosa non ci fa paura nel mondo dei libri o dell'informazione: avete mai sentito la mancanza di una casa editrice o di un quotidiano statale, o regionale, o comunale? Per restare ai libri: vi sembrano banditi Mondadori, Feltrinelli, Rizzoli, Adelphi, per non parlare dei piccoli e medi editori? Vi sembrano pirati i librai? È gente che fa cultura e fa business. Il mondo dei libri è quello che ci consegnano loro. Non sarà un paradiso, ma l'inferno è un'altra cosa. E allora perché il teatro no? Provate a immaginare che nella vostra città ci siano quattro cartelloni teatrali, fatti da Mondadori, De Agostini, Benetton e vostro cugino. È davvero così terrorizzante? Sentireste la lancinante mancanza di un Teatro Stabile finanziato dai vostri soldi? Quel che bisognerebbe fare è creare i presupposti per una vera impresa privata nell'ambito della cultura. Crederci e, col denaro pubblico, dare una mano, senza moralismi fuori luogo. Se si hanno timori sulla qualità del prodotto finale o sull'accessibilità economica dei servizi, intervenire a supportare nel modo più spudorato. Lo dico in modo brutale: abituiamoci a dare i nostri soldi a qualcuno che li userà per produrre cultura e profitti. Basta con l'ipocrisia delle associazioni o delle fondazioni, che non possono produrre utili: come se non fossero utili gli stipendi, e i favori, e le regalie, e l'autopromozione personale, e i piccoli poteri derivati. Abituiamoci ad accettare imprese vere e proprie che producono cultura e profitti economici, e usiamo le risorse pubbliche per metterle in condizione di tenere prezzi bassi e di generare qualità. Dimentichiamoci di fargli pagare tasse, apriamogli l'accesso al patrimonio immobiliare delle città, alleggeriamo il prezzo del lavoro, costringiamo le banche a politiche di prestito veloci e superagevolate. Il mondo della cultura e dello spettacolo, nel nostro Paese, è tenuto

in piedi ogni giorno da migliaia di persone, a tutti i livelli, che fanno quel lavoro con passione e capacità: diamogli la possibilità di lavorare in un campo aperto, sintonizzato coi consumi reali, alleggerito dalle pastoie politiche, e rivitalizzato da un vero confronto col mercato. Sono grandi ormai, chiudiamo questo asilo infantile. Sembra un problema tecnico, ma è invece soprattutto una rivoluzione mentale. I freni sono ideologici, non pratici. Sembra un'utopia, ma l'utopia è nella nostra testa: non c'è posto in cui sia più facile farla diventare realtà.

(*24 febbraio 2009*)

Il teatro dei fondi pubblici 2

Strano Paese: alle volte sembra morto, altre volte sembra elettrico. Si sveglia a strappi, si direbbe. Sulla faccenda dei soldi pubblici alla cultura è saltato su niente male: un sacco di interventi, in questi giorni, ognuno a dire la sua. Evidentemente abbiamo qualche conto aperto, con quella storia: o conserviamo, nascosta nel controsoffitto della nostra coscienza, l'impressione vaga di non averla mai veramente risolta. Bene. Si aprono i dibattiti perché la gente dibatta: fatto.

Quanto a me, ho più che altro passato la settimana a chiedere alla gente di leggere tutto il mio articolo e non solo il titolo o quel passaggio là, o quella frase lì. È un gioco di pazienza. È come cercare di dettare una ricetta a uno che ti ascolta mentre gioca alla PlayStation: dato che inesorabilmente salta dei passaggi, alla fine il piatto fa schifo, e te lo dice. Ha ragione lui, hai ragione tu. La mia proposta, lo ricordo, era questa (la do in una versione così sintetica che potete tranquillamente continuare a giocare). Primo. Spostare l'attenzione, le intelligenze e le risorse su scuola e televisione perché è soprattutto lì che in questo momento si combatte la battaglia per la difesa dei gesti, dei valori e del patrimonio della cultura. Secondo punto. Abituarsi all'idea che il denaro pubblico può e deve fare un passo indietro venendo via da quella posizione centrale, e spesso monopolistica, che tende ad avere nella vita culturale del Paese. Terzo. Non aver paura di lasciare campo all'iniziativa privata e lavorare, piuttosto, per metterla in condizione, con l'aiuto del denaro pubblico, di andare a lavorare nella direzione della qualità e della diffusione più ampia e giusta possibile. Fine. (Come si vede, non c'è scritto da nessuna parte che sarebbe utile tagliare i fondi alla cultura: si suggerisce di collocarli diversamente, e di usarli al servizio di un modello differente. Se suggerisco di spostare un paziente gravemente malato da un reparto all'altro, pensando così di curarlo meglio, magari sbaglio, ma non c'entro niente con chi suggerisce di prendere il paziente e di sistemarlo in corridoio, che poi si vedrà, se crepa pazienza.)

Questi tre punti descrivono uno scenario: collocano una battaglia giusta e sacrosanta in un gioco diverso, con regole differenti e un campo da gioco ridisegnato. L'unica domanda utile, a questo punto sarebbe: è un modello che ci convince o preferiamo quello che ci siamo scelti anni fa e che è tuttora operativo? Provo a raccogliere gli interventi di questi giorni e azzardo una risposta.

Ad alcuni sembra un modello buono, molto vicino a ciò che da tempo vanno rimuginando; ad alcuni sembra un modello magari brillante ma sostanzialmente inutile, perché tutto si risolverebbe applicando il modello attuale con maggior onestà, trasparenza e rigore; ad alcuni, infine, sembra un modello semplicemente irrealistico, poco più che una ingenua e irresponsabile fantasticheria. Sono tre posizioni che capisco, e che rispetto, soprattutto quando sono porte con eleganza. Spero che vadano in circolo, nel sistema sanguigno dell'intelligenza collettiva, e producano, alla lunga, un passo avanti nel nostro modo di concepire il rapporto tra denaro pubblico e cultura. Una chiosa, però, mi preme farla, ora, a proposito dell'irrealismo, dell'ingenuità, dell'irresponsabilità ecc. Mettete la PlayStation in *pause* e io prometto che sarò brevissimo.

In qualsiasi sistema bloccato, che ha fissato le sue regole e tracciato dei confini, quel sistema è l'unica possibilità: tutto il resto è sogno. Ma se prima sblocchi il sistema, e accetti il campo aperto, molto incauto diventa fare previsioni su cosa è possibile e cosa no. Traduco: fare il teatro lirico in un modo diverso da quello usato dallo Stato attualmente è impossibile fino a che lo Stato farà il teatro lirico in quel modo con la scusa che in altri modi è impossibile. Traduco ancora: nessuno può fare meglio dei Teatri Stabili in un mondo con i Teatri Stabili: ma nessuno può dire che questo sarebbe impossibile in un mondo senza Teatri Stabili. È una faccenda di cambio di scenari, di regole, di confini. Quando vedo tanta, appassionata gente di teatro chiedersi incredula se mi sono bevuto il cervello a immaginare un avvento dell'impresa privata nel loro mondo, riconosco la stessa miscela di buon senso e cecità che mi affascina in altri umani messi di fronte a situazioni simili: i dirigenti della British Airways il giorno prima che aprissero un volo low cost Londra-Dublino, i direttori della Treccani il giorno prima che inventassero Google e Wikipedia, i direttori di giornali l'ultimo giorno prima di vedersi uscire la free-press, gli editori il giorno in cui qualcuno inventò i tascabili, il mobiliere il giorno prima di scoprire che esisteva Ikea, e il mio barista il giorno prima che inventassero Starbucks. Non vorrei si scatenasse un dibattito sul caffè americano e sui comodini Ikea (vedo già il titolo: *Teatri low cost!*). Vorrei solo ricordare che dove l'intervento pubblico non blinda un mercato (e perfino dove lo blinda ma non completamente, come nelle linee aeree), qualsiasi linea di demarcazione tra possibile e impossibile è incauta. Fino al giorno prima, quella era tutta roba impossibile. Dal giorno dopo stava cambiando i nostri gesti, le nostre abitudini, la nostra quotidianità.

Ancora una cosa, l'ultima. Perché c'è un'obbiezione che ho sentito ripetermi fino alla nausea, in questi giorni. Inizia così: "Proprio adesso...". Proprio adesso che ci sarebbero da combattere i tagli del governo tu te ne esci con una proposta di quel tipo? Nella sua formulazione più brusca, l'obbiezione suona così: noi qui a lottare e tu stai lì a portare acqua alla politica del governo. Che dire... Ho già detto e ripetuto che la differenza tra ciò che io propongo e ciò che questo governo fa mi sembra immensa. Ma so anche che non è questo il punto. Il punto è che quello che io dico può essere usato per portare acqua a quella politica. Basta una semplificazione qua, una massiccia censura là, un'aggiustatina... Lo so, è vero. Ma vorrei dire che è un rischio da correre. La cautela strategica ha ucciso fin troppe idee, nella sinistra, in questi anni. Abbiamo idee, soluzioni, visioni, ma non è mai il giorno giusto per dirle a voce alta. Sarà vent'anni che, più o meno confusamente, penso le cose che ho detto e posso testimoniarlo serenamente: non ho mai visto passare un giorno che secondo voi fosse quello giusto per dirle. Sempre stai a disturbare la delicatissima partita a Risiko che state giocando. E invece pensare è un gesto che non può farsi dare il calendario dalla politica. Quando cerchiamo di abbozzare idee formate, schizzare modelli alternativi, immaginare soluzioni inedite, stiamo facendo un gesto lungo, sporto nel futuro: stiamo cercando di arrivare puntuali a un appuntamento che avremo tra anni: non domani, non alla prossima riunione sindacale, non alla prossima seduta della Commissione parlamentare, non alle prossime elezioni. Per quello c'è la politica. Ma riflettere, è un'altra cosa. Una cosa che non dobbiamo temere, anche quando strategicamente è scomoda. Un compito per cui nessun giorno è sbagliato.

(*4 marzo 2009*)

Stavano registrando la puntata speciale dedicata alla musica classica, lì da Fazio, e io aspettavo il mio turno. Vagavo per i corridoi, dietro le quinte, guardando: perché lì, sotto il cofano della televisione, è tutto un motore assurdo, un viavai di uomini proiettile e donne cannone. Magari è gente anche buona, non sto a giudicare, ma è un circo, questo va detto. Di solito è così. E a un certo punto vedo arrivare dal fondo del corridoio un uomo vestito giusto, con un passo un po' da fratello Marx, e uno sguardo da indovino. Aveva l'aria di cercare qualcosa. Guardo bene, ed era Maurizio Pollini.

Nessuno è obbligato a saperlo, ma lui è uno dei quattro, cinque migliori pianisti viventi. Avrò assistito in vita mia a una decina di suoi concerti: non ricordo di aver mai ascoltato una sua parola, in simili circostanze, ma non solo: non ricordo neanche una sua espressione, una faccia, che tradisse qualcosa, un sentimento, un messaggio da far arrivare in platea. Era di un rigore assoluto: era le note che suonava e nient'altro. Lo stesso suo modo di suonare era una gara a cancellare ogni traccia di passaggio umano: non c'erano imperfezioni nelle sue dita, né apparenti concessioni all'estro del momento: snocciolava note come teoremi, e anche Chopin sembrava la deduzione geometrica da un movimento del cuore. Riassumendo, era la quintessenza del vate inaccessibile: certificava una religione dagli altari lontani, e riservati. Adesso eccolo lì, tra uomini proiettile e donne cannone.

Poco dopo mi son trovato a guardare su un monitor Claudio Abbado che dirigeva in mezzo alle telecamere, davanti a un pubblico forzatamente miserello e in nulla dissimile da quello di un qualsiasi talk show. Con fare mite e splendidamente infantile, se ne stava poi a chiacchierare coi suoi amici Barenboim e Pollini, cercando invano di farsi dare del tu da Fazio, e raccontando di suo nonno, che gli aveva insegnato il piacere delle rivoluzioni. Nessuno è obbligato a saperlo, ma lui è uno dei due più grandi direttori d'orchestra viventi. Ci sono tre o quattro podi nel pianeta su cui quando sali sei Dio: lui c'è salito e sceso, con una certa noncuranza, e sempre senza lo spreco di una sola parola. Adesso eccolo lì, microfonato e inseguito dalle luci rosse delle telecamere.

Di per sé uno potrebbe anche prenderla male: il crepuscolo degli dèi, si potrebbe anche pensare. Ma mentre li guardavo, lì sul video, mi sembrava di capire che invece non c'era nulla che somigliasse a una disfatta, nel loro modo di stare lì: c'era solo il senso, stupefacente, di una tregua. Accadeva tutto in una specie di terra di nessuno: sia loro sia la televisione avevano accettato di uscire dalle proprie trincee, e adesso erano lì, in una terra di nessuno, a presentarsi. Poi forse mi sbaglio, ma mi preme dire questo: quel terreno aperto è l'unico terreno che possa generare la cultura in televisione. Nulla è fattibile senza che escano tutti dalle loro trincee. Gli uomini di cultura giù dai loro piedistalli, la televisione via dal suo ottuso egocentrismo. Se il punto di incontro non è lì in mezzo, il risultato è sempre quello di trasmissioni insopportabilmente noiose o uomini di cultura indegnamente mortificati. È difficile trovare quel punto? No. Ho visto Pollini al trucco e i telecameramen con gli occhi lucidi quando Abbado è salito sul podio. Fazio non ha reputato indispensabile chiedere ad Abbado cosa pensa di Muti, e Abbado non ha preteso di portare le telecamere in teatro, ma è andato lui in studio. Piccole cose semplici. Nessun eroismo, direi, solo la saggia disponibilità a mollare qualche spanna di terreno per generare uno spazio diverso, dove incontrarsi. Non sembra francamente una cosa così difficile. Basterebbe la volontà di farlo. Basterebbe accorgersi della voglia che tutti si avrebbe di farlo. Il resto è artigianato, intelligenza, cura: la normale prassi di un lavoro ben fatto. La normalità.

Se decidessimo mai di esercitarla, questa normalità, ciò che potremmo ottenere è qualcosa di molto sottile, che erroneamente identifichiamo con il termine "divulgazione", il nome che diamo al gesto di rendere semplici cose complesse. Naturalmente divulgare è una cosa che la televisione può fare: ma è molto meno di quello che potrebbe fare. La televisione ha un suo tratto popolare, infantile, e ludico: ha un suo modo di illuminare le cose che non necessariamente significa tradurle in volgare, spesso è semplicemente un certo modo di illuminarle. Quel tipo di luce è, per gli intellettuali, inedito e spiazzante: ma è una luce, non una violenza. Intervistando Pollini, l'altro giorno, Fazio a un certo punto ha staccato, tra mille prudenze, una bella domanda: come mai l'arte contemporanea ci piace e invece con la musica contemporanea facciamo una fatica tremenda? La vedete la luce? È come le domande dei bambini. Non c'entra nulla con il rendere semplici cose complesse: c'entra con il *Candide* di Voltaire, con un candore che vede il cuore semplice delle cose complesse. La televisione è lì per fare quelle domande. Noi intellettuali dovremmo essere lì per pronunciare una qualche risposta. Poi ognuno torna nella sua trincea a tessere la propria tela, ma intanto ogni tregua è un'ora rubata alla guerra, e a una separazione che non fa bene a nessuno.

(*5 dicembre 2009*)

Noi e la musica contemporanea

Alle volte la storia della cultura diventa un enigma di tale eleganza da rendere incomprensibile l'istinto dei più a occuparsi di altro. Per rimanere a questioni del tutto marginali, ma su cui ci giochiamo la nostra identità, una cosa che è diventata ormai difficilissima da capire, ad esempio, è il rapporto che c'è tra noi e la modernità novecentesca (chiamiamo infatti moderne cose che nascevano quando morivano i padri dei nostri nonni). Il problema, paradossale, è che spesso il pubblico non ha ancora digerito delle novità che nel frattempo sono diventate reperti del passato. Ciò che è moderno non è più contemporaneo ma è ancora traumatizzante. Che senso ha? È come se fossimo ancora lì che cerchiamo di imparare a usare il magnetofono, senza riuscirci. Ha senso insistere, o è meglio passare direttamente all'iPod?

Nell'articolo che "Repubblica" pubblica oggi, il critico musicale americano Alex Ross aggira la domanda facendone un'altra, ingenua e quindi intelligente. Constatando il fatto, per lui sorprendente, che la gente fa la coda per entrare alla Tate Modern, ma continua a dribblare con cura la musica contemporanea, finisce per chiedersi una cosa. Questa: perché lo stesso pubblico che apprezza la bellezza di un Pollock non riesce ad apprezzare la bellezza di uno Schönberg? Perché la modernità, in musica, continua a risultare così indigesta? La domanda è semplice ma coglie nel segno, e se c'era qualcuno che poteva farla non poteva essere che Ross, uno dei pochi, attualmente, che guardi al mondo della musica classica con intelligenza e senza troppi tabù. Bene, non resta che trovare la risposta.

Ross ci prova, riassumendo risposte altrui e azzardandone una sua: appaiono tutte credibili, comprese quelle su cui lui mostra di coltivare dei dubbi, e che non sono poi tanto infondate. Probabile

che sia la somma di tutte quelle ipotesi a generare il risultato, anomalo, che abbiamo sotto gli occhi. Così come è probabile che altre
spiegazioni si possano trovare e aggiungere. Io mi permetto di an-
notarne una, tanto per non lasciare nulla di intentato. Forse è una
questione, anche, di marketing. Ma non nel senso, innocuo, per
cui se dai un titolo spiritoso al concerto e distribuisci Coca-Cola,
tutto funziona meglio. In un senso più intelligente. Voglio dire che
per lunghissimo tempo la musica colta moderna è stata venduta
come uno sviluppo naturale della musica classica. Se apprezzavi il
cammino che portava da Haydn a Schubert, allora potevi apprezzare il cammino che da Wagner portava a Webern. Se non riuscivi
a farlo, il problema era tuo. Il principio ha trovato per decenni una
sciagurata formalizzazione nella confezione di concerti il cui schema modello era: Bach, Boulez, Brahms. Una cosa breve di un grande classico, una composizione contemporanea, intervallo, e poi
orgia romantica (il disordine cronologico era dettato dal timore di
un fugone dopo l'intervallo). A parte il fastidioso retrogusto da
oratorio salesiano (partitella a pallone, messa, partitona a pallone),
quel modello di concerto imponeva una verità che avrebbe fatto
meglio, piuttosto, a mettere in discussione: che ci fosse una sostanziale continuità tra l'ascolto di un Brahms e di un Boulez: che si
trattasse di prodotti diversi ma fatti per lo stesso tipo di consumo.
Li mettevano nello stesso scaffale del supermercato, se riesco a
spiegarmi. Come ketchup e maionese. Giusto. Ma Chopin e Webern sono davvero, tutt'e due, salse? Io penso di no e penso che
alla lunga il pubblico non abbia perdonato alla musica colta quella
sottile truffa.

Altrove sono stati più onesti. È possibile ad esempio, che il famoso Pollock risulti così più accessibile proprio perché di rado
viene esposto di fianco alla *Gioconda*. L'arte contemporanea sta,
per lo più, in musei di arte contemporanea. Come la danza moderna ha altri circuiti dal balletto classico. Allora è più facile scegliere,
e alla fine apprezzare. Perché gustare Steve Reich non è difficile,
amare Monteverdi neppure, ma tenerli insieme e trovarvi una parentela stretta è un'impresa ostica, spesso insensata, che mette fuori gioco il piacere puro dell'ascolto e genera solo fatica, spesso inutile, e frustrazione. Probabilmente, si fossero avuti la lucidità e il
coraggio di separare le cose fin dall'inizio, sarebbe stata tutt'un'altra storia. Non solo per il pubblico, anche per i compositori. Invece che pretendere di essere amati in nome delle loro ascendenze
genealogiche (la grandezza di Boulez era legittimata da quella di
Wagner che a sua volta era stata legittimata da quella di Beetho-

ven), si sarebbero dovuti giocare il loro destino nel campo aperto dell'ascolto: senza padri e raccomandazioni sarebbe rimasta la loro musica, giusto posta davanti a un pubblico che non avrebbe dovuto riconoscere la sua bellezza, ma scoprirla. La sua bellezza come la sua eventuale bruttezza, va detto. Ma non è andata così. E adesso non è affatto chiaro come si possa tornare indietro, nell'esatto punto in cui tutto si è rotto, e ricomporre il filo di una fiducia, tra compositori e ascoltatori, che sembra davvero perduto.

(*8 gennaio 2011*)

L'amicizia prima di Facebook

Quel che ricordo dell'amicizia ai tempi in cui non esisteva Facebook e nemmeno la Rete, le mail, gli sms l'ho scritto in *Emmaus*, nell'amicizia di quei quattro ragazzini diciassettenni che muovono il romanzo. I libri non sono mai, stupidamente, la verità, ma è vero che noi eravamo più o meno così, come quei quattro. Una cosa che ricordo bene, ad esempio, è che pensavamo l'amicizia come il prolungamento di una fede: fosse religiosa, come nel nostro caso, o anche laica, o politica, non importava. Anche il Toro andava bene. Ma era importante quel credere comune, non sarebbe bastata la simpatia né qualsiasi altra prossimità sentimentale. A tenerci uniti era la certezza che stavamo combattendo insieme una qualche sotterranea guerra, di cui poi non capivamo neanche molto. In definitiva negli amici cercavamo meno un sollievo alle nostre solitudini che non l'iscrizione a un qualche eroismo collettivo. Ciò dava ai legami un tratto di necessità, o forse di sacralità, che ci faceva impazzire. Vi trovavamo una fermezza, un'inevitabilità, che non trovavamo altrove.

Va da sé che non c'erano amici che non lo fossero per la pelle. Come i quattro di *Emmaus*, da ragazzi costruivamo le amicizie su una bolla di dolore. Quando non c'era, ce la inventavamo, credo. Ma sempre ci si riconosceva a partire da una ferita, e ci si voleva bene – e quanto – scambiandoci il segreto della nostra tristezza. Ne sapevano poco le nostre famiglie, e niente il mondo: ma lo spazio di quel penare, che tenevamo segreto, dettava il perimetro di un luogo riservatissimo a cui proprio le amicizie, e solo loro, accedevano. Così essere amici significava condividere un segreto. E scambiare malinconia. Non voglio dire che fossimo depressi o pateticamente romantici (magari lo eravamo anche un po', ma non è quello il punto), voglio dire che quando cercavamo il massimo della vicinanza ci riusciva più facile farlo entrando nell'ombra dei nostri pensieri cupi, perché lì trovavamo la perfezione. L'allegria era meno interessante. Della felicità non ci accorgevamo.

E poiché non esisteva Facebook, essere amici significava fare delle cose. Non parlarne, o raccontarle: farle. Se cerco di ricordare momenti precisi che significassero amicizia, vedo scene in cui sempre stavamo facendo qualcosa. E mai in casa. Esisteva un nesso preciso tra l'alzare il culo per andare a fare cose e il vivere le amicizie. Anche quando ci scrivevamo, era una cosa particolare, accadeva di rado, e allora una lettera era molto più un fatto che un modo di comunicare. Era un gesto. Le telefonate interminabili (ciò che di più vicino riesco a immaginare al chattare odierno) ce le tenevamo per le fidanzate: tra noi sarebbe stato ridicolo. Parlavamo molto, naturalmente, ma era sempre roba cucita in un gesto, e tempo legittimato da altro tempo, speso in un qualche lavorio. Ci sarebbe parso tremendamente vacuo frequentarci via computer. Non avremmo saputo cosa dirci. Quando invece anche solo il "tornare da giocare a pallone" diventava uno spazio perfetto, di camminate memorabili, e parole a lungo covate. C'entravano il sudore addosso, le scarpe slacciate, e il pallone, sporco da far schifo, tra le mani, e farlo rimbalzare. Una finestrella su uno schermo, quello ci sarebbe apparso come un ripiego inspiegabile.

Tutto ciò ci costringe a concludere spesso, usando un termine che è tramontato, che quelle erano amicizie profonde. Tacitamente, intendiamo dire che quelle di Facebook non lo sono. Ma la realtà non è così semplice. Se un termine tramonta un perché ci sarà, e l'estinguersi di un profilo certo, per la parola profondità, qualcosa deve insegnarci. Era il nome che davamo a una certa intensità, ma era un nome probabilmente inesatto. Alludeva a coordinate (superficie, profondità) che il mondo quasi certamente non ha: oggi appaiono come una semplificazione un po' infantile, e stanno all'esperienza reale come un cartone sta al 3D. Strumenti poveri, verrebbe da dire. Così ci resta la memoria di una certa intensità, ma pochi nomi certi per nominarla con esattezza. Per questo trarre delle conclusioni che non siano da bar sembra difficile. Io posso giusto annotare un'osservazione che oltre tutto ha il limite di riferirsi alla mia esperienza personale: in genere la "profondità" che tendo ad attribuire retrospettivamente a quelle amicizie non sembra aver influito sulla loro resistenza al tempo. Alcune se ne sono sparite, altre sono rimaste, come se una regola non ci fosse: ha tutta l'aria di essere una faccenda dannatamente casuale. E se mi trovo ancora appiccicato addosso persone con cui tornavo da giocare a pallone, è vero che tante altre amicizie che erano analogamente "profonde" se ne sono andate con un fare liquido strabiliante, come se non avessero agganci da nessuna parte, e la benché minima forma di necessità. È bastato alle volte uno spostamento minimo, un'inezia, e già non c'erano più. Così quelle che sembravano pietre incastonate si sono svelate pietre appoggiate su qualcosa di sdrucciolevole: e la petrosità è una categoria che solo nella fantasia ha un nesso necessario con la permanenza. Da giovani non potevamo immaginarlo, ma la verità è che si può essere petrosi e provvisori, noi lo eravamo. Rolling stones, come ci insegnò poi qualcuno che, senza saperlo, aveva già capito tutto.

(*30 gennaio 2010*)

La passione di leggere

Una volta ho letto una elegantissima definizione del piacere di leggere: una passione calma. L'ha scritta Franco Moretti e per accompagnare l'uscita della Biblioteca di "Repubblica" la cosa migliore mi è sembrata fare una breve chiacchierata con lui: tra quelli che studiano i libri è, in questo momento, una delle voci più intelligenti e meno banali. È il curatore de *Il romanzo*, la grande opera in cinque volumi di Einaudi. Tra i suoi libri, *Opere mondo*, bellissimo. Studia e insegna all'Università di Stanford, ma la cosa credo sia piuttosto casuale: non ne dedurrei niente circa la fuga dei cervelli italiani all'estero.

"A dire il vero quella definizione l'ho copiata da un economista, Hirschmann. Lui la usava per definire l'ethos commerciale della borghesia tra Sei e Settecento. Una passione tranquilla. Un bell'ossimoro."

Come passione è una faccenda antica o è un'invenzione dei borghesi ottocenteschi?

"No, si può dire che ci sia da sempre. Già con i primi romanzi ellenistici, era così. Se no, uno come Giuliano l'Apostata non si sarebbe preso la briga di tuonare contro i romanzi e chi li leggeva."

Perché per secoli ce l'hanno avuta tutti con il romanzo?

"Perché leggerlo era un piacere, e il piacere non era ben visto dalle istituzioni. E poi perché la letteratura era fatta di menzogne. Adesso noi ci siamo abituati, usiamo la magica parola fiction: ma un tempo faceva effetto che qualcuno intrattenesse la gente raccontandole delle storie inventate, completamente false. Era una cosa destabilizzante."

Tu tornavi a casa e trovavi tua moglie imbambolata a leggere di principesse e cavalieri...

"Più o meno."

Destabilizzante.

"Già."

Secoli a demonizzare i libri e poi adesso a lamentarsi che nessuno legge.

"Non è che proprio li demonizzassero tutti."

No?

"Per dire: mentre Giuliano l'Apostata tuonava, c'erano addirittura dei medici che teorizzavano le facoltà terapeutiche della lettura."

Per curare cosa?

"L'impotenza."

Ah.

"Hanno trovato i documenti, non è uno scherzo."

Probabilmente pensavano alla letteratura erotica.

"Probabilmente."

Rifaccio la domanda: secoli a demonizzare i libri e adesso a lamentarsi che nessuno legge.

"Nessuno legge?"

Dicono.

"Mah."

Possibile che la "passione calma" sia passata di moda?

"A me sembra che resista. Voglio dire: non è invecchiata. Quel che si può dire è che ha molta concorrenza. Si amavano i romanzi per il piacere di seguire un intreccio, e adesso quel piacere è offerto dal cinema. Così come la televisione ha preso su di sé il fascino del racconto a puntate, un genere su cui Balzac o Dickens fecero la loro fortuna. E poi l'elettronica, lei pensi ai videogame, narrazioni anche quelle..."

Eppure il libro resiste.

"Ha resistito benissimo. Il suo successo ha coinciso con l'alfabetizzazione di massa: ancor oggi vive della forza di quella straordinaria avventura collettiva. Bisognerà vedere quando passerà la prossima alfabetizzazione, quella che probabilmente insegnerà a tutti a usare i computer. Allora non lo so cosa succederà. Ma è ancora lontano. Qui all'Università iniziano ad arrivare solo adesso dei giovani che hanno sostituito, integralmente, il libro con uno schermo. E non sono poi tanti."

Ma leggere è mai stato, davvero, un gesto popolare, realmente diffuso? Per esempio, nell'Ottocento, quanti erano a leggere romanzi?

"È difficile dirlo. Le cifre sono traditrici, perché c'erano quelli che leggevano, ma c'erano anche moltissimi che ascoltavano leggere. Magari non sapevano nemmeno leggere, ma qualcuno lo faceva per loro, ad alta voce. Quelli che facevano sigari nelle fabbriche cubane lavoravano mentre qualcuno gli leggeva *Il conte di Montecristo*: nelle statistiche dove sono?"

Va be', ma un'idea vaga la si avrà, no?

"Diciamo che probabilmente a leggere romanzi era il trenta, quaranta per cento della popolazione. Non so se questo significa che era un gesto popolare. Certo in America, per tutto l'Ottocento, i romanzi non raggiunsero la diffusione che avevano i sermoni. Voglio dire: un successo veramente popolare, tipo quello della televisione oggi, è un'altra cosa."

A parte la bella definizione di "passione tranquilla", lei come lo racconterebbe il piacere di leggere un romanzo?

"Io credo che ci siano fondamentalmente due tipi di piacere. Il primo nasce dal gusto di seguire una vicenda in cui i personaggi restano sempre uguali, ma una serie di ostacoli esterni ne rimanda la felicità. Felicità che poi spesso è sintetizzata nell'unione amorosa. Ecco, quello è un tipo molto particolare di piacere. Dà una certa sicurezza, perché i personaggi sono come certezze intoccabili: è il mondo, poi, che li tratta male, e nemmeno per sempre."

Secondo tipo?

"Un po' più sottile. È il piacere di assistere alle trasformazioni di un personaggio. Trasformazioni magari anche in peggio, non importa. Il bello è vederlo cambiare, crescere, diventare qualcun altro. Direi che è un piacere soprattutto ottocentesco: e non ha mai veramente soppiantato il primo."

Guardando la lista dei libri di "Repubblica", mi fa un esempio di quel piacere lì?

"*Dedalus*... o *Il giovane Törless*."

E esempi del primo tipo?

"Be', è più difficile... questi sono tutti libri del Novecento... forse *Cent'anni di solitudine*, benché in un modo molto particolare."

E come lo racconterebbe tutto quel che è successo nel Novecento?

"Diciamo che per un bel pezzo del Novecento il piacere della lettura si è perso per strada. Provo a sintetizzare?"

Provi.

"Come diceva Schönberg: venne in mente che si poteva provare a creare un ordine, nella scrittura, senza ricorrere ai compromessi che erano imposti dall'imperfezione dei nostri sensi. Le Avanguardie furono quello: il tentativo di saltare la nostra imperfezione e ripristinare l'oggettività del materiale. Naturalmente ne vennero fuori libri quasi illeggibili, ma non per questo inutili. A tanti anni da quegli esperimenti, resta la forza di un sogno geniale: fare un salto al di là dei sensi, delle regole della nostra percezione. Saltare di là e vedere che cosa accadeva. Una bella avventura."

Esempi?

"La *Trilogia* di Beckett, Aragon, naturalmente Joyce."

Nella lista non ci sono.

"No, non ci sono."

Quando l'ha letta, la lista, cos'ha pensato?

"Be', innanzitutto che mancavano appunto i libri tosti, per così dire. Che so, *Tre esistenze* di Stein, o *Il contadino di Parigi* di Aragon, o *L'anno nudo* di Pil'njak, o anche solo il Rilke del *Malte*..."

E degli italiani in lista che ne dice?

"Fenoglio!"

Nel senso?

"Nella lista non c'è Fenoglio!"

Non potevano esserci tutti.

"Lo so, lo dico così, è un gioco."

Allora giochi fino in fondo: ci sarà un titolo che l'ha fatta arrabbiare.

"*L'amante*... la Duras, ma suvvia, non scherziamo..."

Leggere romanzi è un gesto difficile?

"In che senso?"

No, voglio dire, visto che si fa tanta fatica a far leggere la gente, dobbiamo dedurre che è un gesto difficile, in qualche modo elitario?

"Be', leggere Beckett, sì, è difficile. Ma Hammett, o Simenon... No, direi che, anzi, il romanzo da sempre è una delle narrazioni che hanno cercato maggiormente di entrare in rapporto con la gente. Ad esempio si è spesso sforzato di usare una lingua standard, a portata di più persone possibili. Certo, magari, nel tempo, le cose sono un po' cambiate. Ma quella ricerca non si è mai interrotta. Posso fare un esempio?"

Prego.

"L'influsso della televisione. Ho letto uno studio di un signore che si chiama Todd Gitlin. Lui ha studiato la lista dei best seller del 'New York Times'. Quindi non si parla solo di alta letteratura: si parla di best seller. Be', è andato a misurare la lunghezza delle frasi: nei libri di cinquant'anni fa e poi, risalendo, fino ai libri di oggi. Ha scoperto che c'era un'unica fondamentale, differenza: quando la televisione è diventata uno strumento di massa, la lunghezza delle frasi si è dimezzata. Come se i libri si fossero rassegnati ad allinearsi ai ritmi e al battito cardiaco della televisione."

Domanda finale.

"Sì."

È un po' ingenua.

"Faccia pure."

Un'umanità che legge romanzi è un'umanità migliore?

"Migliore?"

Sì... in qualche modo migliore.

"Chissà. Non saprei. Dovessi dire, se penso ai secoli passati, a tutti quelli che non sapevano leggere... la parte di umanità cui non venne permesso di leggere... be', io sarei stato dalla loro parte, dovendo scegliere, avrei preferito stare con loro. Ho risposto?"

(*15 gennaio 2002*)

Los Angeles. Convention dei Democratici, metà pomeriggio di un giorno qualunque. Sul palco c'è una Kennedy, ramo laterale, comunque una che può dire mio zio Jfk. Applausi. Poi arriva uno che dalla stazza potrebbe essere una guardia del corpo e invece va al microfono e invita tutti alla votazione. Si tratta di approvare la Platform, il programma. Mi aspetto una qualche procedura piuttosto noiosa e quindi mi alzo. Chi è favorevole dica yes, dice la guardia del corpo. Yes. Chi è contrario lo dica. Silenzio. Bene, approvata, e la guardia del corpo se ne va. Il tutto è durato dieci secondi. Mi risiedo. Sullo schermo gigante parte un film. C'è una guida alpina che racconta di quando ha portato Al Gore sulla vetta di non so che montagna. Dice che a metà se la son vista brutta, una tormenta li aveva fregati, e così lui decise che era il caso di tornare indietro. Fu a quel punto che Al Gore disse: no, si va avanti, siamo qui per salire lassù e lo faremo. We will. E lo fecero. Fine del film. Applausi. Al microfono arriva il governatore delle Hawaii. Dice che i suoi avi giunsero in America, dal Giappone, cento e uno anni fa. Non avevano nemmeno i soldi per pagarsi una casa. E adesso lui è lì, governatore e felice. Thank you e aloha. Una voce che non si sa dove arriva dice che bisogna fare la foto, e che i delegati sono pregati di alzarsi, guardare in un certo punto e possibilmente stare immobili. La cosa dura un po'. Smile, dice la voce, ironica, a migliaia di persone che nella foto saranno puntini colorati. Tutti immobili, comunque. Dura più della votazione. Applausi e via a un nuovo filmato: Missy Jenkins era una ragazza carina e piena di vita: il primo dicembre 1997, dei ragazzi si misero a sparare, nella sua scuola, a Paducah, Kentucky. Lei fu ferita e rimase paralizzata dalla vita in giù. Centinaia di ore spese in cure massacranti, ma al momento di ritirare il diploma lo ha fatto in piedi, camminando sulle sue gambe. Finisce il filmato e lei è lì sul palco, di fianco al suo dottore. Abbozza qualche passo. I Democratici sono per disarmare l'America. Per Missy Jenkins parte un'ovazione.

Cercavo un posto per pensare un po' a cosa diavolo sta diventando la politica in Italia. È un po' fuori mano, ma l'ho trovato. Ad esempio: questa storia della corsa al centro. In Europa è una cosa che ormai abbiamo imparato a conoscere molto bene: cadute la grandi fedi, tutti ad ammassarsi in centro. Qui in America è una cosa abbastanza recente. Aveva iniziato Clinton, otto anni fa, andando a stanare i votanti repubblicani sul loro terreno. Bush ha imparato la lezione, ha messo nel cassetto le tirate da uomo di destra e parla come un kennediano convinto. Il risultato è che, a livello di programmi, la distanza tra i due poli si è ridotta al lumicino. Qualcosa di più che la sfumatura che divide Mastella da Casini, ma comunque sempre lumicino è. Sembra una faccenda di pura strategia politica, ma purtroppo non lo è. Semplificando il panorama politico con la teoria del bipolarismo e spostando i due poli al centro la politica non va, semplicemente, in un luogo: lo crea. Mentre insegue gli elettori, in realtà anche se li trascina dietro, fa del centrismo l'ideologia unica, innalza il buon senso a unica intelligenza rispettabile, impone la logica del moderatismo come sola strategia per governare il reale. Il centro diventa, pensa tu, un valore. *Il* valore. La pressione, in questo senso, è talmente forte che la gente, in assenza di vere posizioni alternative, ormai percepisce le scelte politiche come obbligate, quasi che il pianeta avesse una sorta di pilota automatico e il problema fosse solo quello di trovare un pilota che tenga per finta il volante in mano e che, tutt'al più, sia in grado di intervenire se qualcosa si rompe. Qui in America, ad esempio, gli otto anni di Clinton hanno portato il Paese a un livello di ricchezza mai raggiunto prima. Dice Bush: alla guida poteva esserci chiunque, sarebbe accaduto lo stesso. Lo dice perché gli fa comodo dirlo, ma in certo modo interpreta un sospetto che è di molti. L'idea è che cavalchiamo onde che nessuno sa da dove vengono, quando finiranno, come funzionano. Il luogo delle decisioni diventa un punto invisibile, una qualche autorità sommersa, probabilmente banche e multinazionali, ma poi chissà. Da noi è stata la creazione dell'Unione europea ad assolvere con eleganza questo ruolo di fantasma. L'alibi di doversi allineare all'Europa risolve, nel bene e nel male, qualsiasi conato di dibattito. È un totem indiscutibile a cui si sacrifica ogni immaginazione. Ed è un totem che si pone come necessità oggettiva: dalle norme sul fumo ai diagrammi del Pil, le regole piombano dall'alto come verità ovvie che da sempre stavano lì, solo aspettando che qualcuno decidesse di applicarle. La politica cessa di essere invenzione del possibile e diventa gestione del necessario. In questo modo tutta la complessità di un'intera civiltà, quella occidentale, si coagula intorno a un unico asse, in un'orgia di omologazione che con un colpevole eufemismo si spaccia per pacifica corsa al centro. Non è che si corre al centro: è che non c'è più terreno, altrove. Politicamente, intorno hanno fatto terra bruciata. Si sta lì perché non c'è nessun altro posto dove stare. Lì è un posto che, se sei un elettore, non richiede grande intelligenza. Se devi scegliere il pilota di un aereo che va praticamente da solo, finisce che accondiscendi alla scemenza, e scegli quello che ha la faccia simpatica, la pettinatura che ti va e un bel modo di fare. Per cui diventa fondamentale il ruolo dei media. L'apparenza diventa (quasi) tutto. Fino a che punto si può scivolare, mettendosi su una china del genere? Una convention democratica, ho effettivamente verificato, è il posto giusto per sapere la risposta.

Il luogo è lo Staple Center, cattedrale nuova di pacca consacrata all'entertainment e ai grandi raduni. Qui giocano gli splendidi Lakers di Shaq e Kobe. Qui, da ogni parte degli Stati Uniti sono venuti a giocare la loro partita decine di piloti che fanno volare, sempre a pilota automatico, milioni di persone. Salgono in processione sul palco e hanno tre minuti e mezzo per dire la loro. La loro è un discorsetto smerigliato, una lezione per qualsiasi politico italiano. Di solito è costruito in tre parti. Prima: euforia e fierezza per essere lì. Seconda: incupimento del tono, e breve momento di preoccupazione per i destini del Paese. Terza: trionfale indicazione della strada per vincere y apoteosi final (God bless you). Certe cose non smettono mai di funzionare. *Allegro*, *Adagio*, *Allegro*: lo schema di tante *Sonate* di Beethoven, per dire. Comunque. La prosa è secca, evita troppe subordinate, esclude qualsiasi metafora, si concede una breve citazione, non di più (più gettonato: Kennedy). Battute, poche: una battuta che non fa ridere distrugge più di quanto una battuta riuscita possa costruire. Gesti: pochissimi: fanno troppo ispanico e poi tanto le telecamere, che restano sul primo piano, li perderebbero. In compenso la voce accenta almeno una parola ogni due frasi. Se annoi, sei finito. L'esecuzione, in tutti, è perfetta. Ho dovuto aspettare due giorni per vedere finalmente una simpatica signora del Maryland farsi andare di traverso qualcosa, incespicarsi e tossire. Ho applaudito solo io. Gli altri: impeccabili. Te li immagini che studiano e ristudiano il loro discorso a casa, in ufficio, in macchina, lo ripetono alla moglie e ai figli in pigiama, in memorabili dopocena finita la partita di baseball. Ma la realtà è meno poetica. In realtà leggono. Hanno un gobbo di fronte e due ai lati su cui scorre il testo: tutti invisibili ai più. La cosa fa sì che praticamente loro abbiano solo tre posizioni possibili: guardano dritto, guardano a sinistra, guardano a destra. Naturalmente guardano con uno sguardo piuttosto strano: fanno finta di guardare il pubblico o la telecamera, ma in realtà gli occhi ce l'hanno sul testo che scorre, a grandi lettere, con le parole da accentare sottolineate. Così c'è sempre qualcosa di minuscolo che non funziona, in quello sguardo. Qualcosa di artificiale. Abbinato a quei tre movimenti obbligati, genera l'effetto automa. Pochi sono quelli riescono a far filtrare, da quella maschera da replicanti, una carica umana, una comunicativa vera. Non ci riesce Hillary, che fa il compitino e poco di più. Ci riesce qualche vecchio senatore che ne ha già viste di tutte, o qualche giovane di talento. Lunedì sera, ho visto il migliore: niente da dire: il migliore. È arrivato al microfono, ha ringraziato, poi si è sporto un po' verso la gente e con un sorriso da avance al bar se ne è uscito con un: bello essere tutti qui in California, eh? Chi si vede. Bill Clinton.

(*17 agosto 2000*)

Los Angeles. Parlano, gli automi smerigliati democratici, e, sorpresa, dicono cose di sinistra. Dato che nel loro Dna non c'è la benché minima traccia di comunismo o socialismo, sono una specie di sinistra vergine. Esattamente quel che sogna di essere la sinistra europea. A starci attenti, ti accorgi che la sinistra vergine ha cinque parole d'ordine forti. Le prime tre sono quasi commoventi: assistenza sanitaria per tutti, scuole pubbliche allo stesso livello di quelle private, impegno a disarmare il Paese (non l'esercito, per carità: la gente, quelli che girano con la pistola sul cruscotto). Giuro che, sentite qui, sono cose di sinistra. In Europa farebbero sorridere. Qui no. Le altre due parole d'ordine suonano un po' meno obsolete: difesa dell'ambiente, tutela dei diritti delle donne. Su queste, anche l'Europa sta ancora lavorando. A questo pacchetto di buone intenzioni si aggiunge una curiosa posizione sullo Stato assistenziale. Di solito la frase è: dare alla gente una chance per uscire dalla palude, dalla rete, del Welfare. È Clinton che ha iniziato con questa acrobazia, tipicamente centrista: il Welfare è un dovere, ma anche una trappola. Il disoccupato va aiutato (e da queste parti la cosa non è scontata), ma un disoccupato che vive con i soldi dello Stato è un binario morto, uno spazio bianco, una cellula del Paese immobilizzata. Non basta farla sopravvivere: bisogna rimetterla in movimento. Per il bene suo e del Paese.

Al di sopra di queste indicazioni, la sinistra vergine usa una trinità di superslogan che fa decollare gli entusiasmi. Il primo è molto americano: dare a tutti, e cioè a ognuno, l'opportunità di diventare ciò che vuole diventare. Suona bene, ma è chiaro che può voler dire di tutto. Infatti è una parola d'ordine anche della destra. Il secondo superslogan è più chiaramente anti-repubblicano: siamo il partito della gente, non dei privilegi. Put people first.

Metti la gente davanti a tutto. Scandito bene davanti a una folla di delegati caricati a molla, è una cosa che fa saltare il banco. Comunque, il migliore superslogan è il terzo. Ci si vede dietro la mano di un buon copy. L'ha scandito forte e chiaro Hillary. Leave no child behind. Più o meno: non lasciamoci dietro nemmeno un bambino. Che sembra la frase di un marine pazzo in procinto di radere al suolo un villaggio vietnamita, ma che in realtà significa: stiamo percorrendo a grande velocità la strada del progresso e della prosperità: facciamo in modo che nessuno dei nostri figli possa rimanere indietro.

Questa dei children, dei bambini, è, per loro, un'autentica ossessione. Si può dire che infallibilmente, ogni volta che parlano in pubblico, prima o poi, cascano sui bambini. È come il crepitare di un'antica paura, che continua ad accompagnarli, in modo irrazionale, anche adesso che non ci sarebbe più motivo. È come se fossero ancora dei pionieri che ogni giorno lavorano come bestie e sanno che creperanno prima di vedere i frutti della semina, e allora guardano i loro figli, e i figli sono il senso della loro fatica, e il fallimento dei loro figli sarebbe il loro fallimento. Non è più così, ma quel modo di vedere le cose è rimasto il loro modo di vedere le cose. Dunque: Leave no child behind.

Dopo ore di slogan così, mi son trovato seduto in un bus che mi riportava a casa. Subito fuori dallo Staples Center c'è un enorme quartiere dove vedi solo facce ispaniche. Case cadenti, macchine scassate, giardini spelacchiati. All'angolo tra due strade male illuminate il bus ha rallentato per girare. Era già buio, sera tardi. Lì all'angolo c'è una specie di piccolo parco giochi disastrato. Due porte da calcio, piccoline, fatte con tubi da idraulico e lembi di reti sudicie che penzolano dalla traversa. Cemento per terra, con le erbacce che crescono nelle spaccature. Scheletri di poltrone, intorno, una vecchia coperta, un carrello da supermercato. E dei bambini. Quattro contro quattro, pallone di gomma. Dato che la sola luce è quella, gialla, dell'unico lampione superstite lì intorno, la partita ha qualcosa di surreale, macchiata da zone d'ombra completa: se scatti sull'ala e vai a crossare dal fondo, scompari in un buco nero. Il pallone, in area, ci arriva come sputato dal nulla. I bambini si sono fermati a guardare l'autobus. Io mi sono fermato a guardare i bambini. Leave no child behind.

Non c'è bisogno di conoscere le cifre per capirlo: basta girare un po' l'America a caso, o imboccare una via di Los Angeles e farla da cima a fondo, per capire che si sono lasciati indietro non qualche bambino, ma un sacco di gente. Non se ne sono accorti, là, dentro lo Staples Center? Oppure lo sanno benissimo, ma si raccontano storie? Certo, più che dei mentitori incalliti sembrano allegroni colpiti da un'ilare amnesia. Con la stessa leggerezza con cui, ad esempio, passano quattro giorni di Convention senza mai citare la pena di morte, o ricordando il Kosovo con ottusa fierezza, con quella stessa noncuranza non riescono a rendersi conto che una significativa parte di ciò che dicono è regolarmente smentita a quattro isolati di distanza: non dico nel Terzo mondo; dico dietro l'angolo. Così mi è venuto in mente lo svedese. Lo svedese è il protagonista di un romanzo bellissimo di Philip Roth che si intitola *Pastorale americana*. È uno da Staples Center. Una specie di Al Gore. Quello che giocava da dio nella squadra di football, e poi ha sposato Miss New Jersey, ha ereditato il lavoro dal padre, è un uomo giusto, legato ai valori americani, ricco ma non con protervia, vagamente di sinistra, onesto, felice, meravigliosamente a posto. Non si allontana mai dal dettato di un corretto e civile cammino. Tutto ciò, per quelli dello Staples Center, è un teorema: scientificamente dovrebbe produrre progresso, prosperità, e una generazione in più di beata America. Roth però è uno scrittore crudele, non un governatore democratico. Così, quello che fa quel libro è raccontare lo sfascio della vita dello svedese, l'inopinato ribellarsi della vita quotidiana all'elementare meccanismo di causa-effetto che dovrebbe, da un americano esemplare, far sgorgare un'America esemplare. Il teorema impazzisce, e intorno allo svedese brulicano rovine e domestiche apocalissi.

Allo Staples Center è pieno di svedesi che si rifiutano di perdere la propria fede nel teorema. I fatti contano poco. Si direbbe che non li vedano neppure. Chiusi nel loro set televisivo, storditi da quella interminabile *Domenica In*, si ripetono ossessivamente che tutto va bene, e che la replica di se stessi è il progetto per il futuro. Il vice di Gore, Lieberman, uno che ha l'appeal di Dini, ha staccato una frase, nel suo discorso, che la diceva lunga. A un certo punto ha rischiato il salto mortale e l'ha detto: a quarant'anni da Kennedy, noi, di nuovo, abbiamo una nuova frontiera. Arrivato lì era un po' come uno stopper partito in dribbling nell'area avversaria. Ero curioso di vedere come ne usciva. Ma la nuova frontiera, ha proseguito, non è davanti a noi. Ah no? La cosa si faceva sempre più interessante. Dove diavolo può essere una nuova frontiera? Dietro? La nostra nuova frontiera è dentro di noi. Proprio così ha detto. È dentro di noi. Poi ha detto qualcosa d'altro, ma a me quello bastava. Era esattamente quello che cercavo di capire da giorni, ma non riuscivo a sintetizzare in una frase. Eccola lì la frase. La nuova frontiera è rimanere sul posto, e fare di quel posto un monumento, il migliore possibile, ma immobile. L'elettrizzante piano è: tramutarsi in se stessi.

Cosa può imparare la sinistra europea da una sinistra così? Faccio fatica a capirlo. Penso a quello slogan, Leave no child behind, e mi viene in mente che dopo quattro giorni di lavaggio del cervello, di inesausta digestione di un granitico modello di umanità, senza incrinature e senza dubbi, mi sembra più ragionevole uno slogan opposto. Date ai bambini almeno una chance di rimanere indietro. O di scappare di fianco. O di saltare oltre. Inventatevi qualcosa perché crescano con almeno una piccolissima possibilità di pensare che questo non è l'unico mondo possibile. Lasciateli andare. Tanto non la berranno a lungo questa storia che la nuova frontiera è il giardino di casa vostra, e conquistarla significa tagliare l'erba ogni settimana e non rovinarla quando si fa il barbecue. Prima che arrivino lì con un camion di letame e ve lo scarichino sul vialetto del garage, lasciateli andare.

(*19 agosto 2000*)

La letteratura di Houellebecq

Se ancora esiste una pratica che si chiama letteratura – contraddistinta da un certo dominio tecnico superiore e da un'ardita fedeltà ad antiche, estreme, ambizioni – non sono poi molti gli scrittori che oggi vi si dedicano con risultati memorabili: per quel che ne capisco io, uno è Houellebecq. Per questo, chinarsi su ogni suo libro, anche a costo di uscirne delusi, è un gesto che vale la pena di compiere. Di rado è un'esperienza piacevole: Houellebecq è un pensatore spinoso, prima che uno scrittore capace, e il disprezzo chirurgico con cui prova a fare a pezzi luoghi comuni a cui dobbiamo una parte significativa della nostra buona coscienza rende la lettura dei suoi libri fastidiosa fino alla ripugnanza. Tuttavia, quasi sempre l'intelligenza è affilatissima, e la scrittura non banale. Alte le ambizioni, coerente il gusto. Ce n'è abbastanza per interessarsi a lui: quanto ad amarlo è una conseguenza possibile almeno quanto lo è il detestarlo.

Sottomissione è il suo ultimo romanzo (edito, in Italia, da Bompiani). Un libro placidamente strano, nato, si direbbe, dalla fusione di tre testi differenti: un romanzetto di fantapolitica, un racconto dedicato al mesto declino umano di un accademico parigino e un saggio su J.K. Huysmans, uno dei padri del decadentismo tardo-ottocentesco. La fusione non è proprio riuscitissima (si vedono le cuciture, troppo spesso), e la parte più brillante, senza dubbio, è quella saggistica (tutti a rileggere Huysmans, dopo). A tenere insieme il tutto, assicurando alla lettura una certa gratificazione, ci pensa la mano dell'artigiano, cioè l'abilità della scrittura – un tempo si sarebbe detto lo stile. Quando vuole (e qui vuole) Houellebecq ha questa mirabile capacità di esercitare un dominio assoluto, ma pacato, sulla lingua. Senza sforzo apparente esegue numeri di un certo virtuosismo, ma sempre con l'aria di far un gesto naturale, o scontato. Io ad esempio vorrei capire come fa a tenere su certe frasi lunghe senza che nel transito dall'inizio alla fine non si intrometta il bello scrivere letterario o un qualche esibizionismo barocco. Non è semplicissimo suonare la lingua con arcate così ampie senza appesantirsi per strada; non è scontato saperlo fare senza finire per risultare artificiali. Tuttavia a lui riesce, come provo a mostrare in un passo tra i tanti, che scelgo per l'uso esatto del punto e virgola, segno di punteggiatura coltivato ormai da pochi, raffinatissimi, specialisti. "Non avevo mai avuto la minima vocazione per l'insegnamento – e, quindici anni dopo, la mia carriera aveva solo confermato quell'assenza di vocazione iniziale. Qualche lezione privata in cui mi ero impegnato con la speranza di migliorare il mio tenore di vita mi aveva convinto quasi subito di come la trasmissione del sapere fosse nella maggior parte dei casi impossibile; la diversità delle intelligenze, estrema; e che niente potesse sopprimere o anche solo attenuare tale ineguaglianza fondamentale." Preciso, elegante, naturale. Sembra facile, ma non lo è.

Per il piacere del lettore, a una simile perizia stilistica sono consegnate le pagine su Huysmans, più o meno fuse nella trama del racconto. Non diranno molto a chi non conosce minimamente l'autore di *À rebours*, ma a me hanno fatto ricordare che il miglior libro che ho letto di Houellebecq (dopo *Le particelle elementari*) è un saggio: poche pagine memorabili e urticanti su H.P. Lovecraft. Ogni tanto mi accade di rimpiangere il fatto che taluni romanzieri, pur rispettabili, sottovalutino l'eventualità di essere, come potrebbero, grandissimi saggisti. In questo caso mi sono limitato a chiedermi che problema c'era a scrivere un bel saggio su Huysmans e basta. Ma dev'essere anche una questione di riconoscimento, soldi, e frivolezze varie.

Devo anche aggiungere che il nitore rotondo della prosa di Houellebecq perde molto del suo smalto nelle pagine dedicate, più strettamente, alla vicenda fantapolitica. Lì si scivola spesso in una prosa di servizio, del tutto a portata di scrittori appena educati. D'altronde c'è da chiedersi se il contenuto potesse pretendere qualcosa d'altro. Come forse è noto, Houellebecq ipotizza che in Francia prenda il potere (democraticamente) un partito musulmano moderato, trascinando con lenta fermezza il Paese in una conversione collettiva al way of life dell'Islam: poligamia, antisemitismo, donne velate, addio al laicismo ecc. Per quanto Houellebecq sia molto abile, e in alcuni tratti perfino geniale, nel ricostruire i passaggi di una simile mutazione, l'assunto resta quello che è, cioè una boutade buona per ravvivare una cena con dei colleghi. Forse mi sfugge qualcosa, ma francamente vendere per verosimile quella Francia lì presume una disponibilità esagerata, quasi infantile, a sottovalutare la complessità della situazione. Non dico la gravità, dico la complessità: tenere almeno conto degli immensi incroci di potere che stanno sullo sfondo della frizione tra Occidente e Islam è il minimo che si dovrebbe pretendere. Così come francamente ridicolo, se posso permettermi, è il riferimento ossessivo alla Francia, come se il resto del pianeta non esistesse: un modo di vedere le cose che poteva avere un senso due secoli fa, ma oggi, onestamente, sa di miopia niente male. Per cui resta la battuta ad effetto, e l'esercizio non sgradevole di pensare l'inverosimile: ma mi resta da capire che bisogno c'era di scomodare la letteratura. Un pamphlet brillante era più che sufficiente.

D'altronde la letteratura è se mai dispensata, in *Sottomissione*, in quello che sembra essere, al di là degli echi mediatici, il vero nervo centrale del libro e in definitiva la sua ragion d'essere: il racconto dello strisciante declino, grottesco e rancoroso, di un cattedratico di mezza età: un naufrago meticoloso, destinato a confondersi con il naufragio della civiltà che l'ha prodotto. Lì le pagine apprezzabili non mancano, e Houellebecq può dedicarsi ai suoi numeri migliori: la ferocia del disprezzo, la cattiveria dello sguardo, la disponibilità a guardare il male in faccia. Sicuramente, per quello che ne capisco io, l'ha fatto meglio, però, in altri libri. Qui è un po' tutto già sentito. D'altronde, se la cosa da raccontare è quel che succede a un uomo colto quando il suo corpo e la sua mente registrano la fine dell'età d'oro e il premere di un qualche crepuscolo (in genere odiare tutti e perdere la testa per qualche studentessa), tutto quello che c'è da dire l'ha detto Roth, e il resto l'ha puntualizzato Coetzee: l'hanno anche fatto con tutta l'ironia auspicabile e la ferocia necessaria, in libri che giustificano pienamente, e senza compromessi, la sopravvivenza di un termine come letteratura. Francamente il professore di Houellebecq, con le sue reticenze, la sua viltà lucida, i suoi mesti riti sessuali e la sua intelligenza da salotto, non aggiunge un granché, e difficilmente può assurgere a personaggio memorabile. Lo si accompagna volentieri, perché no, sulla via della sua disfatta poco spettacolare: ma, ecco, non di rado pensando ad altro.

(*20 gennaio 2015*)

Senza più Eco

Semplifico: era il più grande. Lo era in uno sport molto particolare, che a molti può sembrare un lusso noioso come il polo, e che invece può essere incantevole, e lo dico senza vergogna: fare gli intellettuali. Forse ad alcuni ne sono sfuggite le regole, quindi le ricordo: si vince quando si comprende, racconta o nomina il mondo. Fine. Periodicamente, in quello sport arriva qualcuno che non si limita a giocare da dio: quelli entrano in campo, giocano, e quando escono, il campo non è più lo stesso. Non nel senso che lo hanno rovinato: nel senso che nessuno aveva pensato a usarlo in quel modo, nessuno aveva visto prima quelle traiettorie, quella velocità, quella tattica, quella leggerezza, quella precisione. Tornano negli spogliatoi, e si lasciano dietro uno sport che non è più lo stesso, campioni che sono diventati dinosauri in un pomeriggio, e praterie di gioco da inventare per chi ne avrà il talento. Sono fenomeni, e averli visti giocare va considerato, sempre e comunque, un privilegio. Eco era uno di loro, e se penso al pezzo di Storia in cui sono cresciuto, passando dallo stupore frenetico del ventenne alla meraviglia assorta del cinquantenne, me ne vengono forse in mente altri due o tre, grandi come lui: ma nessuno che fosse nato qui.

Naturalmente bisognerebbe riuscire a spiegare quale fu la sua rivoluzione, e farlo in un modo che tutti lo possano comprendere. Un tipico esercizio in cui lui sarebbe stato bravissimo. Potrei provarci così: capì che il cuore del mondo non stava immobile in un tabernacolo sorvegliato dai sacerdoti del sapere: comprese che era nomade, capace di spostarsi nei posti più assurdi, di nascondersi nel dettaglio, di espandersi in archi di tempo colossali, di frequentare qualsiasi bellezza, di battere dentro a un cassonetto e di sparire quando voleva. Non fu il solo: ma mentre altri ne uscirono sgomenti, o storditi, o increduli, lui trovò la cosa naturale, ovvia, piuttosto funzionale e, diciamolo pure, discretamente divertente. Così insegnò che il sapere non era solo un dovere, ma anche un piacere: e che era riservato a gente in cui forza e leggerezza, memoria e fantasia, lavorassero una dentro l'altra e non una contro l'altra: gente con il coraggio, la determinazione e la follia degli esploratori. Non si limitò a spiegarlo, ne fece una prassi. È quello che ci ha lasciato: più che una teoria, una serie di esempi, di gesti, di comportamenti, di colpi, di mosse. Era il suo modo di giocare. Una sua certa idea di mondo, se posso usare questa frase.

Valga, per tutti, l'esempio del *Nome della rosa*. Forse lo sopravvaluto, ma, come ho già avuto modo altrove di dire, io penso che sia il libro che ha inaugurato una nuova stagione dei libri: quella in cui un romanzo non è tanto figlio di un incesto tra consanguinei, cioè l'erede stretto di una dinastia, quella letteraria: ma è lo spazio in cui narrazioni, abilità, tradizioni e saperi completamente diversi vanno ad abitare insieme: una sorta di centro magnetico capace di raccogliere pezzi di mondo esiliati da ogni parte. Di letterario, nel *Nome della rosa*, c'era giusto la laccatura, l'atmosfera, il sapore di fondo: tutto il resto era una sorta di rave di saperi e bellezze che si erano andati lì a incontrare, per ragioni misteriose. Poteva essere una chicca da cattedratico brillante, e bon. Uno di quei libri che poi si tengono sul tavolo basso, per fare bella figura. Invece intuiva un mondo che era già il nuovo modo, sotto la pelle di quello vecchio: finì nelle tasche di tutto il pianeta, e ancora è lì, e da lì non ha nessuna intenzione di spostarsi.

Verrebbe da dire, dunque, che oggi quell'uomo si lascia dietro un vuoto enorme. Ma in questo momento mi viene da riconoscergli la grandezza di aver lasciato, piuttosto, dietro di sé, una frontiera enorme, una sorta di epico West da cui in tantissimi, e ormai da tempo, liberiamo le nostre più modeste scorribande. In un certo senso, siamo ancora lì a colonizzare terre di cui lui, insieme ad altri pochi visionari, aveva intuito l'esistenza. Non sembra un compito prossimo alla fine, quindi qualcosa di quell'uomo continuerà a respirare in ogni colle che sapremo valicare, e in ogni terra da cui sapremo ottenere dei frutti. Sarà inevitabile, e giusto. Un omaggio lunghissimo che ci sarà delizioso riservargli.

(21 febbraio 2016)

1976, la prima volta di "Repubblica"

La cosa incredibile è che se mi concentro bene riesco a tornare indietro alla sensazione precisa di quando avevo diciassette anni e uscì il primo numero di "Repubblica" e io lo comprai. È passato talmente tanto tempo che la sensazione è trasparente, se solo mi fermo a osservarla si disfa. Ma il gusto, a distanza di anni, è ancora là, intatto. Lo riassumerei così: stavo là, con quel giornale in mano, e quella cosa non era mai esistita prima. Voglio dire: non era un giornale diverso: era qualcosa che non esisteva. Le dimensioni, i titoli, la grafica, la larghezza delle colonne, quelli che ci scrivevano, il modo in cui scrivevano. Non c'era la terza pagina, c'era una specie di doppia pagina centrale. C'era una vignetta in una pagina di commenti intelligenti (una vignetta!?). Non vorrei urtare la sensibilità dei più giovani: ma devo registrare il fatto che non c'erano pagine di sport.

I titoli non c'entravano con quelli che ero abituato a leggere sui quotidiani: navigavano un po' nel vuoto, metà piccoli metà grandi, "L'INCARICO A MORO ma la sfida è sull'economia", sembravano degli appunti presi a una riunione, su un tovagliolino del bar. Adesso, a riprendere tra le mani quel numero 1, l'impressione è di un giornale disegnato da un art director bulgaro appena uscito da un grave lutto in famiglia: ma bisogna invece capire che allora, il 14 gennaio 1976, quei fogli invece raccontavano di gente libera, piuttosto allegra, a cui andava di reinventare tutto e non mancava la presunzione, o la follia, per pensare che sarebbero riusciti a farlo. Io, nel mio piccolo, ero così: divenne il mio giornale. (Lo sport, per anni, ho dovuto leggerlo su "La Stampa", al bar.)

Mi son messo anche un po' a rileggerlo, quel mitico numero 1, e mi sono dato ragione (non mi accade così spesso come si potrebbe pensare). Nel senso che effettivamente quelli scrivevano in un modo che sembrava fatto apposta per far sbiellare un diciassettenne tipo me. L'inchiesta di Bocca sull'Innocenti me la sono riletta tutta (e sì che neanche mi ricordavo che esisteva, l'Innocenti). C'è un'intervista all'onorevole De Martino (idem) che è sublime. Fatta da Scalfari. Già alla sesta riga è lì a parlare dei canarini che De Martino teneva in casa. Adesso, nel 2016, può accadere che parlino solo dei canarini tenuti in casa, ma ai tempi, giuro, non eravamo abituati a quelle cose lì. Era un nuovo mondo.

La prova finale del fatto che fosse un mondo irresistibile è a pagina 13. C'è un'intervista a Bernardo Bertolucci (sono le pagine della cultura). Particolare delizioso: l'intervista è fatta da Alberto Arbasino (come se vi facessero vedere una vecchia partita di tennis in cui Federer fa il raccattapalle). Ed ecco com'è l'intervista: Arbasino fa una domanda (fantastica: "Allora, com'è venuto questo Novecento?"). Segue, irragionevolmente, una risposta di centinaia di righe... Nel pezzo compaiono forse due altre domande, ma non è chiaro. Più che altro è un fluviale monologo di Bertolucci, praticamente un saggio letterario.

Erano pazzi, credetemi.

Infatti, se il mondo fosse logico, avrebbero dovuto fallire in un mesetto. E invece erano pazzi astuti, abilissimi, e forti. Ed eccoci qua. Chapeau.

(*15 gennaio 2016*)

Cari critici

Questo è un articolo che non dovrei scrivere. Lo so. Me lo dico da me. E lo scrivo.

Dunque. La scorsa settimana, su queste pagine, esce un articolo di Pietro Citati. Racconta quanto lo ha deliziato mettersi davanti al televisore e vedere i pattinatori-ballerini delle Olimpiadi. Lo deliziava a tal punto – scrive – che "dimenticavo tutto: le noie, le mediocrità, gli errori della mia vita; dimenticavo perfino l'*Iliade* di Baricco, e la vasta e incomprensibile ottusità dei volti di Roberto Calderoli e di Alfonso Pecoraro Scanio". Io ero lì, innocente, che mi leggevo con piacere l'esercizio di stile sull'argomento del giorno e, trac, mi arriva la coltellata. Va be', dico. E, giusto per mite rivalsa, lascio l'articolo e vado a leggermi l'Audisio.

Qualche giorno dopo, però, vedo sull'"Unità" un lungo articolo di Giulio Ferroni sull'ultimo libro di Vassalli. Bene, mi dico. Perché mi interessa sapere cosa fa Vassalli. Malauguratamente, alcuni dei racconti che ha scritto sono sul rapporto tra gli uomini e l'automobile. Mentre leggevo la recensione sentivo che finivamo pericolosamente in area *Questa storia* (il mio romanzo che parla anche di automobili). Con lo stato d'animo dell'agnello a Pasqua vado avanti temendo il peggio. E infatti, puntuale, quel che mi aspettavo arriva. Al termine di una lunghissima frase in cui si tessono (credo giustamente) elogi a Vassalli, arriva una bella parentesi. Neanche una frase, giusto una parentesi. Dice così: "Che distanza abissale dalla stucchevole e ammiccante epica automobilistica dell'ultimo Baricco!". E voilà. Con tanto di punto esclamativo.

Ora, nessuno è tenuto a saperlo, ma Citati e Ferroni sono, per il loro curriculum e per altre ragioni per me più imperscrutabili, due dei più alti e autorevoli critici letterari del nostro Paese. Sono due mandarini della nostra cultura. Per la cronaca, Citati non ha mai recensito la mia *Iliade*, e Ferroni non ha mai recensito *Questa storia*. Il loro alto contributo critico sui miei due ultimi libri è racchiuso nelle due frasette che avete appena letto, seminate a infarcire articoli che non hanno niente a che vedere con me. È un modo di fare che conosco bene, e che è piuttosto diffuso, tra i mandarini. Si aggirano nel salotto letterario, incantando il loro uditorio con la raffinatezza delle loro chiacchiere, e poi, con un'aria un po' infastidita, lasciano cadere lì che lo champagne che stanno bevendo sa di piedi. Risatine complici dell'uditorio, deliziato. Io sarei lo champagne.

Potrei dire che non me ne frega niente. Ma non è vero. Mi ferisce poco la gomitata assestata a tradimento, ma mi offende molto il fatto che sia tutto ciò di cui sono capaci. Mi sorprende il loro sistematico sottrarsi al confronto aperto. La critica è il loro mestiere, santo iddio, che la facciano. Cosa sono queste battutine trasversali messe lì per raccogliere l'applauso ottuso dei fedelissimi? Vi fa schifo che uno adatti l'*Iliade* per una lettura pubblica e lo faccia in quel modo? Forse è il caso di dirlo in maniera un po' più argomentata e profonda, chissà che ci scappi una riflessione utile sul nostro rapporto con il passato, chissà che non vi baluggini l'idea che una nuova civiltà sta arrivando, in cui l'uso del passato non avrà niente a che fare con il vostro collezionismo raffinato e inutile. E se trovate così stucchevole un libro che centinaia di migliaia di italiani si affrettano a leggere, e decine di Paesi nel mondo si prendono la briga di tradurre, forse è il caso di darsi da fare per spiegare a tutta questa massa di fessi che si stanno sbagliando, e che la letteratura è un'altra cosa, e che a forza di dare ascolto a gente come me si finirà tutti in un mondo di illetterati dominati dal cinema e dalla televisione, un mondo in cui intelligenze come quelle di Citati e Ferroni faranno fatica a trovare uno stipendio per campare.

Si dirà che è un diritto dei critici scegliersi i libri di cui scrivere. E che anche il silenzio è un giudizio. È vero. Ma non è completamente vero. Lo so che per persone intelligenti e colte come Citati e Ferroni i miei libri stanno alla letteratura come il fast food alla cucina francese, o come la pornografia all'erotismo. Per usare una frase di Vonnegut che mi fa sempre tanto ridere, mi sa che per loro i miei libri, nel loro piccolo, stanno facendo alla letteratura quello che l'Unione Sovietica ha fatto alla democrazia (non si riferiva a me, Vonnegut, che purtroppo non sa nemmeno che esisto). Ma quale arroganza intellettuale può indurre a pensare che non sia utile capire una degenerazione del genere, e magari spiegarla a chi non ha gli strumenti per comprenderla? Come si fa a non intuire che magari i miei libri sono poca cosa, ma lì i lettori ci trovano qualcosa che allude a un'idea differente di libro, di narrazione scritta, di emozione della lettura? Perché non provate a pensare che esattamente quello – una nuova, sgradevole, discutibile idea di piacere letterario – è il virus che è già in circolo nel sistema sanguigno dei lettori, e che magari molta gente avrebbe bisogno da voi che gli spiegaste cos'è questo impensabile che sta arrivando, e questa apparente apocalisse che li sta seducendo? Non sarà per caso che la riflessione nel campo aperto del futuro vi impaurisce, e che preferite raccogliere consensi declinando da maestri mappe di un vecchio mondo che ormai conosciamo a memoria, rifiutandovi di prendere atto che altri mondi sono stati scoperti, e la gente già ci sta vivendo? Se quei mondi vi fanno ribrezzo, e la migrazione massiccia verso di loro vi scandalizza, non sarebbe esattamente vostro degnissimo compito il dirlo? Ma dirlo con l'intelligenza e la sapienza che la gente vi riconosce, non con quelle battutine, please. Per quello che ne capisco, i miei libri saranno presto dimenticati, e andrà già bene se rimarrà qualche memoria di loro per i film che ci avranno girato su. Così va il mondo. E comunque, lo so, i grandi scrittori, oggi, sono altri. Ma ho abbastanza libri e lettori alle spalle per poter pretendere dalla critica la semplice osservanza di comportamenti civili. Lo dico nel modo più semplice e mite possibile: o avete il coraggio e la capacità di occuparvi seriamente dei miei libri o lasciateli perdere e tacete. Le battute da applauso non fanno fare una bella figura a me, ma neanche a voi.

Ecco fatto. Quel che avevo da dire l'ho detto. Adesso vi dico cosa avrei dovuto fare, secondo il galateo perverso del mio mondo, invece che scrivere questo articolo. Avrei dovuto stare zitto (magari distraendomi un po' ripassando il mio estratto conto, come sempre mi suggerisce, in occasioni come queste, qualche giovane scrittore meno fortunato di me), e lasciar passare un po' di tempo. Poi un giorno, magari facendo un reportage su, che ne so, il Kansas, staccare lì una frasetta tipo "questi rettilinei nella pianura, interminabili e pallosi come un articolo di Citati". Il mio pubblico avrebbe gradito. Poi, un mesetto dopo, che so, andavo a vedere la finale di baseball negli Stati Uniti, e avrei sicuramente trovato il modo di chiosare, in margine, che lì si beve solo birra analcolica, "triste e inutile come una recensione di Ferroni". Risatine compiacenti. Pari e patta. È così che si fa da noi. Pensate che animali siamo, noi intellettuali, e che raffinata lotta per la vita affrontiamo ogni giorno nella dorata giungla delle lettere...

Purtroppo però non è andata così. Il fatto è che l'altro giorno ho visto il film su Truman Capote. Si impara sempre qualcosa spiando i veri grandi. Lui in quel film è così orrendo, spregevole, sbagliato, megalomane, imprudente, indifendibile. Mi ha ricordato una cosa, che talvolta insegno perfino a scuola, e che però mi ostino a dimenticare. Che il nostro mestiere è, innanzitutto, un fatto di passione, cieca, maleducata, aggressiva e vergognosa. Posa su una autostima delirante, e su un'incondizionata prevalenza del talento sulla ragionevolezza e sulle belle maniere. Se perdi quella prossimità al nocciolo sporco del tuo gesto, hai perso tutto. Scriverai solo cosette buone per una recensione di Ferroni (no, scherzo, davvero, è uno scherzo). Scriverai solo cosette che non faranno male a nessuno. Insomma è tutta colpa di quel film su Truman Capote. D'improvviso mi è sembrato così falso starmene lì, come una bella statuina, a prendere sberle dal primo che passa. È una cosa che non c'entra niente col mestiere che è il mio.

Vedi, se me ne stavo a casa a vedere Lazio-Roma, oggi eravamo tutti più sereni e tranquilli. E penosi, of course.

(*1 marzo 2006*)

Giulio Einaudi, grazie

Al telegiornale, dopo raffiche di guerra paradossale, compare la foto di Giulio Einaudi, e Lilli Gruber dice che è morto. Sono strane le cose che ti tornano in mente, in momenti come quelli. Non lui – conosciuto appena, d'altronde – ma i "suoi" libri.

Mi ricordo il primo – il primo comprato, posseduto, e a poco a poco distrutto – che era l'*Antologia di Spoon River*. Con le orecchie nelle pagine più belle, e il mitico bianco Einaudi diventato nel tempo grigio e un po' marrone e alla fine decorato da macchie eroiche. Mi ricordo *Tenera è la notte*, cento volte iniziato e mai finito perché era americano e allora non avevo capito niente dell'America. Mi ricordo i libri di poesia, comprati perché costavano poco, e si sceglieva a caso, magari finivi su Trakl e non si capiva niente, ma era come ascoltare la voce di profeti che un giorno, ne eri sicuro, avresti incontrato. Mi ricordo *L'uomo senza qualità*, e quelli che avevano letto anche il secondo volume, anche se non sapevano proprio esattamente dire come andava a finire. Mi ricordo *Le città invisibili*, che sembravano scritte dallo stesso che aveva scritto l'*Antologia di Spoon River*, ma dopo esser diventato vecchio, e intelligente, e disincantato, e sparato nel futuro. Mi ricordo il momento esatto in cui iniziavi a studiare sui libri Einaudi, non più a leggerli soltanto, proprio li dovevi studiare, ed era come essere entrati in un club esclusivo. Il primo, un libro di Jemolo su Chiesa e Stato. Come essere diventati grandi. Mi ricordo la prosa durissima e bellissima di Adorno, le allegre annotazioni dei *Minima Moralia* ("Normale è la morte"), le ultime commoventi pagine della *Dialettica negativa*, o le acrobazie sintattiche della *Teoria estetica*. E mi ricordo quando poi leggevi Benjamin e scoprivi da chi Adorno aveva copiato. Mi ricordo la noiosissima *Enciclopedia*, che però si leggeva con fede assoluta, come se l'avesse fatta Diderot.

Mi ricordo Gozzano in un'edizione così bella che sembravano belle anche le sue poesie. Mi ricordo i libri di Lacan, e la vertiginosa sensazione di non capire nulla, ma proprio assolutamente e definitivamente nulla. Mi ricordo il tascabile del *Tractatus* di Wittgenstein, letto come una poesia geometrica, con l'ultimo verso, bellissimo. Mi ricordo *Il giovane Holden*, perché aveva una copertina bianca incorniciata nel bianco, e quel silenzio non ho mai smesso di studiarlo. Mi ricordo che *La peste* di Camus era fatto da Bompiani, ed era giallo, e questo era strano, ti dava la strana impressione di un libro esule, o che si era dimenticato l'indirizzo esatto della festa. Mi ricordo la *Breve storia della musica* di Mila, così consumata da far senso. Se però te lo perdevano, potevi anche ammazzare. Mi ricordo un libriccino intitolato *Mi ami?*, regalato a decine di fidanzate, costava anche poco. Era di Laing. Mi ricordo che non c'era mai la foto dell'autore, su quei libri, e quando ho smesso di rimpiangerla ho iniziato a capire qualcosa di libri. Mi ricordo il gorgo infernale del rateale Einaudi. Piacere e dolore nello stesso tempo, direbbe Boldi (non è un autore Einaudi, ma visti i tempi, capace che lo diventa). Mi ricordo quando mi hanno regalato un'edizione vecchia del *Tristram Shandy*, con un pattinatore in copertina, e il libro era così ben fatto, i caratteri, gli spazi, il peso, tutto era così esatto che da quel momento e poi per sempre io son stato dalla parte di Sterne, e cioè della letteratura che viene ingoiata da se stessa, e lo fa ridendo. Mi ricordo il primo libro di uno che si chiamava De Carlo, e la sensazione strana di intuire che si poteva essere italiani e scrivere in un modo diverso. Poi è andata come è andata. Mi ricordo i Saggi Einaudi, quelli con la cornice arancione, o rossiccia, un colore strano. Non importava l'argomento: si comprava quello che si trovava sulle bancarelle. Ma da quei libri eri disposto a imparare qualsiasi cosa. Mi ricordo tanti di quei libri da andare avanti per ore. E mi ricordo di aver incontrato Giulio Einaudi quattro o cinque volte, e di non avergli mai detto qualcosa che assomigliasse, almeno lontanamente, a un grazie. Dice Lilli Gruber che adesso è troppo tardi.

(7 aprile 1999)

Entr'acte 2

Avignone

Non so gli altri, ma io, quando penso al Teatro, mi vedo davanti, all'istante, uno splendido animale morente. A volte mi accade perfino di chiedermi per un attimo se non è già morto: scopro rapidamente che non lo è mai. Tuttavia pur sempre un'agonia, mi sembra, quel procedere postumo, cocciuto e talentuoso: dove si inseguono disordinatamente momenti di fulgore, schizzi di verità e lunghissimi passaggi di imbarazzante disastro. Una volta un amico che fa il cinema, e che quindi guarda al teatro come un sedicenne potrebbe guardare a suo padre, mi ha spiegato tutto quanto con una frasetta molto semplice: "Il teatro piace solo a chi lo fa". Non aveva completamente torto, ma temo che la faccenda sia più complessa. Così torno a interrogarmi, di tanto in tanto, sul senso di quel gesto che ancora continua, obsoleto e carismatico, navigando la superficie di un mondo che non sembra rilevarne più di tanto la necessità. Mi piacerebbe capire. Mi disturba non capire.

L'ultima volta che mi son fatto domande del genere (prendendomi una vacanza da interrogativi ben più pressanti) ho pensato che bisognava andare a vedere da vicino. E dato che uno stillicidio di seratine a teatro per mesi mi sembrò immediatamente impensabile, ho optato per una full immersion. Per questo mi sono ritrovato, giorni fa, ad Avignone, dove si celebra, a luglio, la più grande orgia di teatro del mondo, Edimburgo esclusa. Per otto giorni non mi sono mosso da lì, e l'idea era quella di abbruttirmi a furia di maratone fachiresche, consumando tutto quello che potevo, senza neppure troppo scegliere, con sprezzo del pericolo e grande fiducia nei miei mezzi fisici. Poi non è andata proprio così, ma più che altro perché ho imbroccato la settimana della Grande Canicola: non sono ancora pronto a morire per "Vanity Fair". Tuttavia il mio dovere l'ho fatto, e l'idea era quella di tornarmene con un'idea in tasca, da scrivere qui.

Va chiarito, per chi non fosse al corrente, che il Festival di Avignone, per tre settimane, a luglio, ogni anno da sessantanove anni, è il tempio del teatro mondiale e lo è in modo totale, spettacolare e perfino selvaggio. Bisogna immaginarsi una cittadina – una splendida cittadina – che si lascia possedere completamente da quella strana tribù, dedicandole ogni strada, ogni muro, ogni stanza, ogni minuto. C'è un cartellone ufficiale, dove l'aristocrazia teatrale del pianeta scarica giù i propri prodotti migliori, quasi in una formale enunciazione del proprio credo: vai lì e un'idea precisa te la fai su cosa *loro* pensano sia il teatro. Ma intorno brulica soprattutto il Festival off e cioè la massa babelica di centinaia e centinaia di piccoli spettacoli, che dal mattino alla sera popolano come roditori qualsiasi anfratto della città, quasi fosse colpita da un'epidemia: non c'è stanzone, budello, cortiletto, retrobottega che non ci provi a mettere due luci, alzare una pedana, disporre una trentina di posti e diventare teatro. In stanzoni o stanzette che sembrano felicemente ignari di qualsiasi norma di sicurezza, si consuma un rito vertiginoso di finzioni, dove ogni possibile idea di teatro trova il proprio testimone: non bisogna immaginarsi cosette amatoriali, la professionalità è quasi sempre alta: assente qualsiasi dubbio, vietata ogni esitazione. Ci credono, e basta.

Bisogna aggiungere che essendo gli spettacoli più di mille e gli spettatori tanti ma non infiniti, quel che scatta per le strade è una vera e propria caccia al pubblico, che bisogna immaginarsi molto letterale. Pressoché tutti invadono la cittadina fermando i potenziali spettatori per strada, al caffè, davanti ai gabinetti, e invitandoli allo spettacolo. Spesso si improvvisano piccoli trailer agli incroci. Il risultato è che mentre al chiuso degli stanzoni si aprono e chiudono sipari come persiane al vento, per la strada defluisce un'umanità che altrove potrebbe sembrare evasa da un ospedale psichiatrico, e lì invece risulta vagamente sensata, contro ogni aspettativa. Adulti consapevoli girano vestiti da procioni, personcine che fai fatica a immaginare nell'assolvimento dei quotidiani compiti domestici svettano sui trampoli, uno che sembra un insegnante di matematica gira invece tragicamente vestito da clown, oblunghi giovani con capelli impomatati scandiscono jazz su contrabbassi bisunti; c'è quello che striscia, quello che ruggisce, quello che strilla: chi sta sulle punte, chi balla il tip tap, chi duella con spade di legno. Nessuno lo fa con quella vergogna che io sentirei inevitabile, e questo misura la distanza che devo colmare, se voglio capirci qualcosa. Ci sarebbe da dissolvere questo magone che mi colpisce, inarrestabile, se li vedo far finta di essere alberi, o ballerini artritici, o Amleto – *davan-*

ti a una palina dell'autobus. Dovrei smetterla di pensare a mio figlio, istintivamente, mentre un signore della mia età, vestito che sembra Pippi Calzelunghe, mi allunga una réclame del suo spettacolo, senza tradire il minimo dubbio sul proprio destino: che possa trovare, per favore, un impiego in campo informatico, mi dico, di mio figlio – sbaglio, ma è più forte di me. Che non gli venga mai da pensare che la strada verso se stesso possa passare da Pippi Calzelunghe. Sbaglio, l'ho detto. Va bene anche commesso da Auchan, ma mimo no, ti prego. Sono incorreggibile.

Per correggermi, compro a caso un biglietto e mi infilo in uno di quegli stanzoni. Me lo merito. Quel che vedo – in un posticino dove l'ultima fila non è molto lontana dalla prima, e in compagnia di altri undici spettatori, non uno di più – è un bello spettacolo che mi fa sbellicare dal ridere: titolo, *Les dessous de Savin.* Storia di uno che fin da bambino sogna di fare spettacolo. Famiglia di macellai, primo impiego Eurodisney. Sul serio, ridevamo niente male, io e gli altri undici. Lui, l'attore, bravissimo, ne faceva di tutti i colori: tanto che non ho provato, per lui, nemmeno il consueto magone, niente, solo letizia. Si chiama Sébastien Savin, capace che un giorno me lo ritrovo famoso, o un po' famoso, o appena appena famoso.

Il magone mi è tornato un po' su quando, in un altro teatrino mignon (pubblico pagante: una ventina di persone; così, a occhio, ero il più giovane), ho visto *Passion simple.* Monologo, ci sono andato perché il testo è di Annie Ernaux (l'avete letto *Il posto*? Uscito in Italia da un piccolo editore, assolutamente da leggere). Lì c'è poco da ridere perché la Ernaux ricostruisce una passione amorosa con la tiepida crudezza di cui è capace: non è tipa da fermarsi quando le cose iniziano a fare male, per cui, in effetti, alla fine, ci si faceva male. Il magone però dipendeva più che altro dai venti metri quadri della scena e da quella figurina femminile che in quei venti metri quadri accettava, ogni giorno, alle 12 e 30, di farsi devastare dal male – o dal bene, dipende – per il piacere – piacere? – di venti spettatori paganti: i quali, per obbiettive ragione di età, non potevano che avere, delle devastazioni amorose, un ricordo un po' sfumato, probabilmente irrigidito da un certo inevitabile cinismo, o arrotondato da una comprensibile bonarietà senile. Non saprei spiegarlo bene, ma sarei stato immensamente più a mio agio se ci avessero dato a tutti una copia del testo e ci avessero invitato a leggercelo tranquillamente a casa. L'attrice, Marie Matheron, sembrava brava: ma, non so come spiegare, avrei tanto voluto che non fosse lì. Per lei, dico.

Intanto, in grandiosi cortili papali, o veri teatri, scorreva ogni sera il cartellone ufficiale, e lì i metri quadri erano tanti, e solenne l'ambizione. In due occasioni sono stato vicino a chiamare i carabinieri: nella prima una compagnia russa metteva in scena un adattamento degli *Idioti* di Lars von Trier. Erano anni che non vedevo qualcosa di così brutto. Nella seconda si trattava di una cosa francese: *Le Vivier des noms*, di Valère Novarina. Ho scavalcato due file di gente per scappare, dopo due ore e mezza passate a chiedermi perché il pubblico rideva. Il giorno dopo, dato che sono cocciuto, sono andato a prendermi il testo, in libreria, sai mai che ero io a non capire bene: confermo, non faceva ridere neanche un po'. È strano, a volte, il pubblico del teatro: sembra che rida per comunicare a se stesso che sarebbe un'umanità capace di ridere se solo quella battuta effettivamente facesse ridere: è una segnalazione in codice, l'esibizione di una tessera di iscrizione al club, o qualcosa del genere: non c'entra niente col ridere veramente. Li odio, quando fanno così.

In altri tre casi, invece, non è stato tempo perso, anzi. Proprio la prima sera mi sono guardato con attenzione *Andreas*, un adattamento da *Verso Damasco* di Strindberg, regia di Jonathan Châtel. Il teatro di una volta, figlio del Novecento: era tutto maledettamente in stile, quasi un ripasso. Il testo (scritto a cavallo tra Otto e Novecento) aveva quella febbrile ossessione per la verità che si poteva solo avere ai tempi, ignaro di qualsiasi ironia o leggerezza o disincanto: Hemingway, per dire, si sarebbe alzato urlando. E la messa in scena era quella dei bei tempi andati (curioso che la sfoggino come l'ultima novità, mi son detto): è quel teatro in cui non c'è una sola frase detta come la si potrebbe dire nella vita, e la voce sembra colpita da una malattia strana che la rende stentorea e finale, senza una vera necessità apparente. Gli attori son molto bravi a evitare nel modo più assoluto qualsiasi reazione che sembri spontanea, allestendo un'artificialità che è convenzione e che, tradotta, riporterebbe ai sentimenti veri, quelli che si hanno nella prosa di tutti i giorni. Talvolta si alzano, attraversano la scena e si ricompongono in una diversa postura: questo ha profondi significati, ma solo a patto di avere una certa idea di cosa è profondamente significativo. Nella mia alterità insanabile a questo tipo di spettacolo, passo il tempo, in occasioni del genere, nell'ansia che finisca, ma non perché mi annoio – non mi annoio affatto – ma perché mi prende un'urgenza di vedere alla fine gli attori presentarsi in proscenio a prendere gli applausi, circostanza in cui posso finalmente verificare che si tratta di persone vere, con degli atteggiamenti, una loro verità, e probabilmente una vita propria – un abbonamento alla piscina – cosa che mi tranquillizza enormemente.

Nella bellissima Cour d'honneur del Palais des Papes mi sono poi disciplinatamente recato a vedere l'attesissimo *Re Lear* messo in scena da Olivier Py, star del teatro francese: spettacolo poi sbertucciato, l'indomani, da tutti i recensori. Lo spazio, va detto, è immenso, e immenso è il testo: lì non stai più a patire quell'assurdo overacting che ti infastidisce nel teatro borghese di Strindberg, perché ne capisci il respiro, la necessità, l'innegabile giustezza: è assurdo ed è fantastico, perfetto. Semmai il problema era che *Re Lear*, tra tutti i testi shakespeariani, è probabilmente il più bello da leggere e il più difficile da mettere in scena. Ci vuole del genio, e Py dava un po' l'impressione di averne sempre un pelo meno del necessario. Sapete quando uno ce l'ha praticamente fatta, ma poi alla fine non ce la fa mai? Una cosa così. Mi è parso chiarissimo quando ho visto l'altro Shakespeare in programma, *Riccardo III*, questa volta fatto da Thomas Ostermeier, con, nel ruolo principale, un attore pazzesco, Lars Eidinger (non dimenticate questo nome). Lì era genio vero, che stritolava tutto. Lì ho avuto il piacere di ricomporre tante cose provate in quei giorni in un'unica figura che aveva un senso: perché sul palco c'erano proprio tutte le tessere del fare teatro che avevo patito in quei giorni, ma restituite, una ad una, al talento estremo di cui hanno bisogno per trasformarsi da segmenti di una disfatta a mattoni di una gloria. C'erano perfino il signore vestito da Pippi Calzelunghe e i ballerini di tip tap, e i clown, e gli acrobati: erano nei gesti, nei costumi, nelle voci, nelle atroci ineleganze e nelle bellezze assurde con cui quei personaggi, là sopra, vivevano una storia che non ci riguarda, come se lo facessero per la prima volta, inchiodandola nel tessuto delle nostre più miti esistenze, come se da sempre ci riguardasse, e per sempre. Non so come gli riescano, trucchi del genere. Ma lo splendido animale morente vive in respiri come quello, e non conta più nulla che grottesco sia lo spettacolo del suo corpo malato, inguardabile, derelitto, nel letto dei tempi: solenne respira, e basta che lo faccia una volta ogni tanto – è il suo modo di vivere.

Così ho applaudito molto, alla fine, convinto, e non mi importava nulla di sapere se Lars Eidinger ha una vita sua, una macchina e un abbonamento alla piscina. Anzi, mi dava perfino un po' fastidio che si dovesse registrare, alla fine, che non era affatto Riccardo III in persona. Tu pensa come riescono a cambiarti tre ore di teatro, una volta su mille.

(*14 luglio 2015*)

Salisburgo

Mi ero fatto questa idea di girare un po' per i festival, quest'estate, a controllare cosa stava partorendo il genio collettivo, e così, dopo Avignone, mi son trovato a Salisburgo, uno dei tre posti al mondo in cui, se ami l'Opera, puoi trovare il meglio assoluto. Lì, ogni anno, tra luglio e agosto, si riunisce la curiosa setta degli amanti della musica classica: contraddistinti per lo più da un'età piuttosto avanzata e dal sollievo di un reddito decisamente tranquillizzante, coltivano un diletto molto raffinato (per il quale sono indispensabili gusto e intelligenza) e un ostinato culto del passato (per cui non è inutile una certa dose di sonnolenza intellettuale). Nel complesso, un'umanità molto affascinante, che, storicamente, ha dimostrato di avere solidi princìpi e alti valori: da cui, curiosamente, possono sgorgare, a seconda dei casi, squisite visioni di civilizzazione o l'istinto a invadere la Polonia.

Tanto per circoscrivere l'impegno, mi sono concentrato sull'Opera, lasciando perdere la delizia della musica strumentale. E mi son trovato, così, a vedere quattro opere una in fila all'altra, ospitato da sale concepite con un gusto che tornerebbe molto utile nell'eventualità di dover arredare un negozio di pipe. Trattandosi di Austria, e dunque della sacca ricca del continente, la disamina del pubblico offriva un colpo d'occhio notevole: sembrava di stare a un gigantesco Consiglio d'Amministrazione a cui, per ragioni che sfuggono, si era pensato di invitare anche le mogli. Lo dico senza alcun disprezzo: è giusto per dare l'idea. Nei Consigli d'Amministrazione si incontrano persone degnissime: difficile che girino spinelli, però ci si può passare del tempo amabilmente. In ogni caso: ero lì, e, dato che Salisburgo è per l'Opera quel che Wimbledon è per il tennis, lo spettacolo era sontuoso: se c'è qualcuno che gioca veramente bene, al mondo, è su quei campi che va a giocare. L'idea, poi, era quella di raccontare un po' tutto, e in effetti non sarebbe stato difficile, dato che ho visto solo spettacoli bellissimi (*Trovatore, Fidelio, Nozze di Figaro,* sono un uomo fortunato). Solo che poi mi è anche accaduto di entrare nella Haus für Mozart e assistere a una rappresentazione della *Norma* di Bellini: e lì ho visto e sentito qualcosa che andava al di là di ciò che chiamiamo spettacolo bellissimo. Per quel genere di cose usiamo il termine: *rivelazione.*

Così adesso mi trovo costretto a dedicare a quell'unico spettacolo tutte le righe che mi restano, e se pensate che questo vi autorizzi a smettere di leggere, perché magari della *Norma* poco vi importa, o poco sapete, ci tengo ad aggiungere che *quella Norma* non riguarda in particolare chi è melomane e già sa di queste cose: riguarda chiunque abbia voglia di stare al mondo senza perdersi la dozzina di cose infinitamente belle che intanto stanno succedendo a causa del talento e della dedizione degli umani. Se per esempio dovessi fare una lista delle cose che l'attuale élite intellettuale del pianeta dovrebbe avere sul tavolino da notte, mi verrebbero in mente un paio di videogame, tre o quattro serie televisive, un paio di indirizzi di ristoranti, un catalogo di vernici inglesi, le migliori partite di Federer, una grammatica di greco antico, uno Shakespeare a scelta e infine: *questa* edizione della *Norma* di Bellini.

Per spiegare, devo incominciare dall'inizio. *Norma* è del 1831: per capirci, Mozart era schiattato da quarant'anni, e Verdi avrebbe avuto davvero successo una ventina d'anni più tardi. A scrivere la musica fu un trentenne siciliano, Vincenzo Bellini: se avete mai incrociato qualcosa di puro, nella vostra vita, ma di veramente puro, *infinitamente* puro, probabilmente avete incrociato una melodia di Bellini. Se non l'avete fatto, vi manca qualcosa: e francamente non capisco come facciate a sfangarla quando vi svegliate al mattino. Aveva un talento divino, quel ragazzo: come spesso succede, morì giovane, a trentaquattro anni. Amen. Comunque una bella lista di opere se l'era già lasciata dietro: di tutte, la più bella è *Norma.*

La vicenda è, purtroppo, ambientata in Gallia, durante l'occupazione dei Romani: a parte il fastidioso effetto Asterix, è che proprio uno fa fatica a immedesimarsi con un Gallo. Tuttavia il librettista, Felice Romani, ci sapeva fare, e questo spiega, unitamente al talento mostruoso di Bellini, perché alla fine si possa anche *piangere* stando seduti davanti a questi con gli elmi cornuti ecc. ecc. Perché, giuro, si può piangere, se si ha un minimo di anima a disposizione. Tutto gira intorno a Norma, che è una sacerdotessa gallica, anzi *la* sacerdotessa, il capo: è lei che parla direttamente con Dio, ed è a lei che i Galli si affidano per decidere se continuare a vivere a testa china o spaccare tutto e ribellarsi. Il problema (c'è sempre un problema, all'Opera, se no come diavolo facevano a farla?), il problema è che Norma è segretamente innamorata di un Romano, e naturalmente non di un Romano qualunque, ma del capo dei Romani, un uomo con un nome dagli echi spiacevoli: Pollione. Per dirla tutta, non è che semplicemente lo ama: ci ha fatto anche due figli. Per una sacerdotessa, figlia del capotribù, e vergine per mestiere, non è proprio il massimo. Ma fin lì, si tratta poi sempre di casini che più o meno succedono a tutti, in un modo o nell'altro si poteva aggiustare. Solo che un giorno un'altra sacerdotessa, una ragazza giovane dal nome squisito, Adalgisa, si butta tra le braccia, per così dire, della madre superiora (Norma) e le confessa una cosa inconfessabile, e cioè che si è innamorata di un Romano. Le racconta tutta la delizia e l'orrore della cosa, e Norma nell'ascoltarla si commuove, in un duetto sublime, perché vede in quella ragazza il proprio errore, la propria felicità, il proprio casino. Si commuove molto meno quando innocentemente chiede ad Adalgisa chi sia quel romano: non ha un nome bellissimo, risponde lei, si chiama Pollione (non dice *esattamente* così, ma insomma, il succo è quello). Da quel momento Norma si trasforma dall'eterea sacerdotessa che era in una donna pazzesca, che tiene per le palle il mondo (pardon) e lo strattona su e giù per la scala dei propri sentimenti: che sono davvero tutti, dalla tristezza più grande, al furore più cieco, passando per la cattiveria, lo smarrimento, la nostalgia, la stanchezza, la pazzia. Non è che in circolazione ci siano molte donne così, capaci di *tutte* le passioni: Norma lo è, perché all'Opera i maschi mettevano in scena le donne che sulla terra non avevano mai trovato. Per farla breve, prima va a un pelo dall'uccidere i figli, poi arriva a un pelo dall'ammazzare Pollione, quindi decide di fare fuori Adalgisa in una piazzata pubblica che rimarrà alla Storia: raduna tutti i guerrieri Galli, grida che è tempo di prendere le armi (entusiasmo generale), fa accendere un rogo, e infine comunica a tutti che la vittima sacrificale ce l'ha bell'e che pronta, ed è una sacerdotessa che infrangendo i suoi voti ha amato un romano. Increduli, i guerrieri le chiedono chi è: e lei, in due note che non è poi facile dimenticare, dice due parole: *Son io*. C'è da aggiungere che a questa sublime piazzata presenzia anche Pollione, che, coerentemente al suo nome, si è fatto beccare che girava per l'accampamento dei Galli. Per questo, subito dopo il *Son io* di Norma, i due si trovano uno davanti all'altra, mentre intorno sfrigola il rogo e lo sdegno dei Galli tutti: adesso dovrei cantarla, ma vi basti sapere che la musica è puro Bellini e che il librettista, nella circostanza, si mise d'impegno. Perfino Pollione, per un attimo, cessa di essere l'incarnazione del maschio deficiente, e imbrocca due versi che, a memorizzarli, vi potranno anche essere utili: *Ah troppo tardi t'ho conosciuta/ sublime donna io t'ho perduta*. Se ne muoiono, poi, insieme, scomparendo nel rogo, e incendiando con le loro voci un finale davanti a cui molti anni dopo, Wagner – uno vagamente convinto di essere Dio – si tolse il cappello. Fine.

Va detto che, per ragioni comprensibili, tutta questa meraviglia è di solito suonata, cantata e messa in scena un po' come un Verdi ante litteram: semplifico un po', ma insomma le voci, l'orchestra, lo stile, i modi sono più o meno gli stessi che potreste trovare in una bella messa in scena del *Trovatore*. Alle volte si va lunghi e si arriva a lambire la svergogna di Puccini (sì, lo so, *svergogna* non esiste). Il risultato è che, da tempo immemorabile, siamo abituati a una *Norma* squillante, baldanzosa, militare, galoppante, bella piena di suono: siamo abituati a sentire Norma che sciabola note come una furia, e non abbiamo mai pensato a Pollione come a qualcosa di diverso da un tenore squillante con la complessità sentimentale di un Rambo deficiente. La cosa non ci ha mai impedito di pensare che *Norma* è un'opera bellissima, perché lo è: ma è un po' come essere innamorati di Bruce Willis: ti piace perché ti aspetti che ti attacchi al muro, non sei abituato a pensare che sarebbe splendido a cucinare delle *quiche*.

Così è andata fino alla sera in cui ho visto, e sentito, questa *Norma*. Nel ruolo del titolo c'era Cecilia Bartoli. Se ci sono cinque cantanti donne che hanno una fama planetaria, lei è una delle cinque. Quanto a raffinatezza, e intelligenza musicale, probabilmente è la migliore. Come sa anche lei, non ha una voce potente, e probabilmente questa sua Norma nasce proprio da lì. In teoria, lei, quel personaggio, non lo potrebbe cantare, per ragioni di registro e di potenza vocale. Ma lei ha creduto in qualcosa di diverso: era convinta che se solo si fosse stati capaci di riportare *Norma* all'opera che veramente era, prima che arrivassero Verdi e il gusto verdiano, ci si sarebbe ritrovati in mano qualcosa di molto differente: qualcosa che lei poteva cantare da dio. Per dire: gli strumenti. Era il 1831, e gli strumenti non erano quelli che usiamo adesso, l'orchestra era più piccola, i timbri degli ottoni più morbidi, le percussioni più secche, gli archi meno sonori. A ben vedere, anche i tempi (la velocità a cui si suona e si canta) non erano in origine così arrembanti come poi il gusto verdiano aveva imposto: la partitura originale parla di una *Norma* più lenta, raramente militare, spesso morbidissima. Perfino Pollione, a guardar bene, non era in origine il personaggio monolitico a cui ci siamo abituati: alla prima assoluta, nel 1831, lo cantò un tenore che non era squillante, veniva da un repertorio rossiniano, lavorava di sfumature e non con l'accetta: era una voce agile e piccola, non una tromba dell'esercito. Insomma, ce n'era abbastanza per provarci. E così, a Salisburgo, io (e gli altri del Consiglio d'Amministrazione) ci siamo trovati davanti a una *Norma* riportata alla partitura originale, diretta da un genio della musica barocca, Giovanni Antonini, suonata da una piccola orchestra di strumenti dell'epoca, con dei tempi che non avevo mai sentito, e una pasta sonora che mai avrei immaginato. Il risultato, non c'è nulla da fare, è pazzesco. È come passare dall'eloquio di Ratzinger alla parlata di papa Francesco. Tutto si scioglie, si lascia aprire, diventa più piccolo e simultaneamente più grande, i colori trovano mille sfumature. C'è la guerra ma è uno scenario lontano, ci sono gli uomini e sono visti molto da vicino. Da sempre *Norma* è emozionante, ma lì era struggente. Potevi amare *Norma* da una vita, ma lì ti accadeva, per la prima volta, di pensare che stesse parlando di noi: di pensare che quell'opera *sapeva qualcosa di noi*.

Non so, poi magari ero io che ero in serata buona. Ma alla fine, no, secondo me non mi sbaglio. Era davvero qualcosa di speciale. Giuro che sono perfino arrivato a commuovermi non per Norma, non per Adalgisa, non per i figli, poveretti, *ma per Pollione*. Chi se ne intende sa che la sto sparando grossa. Eppure quel tenore che non strillava (John Osborn, per la cronaca) raccontava una storia che non avevo mai sentito, e lo faceva con un gusto e una raffinatezza tali che attualmente, se mi chiedono com'è la trama di *Norma*, rispondo così: un bravo ragazzo romano cerca soltanto di essere felice ma si schianta contro una donna troppo più forte di lui, che se lo sbrana.

Ah, per inciso: Cecilia Bartoli, in effetti, cantava da dio, ci aveva visto giusto.

E ancora una cosa, tanto per giustificare il mio stato di incantamento. Le opere bisogna poi anche metterle in scena, e lì si possono fare disastri. Ma anche quello, in questa *Norma*, funzionava magnificamente. L'ho detto, il contesto da Asterix è sempre duro da digerire. E infatti, nella circostanza, i Galli non c'erano: tutta la storia risultava trasferita al 1945: i Galli sono partigiani, i Romani sono nazisti, Norma è una collaborazionista: la rapano a zero, come si faceva, prima di chiuderla col suo fidanzato nazi in una casa e dare fuoco a tutto. Detto così può sembrare un po' macchinoso, ma la verità è che scivolava tutto via con una rotondità impensabile: perché splendide erano le scene (Christian Fenouillat) e geniale la regia (Moshe Leiser e Patrice Caurier).

Ho forse dimenticato di dire che, a tratti, Antonini, dal podio, quasi nascondeva l'orchestra, lasciava che andassero le voci, giusto appoggiandole a qualcosa come un sospiro: allora ti dava l'impressione che tu, quell'opera, la stavi tenendo nel palmo di una mano. Di solito è il contrario: è lei che ti stringe una mano sul collo.

Che applausi, alla fine.

(*31 agosto 2015*)

Telluride

Telluride è una cittadina western cacciata alla fine di una valle del Colorado: poiché gli edifici della Main Street se li sono tenuti stretti con una certa fierezza – la banca, il saloon, il general store – si respira ancora leggenda, che da queste parti narra di epiche sfacchinate e sfacciate ricchezze: miniere e legname, immagino. Le montagne, intorno, salgono ripide, tra boschi di betulle americane che è fantastico attraversare, camminando: la luce che c'è lì dentro è una delle dieci migliori luci del mondo. Il sole è da maglietta, la vegetazione sale ancora per centinaia di metri in alto, sembrerebbe una specie di mezza montagna di lusso. Invece alla prima corsetta che fai ti ritrovi in uno stato da cardiopatico e allora chiedi, distrattamente, a che altezza siamo: ti sparano un 2700 metri che ti spiega molte cose, anche la bomboletta di ossigeno che ti ritrovi in stanza sul comodino (diciannove dollari, però fa passare il mal di testa, e fa tanto Đoković). Notti complicate e sogni vividi, dunque. Stelle vicinissime, nelle rare notti senza nubi.

Va detto, per completare il quadro, che questo è divenuto, nel tempo, un impeccabile covo di ricconi americani, una specie di Cortina del Colorado. Si sparano chalet monumentali che uno di solito vede solo nei film. Poiché si tratta di montagna, e anche piuttosto estrema, si tratta ovviamente di un'élite raffinata, dotata di un certo gusto e di una certa cultura. Probabilmente è gente che sa chi era Sartre, per dire. Oltre a non sbagliare la tinta della giacca vento, fanno yoga e mangiano bio. Il primo fast food è a un'ora di macchina. Non ce n'è uno che fuma, per strada. Gente così. È interessante incontrarla dopo che ci si è fatti un giorno di macchina da Albuquerque, New Mexico (l'altro sistema per arrivare qui è atterrare col proprio jet privato nel locale aeroportino: non era il mio caso). Voglio dire che risalendo il Sudovest, allargando magari un po' in Arizona, si attraversa l'America delle riserve indiane, che per quanto ne so io è uno dei territori più senza speranze che si possano trovare in Occidente. Così, limitandosi a guidare e guardare, si accede ancora una volta, in poche ore, al mistero di questo Paese, che è tanti Paesi assemblati in uno, e vanno dal motorhome del navajo posato nel nulla (cani senza scopo, pneumatici come arredamento, carcasse di macchine non si sa perché) al ranch del ricco bianco (cavalli impeccabili, recinzioni lucide, fuoristrada alti come case). Cosa li tenga insieme senza che tutto esploda è cosa misteriosa: patriottismo e sport alla tivù a tutte le ore, sembrerebbe di capire. Ma non credo che sia così semplice.

Trovare una ragione per venire fin quaggiù non è proprio automatico, ma io una buona ragione l'avevo: mi ero messo in testa di setacciare i festival estivi migliori del mondo, tanto per ricordarmi bene cosa sono il talento e la bellezza, e a Telluride avevo scelto la terza e ultima tappa, quella dedicata al cinema. Perché qui i ricconi hanno messo su una rassegna di film che a poco a poco ha sorpassato il mitico Sundance nella particolare graduatoria dei festival cool. Chi ama il cinema con intelligenza e consapevolezza, risale il Colorado e viene qui. Dove in un clima da raffinata scampagnata, le star del cinema si dimenticano del red carpet, si infilano un paio di scarponi e vagolano per la cittadina, improvvisamente tornati in terra. Io, per dire, mi son ritrovato a tu per tu con Meryl Streep (la più grande di sempre) e se non fossi timido avrei potuto chiacchierare un po' con Kate Winslet (lei non se n'è accorta, però). Ci si siede su un prato e loro se ne stanno lì, a dialogare, come si fosse tutti quanti in vacanza, e fosse normale, tornati dalla gita, parlare di cinema ossessivamente. Un bel clima. Mentre nelle sale ricavate da teatrini locali o costruite apposta per la ricorrenza, passano film che potrebbe amare il più sofisticato pubblico europeo: quello che c'è di più lontano dal filmone americano del sabato sera. Organizzazione impeccabile, pubblico rilassato e incline a una inossidabile allegria. Tutto molto rilassato: all'apertura mi ero messo la giacca, non si sa mai: ero l'unico. Giacche a vento e cappellini da baseball. Si fanno lunghe code per entrare, magari sotto la pioggia, e poi, in sala, aspettando il film, tirano fuori dallo zaino scodelline di plastica e mangiano insalate di cavolo impregnate di maionese light. Quel tipo di pubblico lì. Belli.

In una simile, propizia cornice ho visto un po' di film. Uno si intitolava *Rams*, ed era islandese (capito i film che danno?). Storia di fratelli pastori, che da quarant'anni non si dicono una parola, e vivono in due fattorie una di fianco all'altra, nel nulla: il nulla di certa Islanda, bisogna vedere la luce, e il freddo e la solitudine: *nulla* è una parola insufficiente. Bellissima scena finale, mi ha ricordato l'ultima pagina di *Furore* di Steinbeck. Un altro si intitolava *Time to choose*, documentario del premio Oscar Charles Ferguson: uno spottone fantastico in difesa del pianeta terra, con tanto di denuncia spietata del disastro che stiamo combinando. Dopo la prima mezz'ora sentivo la drammatica urgenza di avere un'auto elettrica, di sfigurarmi la casa coprendola di pannelli solari, di andare a salvare la foresta indonesiana e di mangiare vegano. Dopo un'oretta ho iniziato a essere insofferente, e negli ultimi dieci minuti ho iniziato a cercare in sala l'autore per dirgliene quattro. Mi succede così: mi danno fastidio quelli che hanno verità troppo adamantine. E non sopporto quando il talento va a braccetto con una totale mancanza di dubbi.

Il capolavoro l'ho visto entrando nella sala in cui davano *Son of Saul*, un film ungherese, scritto e diretto da László Nemes. Probabilmente ne avete sentito parlare: ha vinto il Gran Prix all'ultimo Festival di Cannes. Me l'avevano raccontato come un film durissimo da vedere. In effetti, la prima mezz'ora l'ho passata a pensare di andarmene. Tuttavia era troppo bello e sono rimasto. Non è tanto il fatto che l'argomento sia, ancora una volta, quello dei campi di sterminio nazisti. È come è girato il film, che ti mette al muro. Perché praticamente la macchina da presa resta per tutto il tempo sul primo piano del protagonista, e non se ne va da lì. Tutto il resto – quello che c'è dietro e intorno – è tutto fuori fuoco, si vede poco e quel poco completamente sfocato. Quel che fa il protagonista è lavorare nel campo di sterminio. È un ebreo, uno di quegli ebrei internati che venivano messi in un corpo speciale, e in cambio di una provvisoria sopravvivenza, facevano, nel campo, i lavori che neanche i nazisti riuscivano a fare: far scendere i deportati dai treni, pulire le camere a gas, portare via i cadaveri. È quello che fa lui, con una faccia di pietra. E tu non vedi, ma proprio perché non vedi, immagini. Non vedi, ma *senti*. Non vedi, ma capisci. Micidiale. Come tecnica di racconto è geniale: io avrei detto che poteva funzionare giusto per una decina di minuti, invece quel regista ha deciso che si poteva fare tutto un film così. L'ha fatto. Una meraviglia.

Ah, ho anche visto *Steve Jobs*, di Danny Boyle. Mah. Non è che sia, esattamente, un film su Steve Jobs. È un'altra cosa. Si direbbe che il processo di santificazione di Jobs proceda a passi da gigante: in questo film è trattato come un Riccardo III, come un'Anna Bolena: figure simboliche nel cui destino gli umani possono leggere la mappa del proprio meraviglioso sgomento. Solo che io non sarei ancora pronto a vederlo decollare verso simili orizzonti: se non altro perché ancora sto a lottare con l'aggiornamento del software dei suoi, peraltro bellissimi, apparecchietti. Per cui ho fatto un po' di fatica a ragionare di figli, di potere, di successo, sulla scia di una specie di eroe tragico che, per quanto mi riguarda, non è sostanzialmente diverso da un Marchionne o da una Merkel. Godreste a vedere un film in cui la Merkel vi porta a riflettere sul bene e sul male? Con una certa fatica, credo. Attori formidabili, comunque, regia impeccabile e sceneggiatura smerigliata: tutto a posto, ma, come ho detto, si supponeva un'intelligenza, o un'ingenuità, di cui non dispongo.

Detto questo – e sottolineato il fatto che un viaggetto a Telluride per il festival è tutto sommato da considerarsi una simpatica follia – mi va di usare le ultime righe per chiudere il cerchio della mia estate per festival, e scrivere un paio di cose che pensavo, mentre guidavo le strade impareggiabili di un'America che non capisco bene. Pensavo, ad esempio, che avevo visto un sacco di roba, in questi due mesi, avevo visto passare molto lavoro e molto talento, tra Avignone, Salisburgo e Telluride. Tutto sommato avevo visto il meglio di ciò che produce il pianeta, se si parla, di teatro, di Opera, di cinema. Che singolare spettacolo. Se fossi un alieno, mandato in missione sul pianeta terra, ecco il sintetico report che avrei fatto: "I terrestri amano, sorprendentemente, ripetere alcuni passaggi della loro vita; lo fanno però in un modo strano, cioè ripetendo quei passaggi ma inserendo delle varianti inspiegabili: alle volte cantano (!), alle volte parlano e si comportano in modi non naturali, alle volte spiaccicano tutto su uno schermo bidimensionale che è impossibile vedere se non nel buio. Sembrerebbe che in questa dislocazione del reale in una realtà artificiale e assurda, i terrestri trovino motivo di piacere, o forse un sistema per comprendere meglio se stessi. La cosa è piuttosto sorprendente e dà un'idea della raffinatezza, o del declino, di quella civiltà. Si direbbe che solo sfilandola via dal vero, i terrestri riescano a guardare in faccia la verità".

L'altra cosa che ho pensato è com'erano diverse le tre tribù: quella del teatro, quella dell'Opera e quella del cinema. È una cosa che mi affascina. A teatro senti un'intensità molto particolare: c'è qualcosa di *politico* nello stare seduti lì, qualcosa che viene da molto lontano e che ancora non si è spento: come la consapevolezza che mentre si vede il teatro si costruisce la polis, mentre si gode uno spettacolo si fonda una comunità. Anche per questo si accetta, e anzi si auspica, un certo tratto fachiresco, punitivo: è come se si dovesse attraversare un rito di sofferenza per accedere alla compattezza di una personalità collettiva adulta, consapevole. In genere tutti sono lì per *essere migliori*. Alcuni sono lì perché convinti di essere migliori, e sprovvisti di altri sistemi per farlo rilevare al mondo. In ogni caso, stanno inseguendo, o esibendo, un primato. All'Opera è un po' diverso: è un po' tutto come a teatro, ma più fisico, meno cerebrale: la promessa di un piacere fisico puro e semplice è più forte, e mette tra parentesi l'intelligenza. La solennità e il lusso dello spettacolo scendono in platea e una certa esibizione di opulenza diventa naturale: passa l'indiscrezione, discutibile, che se qualcosa ha valore lo deve avere anche in termini misurabili in denaro. La maestosità delle scene, come i vestiti delle signore in platea, certifica che si sta facendo sul serio. Indiscutibile è il sottile senso di superiorità. E incorreggibile la professione di fede nel passato: luogo in cui tutti, apparentemente, vorrebbero tornare, e da cui molti non se ne sono mai andati. Alla fine, quelli del cinema sono l'unico pubblico *vero*, apparentemente: non stanno celebrando una liturgia, stanno passando la serata in un bel modo. Non stanno costruendo niente, non stanno esibendo una certa idea di se stessi, non stanno pronunciando professioni di fede: vanno al cinema, e tutto è ancora così giovane, e nuovo, che non sembrerebbero essersi sedimentati significati accessori: infatti ridono quando fa ridere, piangono quando fa piangere, dormono quando è noioso. È il privilegio di quelli che fanno cinema: danzare con un pubblico ancora limpido, bambino, nuovo. Magari non durerà ancora a lungo, ma è un privilegio fantastico.

E un'ultima cosa. Non è che fossero proprio tutte strabilianti le cose che ho visto, ma alcune lo erano davvero. Spettacoli che mettono insieme abilità e talenti di un sacco di persone, macchine complicate che però alla fine volano davvero, e molto in alto, davvero molto in alto. Tutte le volte che mi capita la fortuna di salire a bordo, torno a pensare che pazzi siamo a non pensare che quella, esattamente quella, sia in definitiva una delle due o tre esperienze che ci possono veramente salvare la vita. Mi lascia sbigottito pensare a quanta gente vive senza passare da esperienze del genere, non disponendo del privilegio di accedervi. E mi lascia incredulo pensare a quanta poca cura dedichiamo a difendere, educare e glorificare il talento. Non sono simpatici guitti, quelli là, sono quanto di più prezioso abbiamo. Senza scherzi, uno può girarsela come vuole, ma alla fine tutto questo casino diventa irresistibile quasi soltanto quando quelli riescono a ricomporlo a modo loro, e a riconsegnarcelo ordinato, luminoso e bello. Non è che gli riesca tutte le volte: ma basta una, a salvare un sacco di mondo. Noi abbiamo un bisogno tremendo che esista *quella volta.* Dovremmo fare un sacco di silenzio, aspettandola, e non disturbare, e chiederci soltanto come potremmo, nel caso, essere utili.

Bon, fine della predica. Fine dell'estate. Sipario.

(*19 settembre 2015*)

ATTRAZIONI

Cartoline di morte dall'America

New York. Risalendo il lato occidentale di Central Park, da giù, dal ventre di Manhattan, come per puntare al Museo di Storia Naturale, anche senza volerlo si arriva alla Sede della New York Historical Society. Lì, da mesi, in una stanza neppure troppo grande, con qualche teca in mezzo e un tavolo in fondo con due computer, c'è una strana mostra: niente di artistico in senso stretto, brandelli di Storia, piuttosto, e brandelli è la parola giusta; decine di foto, spesso stampate in formato cartolina: il soggetto è uno solo: rivoltante. Gente impiccata dopo essere stata linciata. Nella stragrande maggioranza sono neri. Nella stragrande maggioranza sono circondati da bianchi vestiti bene che guardano e si fanno fotografare. La mostra si intitola Without Sanctuary. Le foto risalgono ai decenni tra il 1870 e il 1940. Sono un pezzo, per quanto schifoso, di Storia americana. Per un europeo sono intollerabili. Chissà che botta, per un americano. Quella del linciaggio è stata a lungo, da quelle parti, una specie di ordinaria straordinarietà. Soprattutto quando il sospettato era nero (omicidio, molestie a qualche ragazza bianca, furto) la sosta in tribunale sembrava, a molti, un'inutile perdita di tempo: lo andavano a prelevare in casa, lo seviziavano in piazza, e poi lo impiccavano.

A New York alle volte lo bruciavano: in quei casi lo chiamavano Negro Barbecue. Alle volte la polizia riusciva ad arrivare per prima e a mettere il sospettato al sicuro, in galera. Allora, se il delitto in questione era particolarmente offensivo per la razza padrona bianca, si formavano spontanee bande di gentiluomini che prendevano d'assalto la galera per andarsi a riprendere ciò che era loro. Quando riuscivano ad appropriarsene (e ci riuscivano) la punizione diventava qualcosa di più del gesto rabbioso di un animale ferito: diventava rito, e cerimonia, e festa collettiva: venivano da paesi lontani chilometri, a vedere, si vestivano bene e riempivano la piazza, portavano anche i bambini, perché imparassero, e anzi è documentato che in alcuni casi le scuole ebbero cura di chiudere, quel giorno, per consentire ai ragazzi di assistere al linciaggio: alcuni riportavano a casa, come souvenir, pezzi dei vestiti delle vittime. Era una festa: potevano mancare i fotografi? No. E infatti c'erano, sempre, e quelle foto le usavano per pubblicizzare la propria ditta. Commercialmente erano un affare: confezionate a cartolina andavano a ruba: quelli che avevano assistito al linciaggio le mandavano ai parenti lontani, con vergate a mano annotazioni anodine, come se fossero state foto di paesaggi: tanto infinitamente povera può essere la crudeltà umana. A un certo punto il traffico di foto di questo tipo diventò talmente imbarazzante che, nel 1908, le Poste americane decisero di rifiutarsi di consegnare quelle cartoline. Continuarono a circolare attraverso canali meno ufficiali. L'uomo che si è messo in testa di andarle a cercare e di collezionarle si chiama James Allen. È un antiquario di Atlanta. Without Sanctuary è il risultato del suo lavoro. La mostra ha attirato talmente tanta gente che l'hanno prorogata: chiuderà il 13 agosto. Le foto sono intollerabili perché sono foto di morti impiccati, questo è ovvio: i corpi sono spesso seviziati, e i modi dell'esecuzione umilianti. Ma è abbastanza chiaro che quelle foto hanno qualcosa di assurdamente ipnotizzante – e totalmente intollerabile – a causa della loro composizione. Al centro c'è sempre il corpo morto, e intorno c'è la gente. È la somma dei due elementi che crea la violenza devastante dell'immagine. Nel cuore della foto c'è un brandello di mondo senza più tempo, rovente e freddo: tutt'intorno c'è mondo ancora in azione, il mondo della vita. Quel che fa venire la vertigine è che non riesci a stabilire un nesso tra quelle due parti della composizione. Sai che il nesso c'è, sei anche preparato a capire che è terribile (quelli sotto hanno fatto fuori quelli appesi e ne sono fieri, e ne sono fieri al punto da farsi fotografare lì), ma i nervi non conoscono questo tipo di logica mostruosa che solo la Storia produce, i nervi non conoscono ragioni, e si ribellano come di fronte a qualsiasi altra insensatezza: come di fronte a un'immagine assurda, vengono colti da vertigine. Marion, Indiana, 7 agosto 1930. A scattare la foto fu uno che si chiamava Lawrence Beitler. Passò dieci giorni e notti a stamparne migliaia di copie, tanto gli era venuta bene. È buio, e il flash ritaglia via dalla notte solo quello che serve. Il grande albero, il ramo, i due corpi appesi per il collo, i vestiti strappati, le facce sanguinanti, il collo spezzato; e nella parte inferiore della foto, la gente, stipata in piedi sotto gli impiccati. Sulla destra un gruppo di uomini, il cappello elegante, uno fuma alzando lo sguardo verso i due morti. A destra ci sono due ragazze, avranno quattordici anni, guardano eccitate il fotografo, una stringe un pezzo dei pantaloni di uno dei due neri impiccati, l'altra è carina, un bel vestitino, i capelli ben pettinati, dietro a loro un giovanottone che ci sta provando, cravatta, camicia a maniche corte, brillantina in testa e un sorriso da fiera dell'anguria nella città delle angurie. In centro ci sono tre personaggi: una donna grassottella, per metà voltata, col volto perso, come cercando un parente smarrito, una vecchia che si guarda attorno, con lo sguardo infinitamente normale di una sera in piazza, d'agosto, e poi un uomo, sui cinquant'anni, forse meno, guarda fisso nell'obbiettivo (nei miei occhi, cioè), ha immobilizzato il volto in una maschera serissima, e tiene il braccio sinistro sollevato e sta puntando il dito indice verso gli impiccati. Ti guarda e indica. Vertigine. Quella gente là sotto è una lezione di educazione civica straordinaria: sono quelli che si sono vestiti bene, che hanno preso la macchina, che hanno sgomitato per vedere da vicino, che poi hanno chiesto Dov'è che vendono da bere?, e poi sono tornati a casa e, sono sicuro, un'ora dopo, o anni dopo, avranno pensato e probabilmente anche detto che era tutto una grande stupidata, e che loro una cosa del genere non l'avrebbero mai fatta, e però intanto quella sera erano là, si erano vestiti bene, avevano preso la macchina, e alla fine erano nella fotografia. Ecco: quelli che alla fine sono nella fotografia. A me quelli che avevano assalito la galera, preso i due neri, li avevano seviziati e uccisi, colpiscono meno: quella ferocia, tipica di alcuni umani, è una cosa più elementare, meno enigmatica. A me fanno venire la vertigine quelli che non hanno fatto niente, ma sono nella fotografia. E penso che quelle foto siano una lezione perché fanno vedere il vero anello debole della buona volontà umana, che non è il malvagio, ma il testimone, quello che è lì perché ci andavano tutti, quello che trova il tempo per mettersi la brillantina ma non il tempo di farsi due domande su ciò che sta andando a vedere, quello che sarà contro i linciaggi dal giorno stesso in cui il cinquantun per cento della gente sarà contro i linciaggi, quello che non è neppure capace di pagare con una serata di solitudine il privilegio di *non* entrare nella fotografia. Non c'è orrore, smisurato o microscopico, per cui non ci siano dei testimoni: con la loro brillantina, i loro bei cappelli e i loro sorrisi idioti. FLASH. Contenti? Siete nella fotografia.

PS A proposito di testimoni. Nei due computer sul tavolo, lì alla mostra, due bei Mac blu, ti puoi sedere e scrivere una tua opinione, un messaggio, qualcosa. O leggere quelli degli altri. Sono stato lì a leggere per una buona mezz'ora. C'erano molti americani sinceramente stravolti dallo scoprire di cos'era capace la loro patria. C'erano neri che dicevano che i linciaggi esistono ancora. C'era uno che diceva di essere un discendente di uno degli impiccati, e raccontava la sua storia. Molti scrivono soltanto: che Dio ci aiuti. Ho cercato a lungo e in tanta addolorata e sincera costernazione non ho trovato nessuno, dico nessuno, che accennasse alla prima cosa che è venuta in mente a me: la pena di morte. Non dico che il linciaggio sia tout court paragonabile alla pena di morte; mi rendo conto che ci sono delle differenze. Ma comunque non è la prima cosa che ti viene in mente? Sei negli Stati Uniti, vedi una mostra così, e non ti viene in mente la pena di morte? Ma quanto è strana la gente? Ma com'è costruito il loro cervello? Tutti zitti a guardare, testimoni muti?

(*14 luglio 2000*)

Raymond Carver e Gordon Lish 1

Bloomington (Indiana). Tutto è iniziato qualche mese fa, ad agosto. Compro il "New York Times" e ci trovo il Magazine con in copertina un bellissimo ritratto fotografico di Raymond Carver. Occhi fissi nell'obbiettivo ed espressione impenetrabile, esattamente come i suoi racconti. Apro la rivista e trovo un lungo articolo firmato D.T. Max. Diceva cose curiose. Diceva che da vent'anni circola una voce, a proposito di Carver, e cioè che i suoi memorabili racconti non li abbia scritti lui. Cioè, per essere precisi: lui li scriveva, ma il suo editor glieli correggeva così radicalmente da renderli quasi irriconoscibili. Diceva l'articolo che questo editor si chiamava Gordon Lish, anzi si chiama, perché è ancora vivo, anche se di questa storia pare non parli volentieri. Poi l'articolista diceva che gli era venuta voglia di controllare cosa ci fosse di vero, in questa specie di leggenda metropolitana. E così aveva preso ed era andato a Bloomington, nell'Indiana, in una biblioteca a cui Gordon Lish ha venduto tutte le sue carte, dattiloscritti di Carver compresi, con tutte le correzioni. È andato e ha guardato. Ed è rimasto di stucco. In modo molto americano, ha preso uno dei libri di Carver (*Di cosa parliamo quando parliamo d'amore*) e ha fatto i conti. Risultato: nel suo lavoro di editing Gordon Lish ha tolto quasi il cinquanta per cento del testo originale di Carver e ha cambiato il finale a dieci racconti su tredici. Mica male, eh?

Dato che Carver non è uno qualunque, ma uno dei massimi modelli letterari dell'ultimo ventennio, ho pensato che lì c'era una storia da capire. E dato che sui giornali si scrive spesso, ormai, quello che è bello leggere e molto meno quello che realmente accade, ho pensato che c'era un solo modo di capire. Andare e controllare. Così sono andato e ho controllato.

Bloomington effettivamente esiste, è una cittadina universitaria persa in mezzo a chilometri di grano e silos. Tanti studenti e, al cinema, Benigni. Tutto regolare. Anche la biblioteca esiste. Si chiama Lilly Library, è specializzata in manoscritti, prime edizioni e altri preziosissimi oggetti feticistici di questo tipo. Fosse in Europa, per entrarci dovresti lasciare in ostaggio un parente, presentare chili di lettere di presentazione, e sperare in bene. Ma lì è America. Dai un documento, ti fanno molti sorrisi, ti spiegano il regolamento, e ti augurano buon lavoro (in casi come questo io oscillo fra due pensieri: "Sono così eppure uccidono la gente sulla sedia elettrica" e "Sono così e infatti uccidono la gente sulla sedia elettrica"). Così mi son seduto, ho chiesto il fondo Gordon Lish, e mi son visto portare uno scatolone da traslochi, pieno di ordinatissime cartelline. In ogni cartellina, un racconto di Carver. Il dattiloscritto originale con le correzioni di Gordon Lish. Purché non usassi biro, tenessi i gomiti sul tavolo, e girassi i fogli uno ad uno, potevo toccare e guardare. Grande. Sono andato dritto al più bello (secondo me) dei racconti di Carver: *Di' alle donne che usciamo*. Un marchingegno pressoché perfetto. Una lezione. Ho preso la cartellina, l'ho aperta. Mi son ripetuto che dovevo tenere i gomiti sul tavolo, e ho iniziato a leggere. Da non crederci, gente.

L'ha scelto anche Altman, per il suo *America oggi*, quel racconto. Piaceva anche a lui. Otto paginette e una trama molto semplice. Ci sono Bill e Jerry. Amici del cuore fin dalle elementari. Di quelli che si comprano la macchina metà per uno e si innamorano delle stesse ragazze. Crescono. Bill si sposa. Jerry si sposa. Nascono bambini. Bill lavora nel ramo grande distribuzione. Jerry è vicedirettore di un supermercato. La domenica, tutti a casa di Jerry che ha la piscina di plastica e il barbecue. Americani normali, vite normali, destini normali. Una domenica, dopo pranzo, con le donne in cucina a riordinare e i bambini a far casino in piscina, Jerry e Bill prendono la macchina e vanno a farsi un giro. Per strada incrociano due ragazze, in bicicletta. Accostano con la macchina e fanno un po' i fessi. Le ragazze ridacchiano. Non gli danno molta corda. Bill e Jerry se ne vanno. Poi tornano. Non è che sanno benissimo cosa fare. A un certo punto le ragazze posano le biciclette e imboccano un sentiero, a piedi. Bill e Jerry le seguono. Bill, un po' spompato, si ferma. Si accende una sigaretta. Qui il racconto finisce. Ultime quattro righe: "Non capì mai cosa volesse Jerry. Ma tutto cominciò e finì con una pietra. Jerry usò la stessa pietra su tutte e due le ragazze, prima su quella che si chiamava Sharon e poi su quella che doveva essere di Bill". Fine. Freddo, asciutto fino all'eccesso, metodico, micidiale. Un medico alla milionesima autopsia tradirebbe maggiore emozione. Puro Carver. Un finale fulminante, e un'ultima frase perfetta, tagliata come un diamante, semplicemente esatta, e agghiacciante.

Quell'idea di impietosa velocità, e quel tipo di sguardo impersonale fino al disumano, son diventati un modello, quasi un totem. Scrivere non è stata più la stessa cosa, dopo che Carver ha scritto quel finale. Bene. E adesso una notizia. Quel finale non l'ha scritto lui. L'ultima frase – quella splendida, totemica ultima fase – è di Gordon Lish. Al suo posto Carver, in realtà, aveva scritto sei cartelle sei: buttate da Gordon nel cestino. Leggerle, fa un certo effetto. Carver racconta tutto, tutto quello che, nella versione corretta, sparisce nel nulla dando al racconto quel tono di formidabile, lunare ferocia. Carver segue Jerry su per la collina, racconta lungamente l'inseguimento a una delle due ragazze, racconta Jerry che violenta la ragazza e poi si rialza, e rimane come intontito, e inizia ad andarsene, ma poi torna indietro, e minaccia la ragazza, vuole che lei non dica niente di quel che è successo. Lei non fa che passarsi le mani nei capelli e dire "vattene", solo quello. Jerry continua a minacciarla, lei non dice nulla, e allora lui la colpisce con un pugno, lei cerca di scappare, lui prende una pietra e la colpisce in faccia ("sentì il rumore dei denti e delle ossa che si spaccavano"), si allontana, poi torna indietro, lei è ancora viva, si mette a urlare, lui prende un'altra pietra e la finisce. Il tutto in sei cartelle: che vuol dire senza sbrodolature, ma anche senza fretta. Con la voglia di raccontare: non di occultare. Sorprendente, vero?

Anche di più è leggere il finale, voglio dire proprio le ultime righe. Cosa mise il freddo, disumano, cinico Carver, alla fine di quella storia? Questa scena: Bill arriva sul colmo della collina e vede Jerry, in piedi, immobile, e accanto a lui il corpo della ragazza. Vorrebbe scappare ma non riesce a muoversi. Le montagne e le ombre, intorno a lui, gli sembrano un incantesimo oscuro che li imprigiona. Pensa irragionevolmente che magari scendendo di nuovo fino alla strada e facendo sparire una delle due biciclette tutto quello si cancellerebbe e la ragazza la smetterebbe di essere lì. Ultime righe: "Ma Jerry adesso stava in piedi davanti a lui, sparito nei suoi vestiti come se le ossa l'avessero abbandonato. Bill sentì la terribile vicinanza dei loro due corpi, la lunghezza di un braccio, anche meno. Poi la testa di Jerry cadde sulla spalla di Bill. Lui sollevò una mano e, come se la distanza che adesso li separava meritasse almeno quello, si mise a dare dei colpi a Jerry, affettuosamente, sulla schiena, scoppiando a piangere". Fine. Adieu, Mister Carver.

Ora: qui la curiosità non è quella di capire se sia più bello il racconto come l'ha scritto Carver o com'è uscito dalla falce di Gordon Lish. La cosa interessante è scoprire, sotto le correzioni, il mondo originale di Carver. È come riportare alla luce un dipinto su cui qualcuno, dopo, ha dipinto un'altra cosa. Lavori di solvente e scopri mondi nascosti. Una volta iniziato, è difficile fermarsi. Infatti non mi son fermato. *Di' alle donne che usciamo* è il capolavoro che è anche perché realizza alla perfezione un modello di storia che poi avrebbe avuto, sugli eredi più o meno diretti di Carver, un fascino fortissimo. Quel che si racconta lì è una violenza che nasce, senza apparenti spiegazioni, da un terreno di assoluta normalità. Più il gesto violento è immotivato, e più chi lo compie è una persona, sulla carta, assolutamente ordinaria, più quel modello di storia diventa paradigma del mondo, e abbozzo di un'inquietante rivelazione sulla realtà. Troppo inquietante e affascinante, per non esser presa sul serio. Tutti i ragazzi per bene che, in tanta recente letteratura buona e meno buona, uccidono nel modo più efferato e senza alcuna ragione, nascono da lì.

Ma se si usa il solvente, si scopre una cosa curiosa. Carver non ha mai pensato a Jerry come a uno davvero normale, come a un americano ordinario, come a uno di noi. Bill, lui sì, lo è. Ma Jerry no. E il racconto semina qua e là piccoli e grandi indizi. Parlano di un ragazzo che perde il lavoro perché "non era il tipo cui piacesse sentirsi dire cosa doveva fare". Parlano di un ragazzo che al matrimonio di Bill si ubriaca, si mette a corteggiare pesantemente entrambe le damigelle della sposa e va a cercarsi una rissa con gli impiegati dell'albergo. E in auto, quella famosa domenica, quando vedono le due ragazze, il dialogo originale carveriano è piuttosto duro: (Jerry) "Andiamo. Proviamoci". (Bill) "Gesù. Non so. Dovremmo tornare a casa. E poi sono un po' troppo giovani, no?". "Vecchie abbastanza da sanguinare, vecchie abbastanza da... lo conosci il detto no?" "Sì, ma non so." "Cristo, dobbiamo solo divertirci un po' con loro, fargliela passare brutta per un po'...". Ce n'è abbastanza perché il lettore senta puzza di violenza e tragedia in arrivo. E quando la tragedia arriva è lunga sei pagine, ed è ricostruita passo per passo, spiegata passo per passo, con una logica che agghiaccia ma è una logica, in cui ogni gradino è necessario, e tutto sembra, alla fine, quasi naturale. Tutto viene in mente tranne un teorema che descrive la violenza come un improvviso segmento impazzito della normalità. La violenza, lì, è piuttosto il risultato di una operazione lunga una vita. Solo che Gordon Lish cancellò tutto. Aveva del talento, niente da dire. Fin nei più piccoli indizi, toglie a Jerry il suo passato, compresi gli ultimi minuti a ridosso dell'assassinio. Vuole che la tragedia, surgelata, sia messa in tavola nelle ultime quattro righe. Niente anticipazioni, please. Si perde l'effetto. Risultato: *American Psycho* nasce lì. Ma Carver, lui, cosa c'entra?

Posso permettermi una nota più tecnica? Bene. Carver è grande anche per certi stilemi che, magari senza che il lettore se ne accorga, costruiscono sotterraneamente quello sguardo micidiale per cui è diventato famoso. Trucchi tecnici. Ad esempio i dialoghi. Asciuttissimi. Cadenzati da quello sfinente e ossessivo "disse" che, nella sua prosa, finisce per diventare una specie di batteria che dà il tempo, con implacabile esattezza. Esempio: proprio il dialogo, sopra citato, tra Bill e Jerry, in macchina. Nella edizione ufficiale è un bell'esempio di stile carveriano.

"Guarda là," disse Jerry rallentando.
"Quelle me le farei volentieri."
Jerry proseguì più o meno per un chilometro e poi accostò. "Torniamo indietro," disse. "Proviamoci."
"Cristo," disse Bill. "Non so."
"Io me le farei," disse Jerry.
Bill disse: "Già, ma io non so".
"Oh Cristo," disse Jerry.
Bill diede un'occhiata all'orologio e poi si guardò intorno. Disse: "Ci parli tu? Io sono arrugginito".

Pulito, veloce, ritmico, non una parola di troppo. Un bisturi. Però è la versione di Gordon Lish. Il dialogo scritto originariamente da Carver suona diverso:

"Guarda là!" disse Jerry rallentando. "Potrei farci qualcosa con quella roba là."
Proseguì lungo la strada, ma tutt'e due si girarono indietro. Le due ragazze li guardarono e si misero a ridere, continuando a pedalare sul ciglio della strada. Jerry proseguì per un altro miglio poi accostò in una piazzuola.
"Torniamo indietro. Proviamoci."
"Gesù. Non so. Dovremmo tornare a casa. E poi sono un po' troppo giovani, no?"

"Vecchie abbastanza da sanguinare, vecchie abbastanza da...
lo conosci il detto, no?"

"Sì, ma non so."

"Cristo, dobbiamo solo divertirci un po' con loro, fargliela
passare brutta per un po'..."

"Certo. Sicuro." Diede un'occhiata all'orologio e poi al cielo.
"Parla tu."

"Io? Io sto guidando. Ci parli tu. E poi sono dalla tua parte."

"Non so, sono un po' arrugginito."

Sottigliezze? Mica tanto. Se uno costruisce petroliere, non gli
vai a controllare le viti. Ma se fa orologi da taschino, sì. Carver era
un orologiaio. Lavorava sul minimo. Il particolare è tutto. E poi le
parole di un dialogo sono come piccoli mattoni, se ne cambi uno,
non succede niente, ma se continui a cambiare alla fine ti trovi una
casa diversa. Dov'è finito il mitico "disse"? Dov'è finita la batteria?
E la regola del mai una parola di troppo? Dov'è finito quello che
noi chiamiamo Carver? Per la cronaca: li ho contati, i "disse" ag-
giunti da Gordon Lish al testo di Carver. In quel racconto. Trenta-
sette. In dodici cartelle di cui quasi la metà non sono dialogo e
quindi non fanno punteggio. Lavorava di fino, Gordon Lish. Uno
di talento, niente da dire. Fine della nota tecnica.

Ma non dell'articolo: perché ho ancora un esempio. Clamoroso. L'ultimo racconto della raccolta *Di cosa parliamo quando parliamo d'amore* è brevissimo, quattro pagine. Si intitola *Ancora una
cosa*. Formidabile, per quanto ne capisco io. Una scossa elettrica.
È un litigio. Un marito ubriacone, da una parte. La moglie, dall'altra, con una figlia piccola. La moglie non ne può più e urla al marito di sparire, per sempre. Lui dice delle cose. Si urlano delle cose.
Non c'è quasi azione, solo voci che buttano fuori miseria, e dolore,
e rabbia, macinando odio al ritmo degli ossessivi "disse". Quel che
ti tiene col fiato sospeso è che tutto sta in bilico sulla tragedia. La
violenza del marito sembra sempre lì lì per esplodere. È una bomba innescata. C'è un istante in cui tutto diventa quasi insopportabilmente acuminato. Lui tira un barattolo contro una finestra. Lei
dice alla figlia di chiamare la polizia. Ma poi quello che succede è
che lui dice "Va bene, me ne vado", e va in camera, e fa la valigia.
Torna in salotto. La miccia della bomba sembra sempre più corta.
Ultime battute, di odio puro. Il marito è ormai sulla soglia. Dice:
"Soltanto una cosa voglio ancora dire". Punto, a capo. Ultima frase: "Ma poi non riuscì a pensare cosa mai potesse essere". Fine. È

il classico Carver. Miserie di un'umanità disarmata e senza parole. Nulla che accade, e tutto che potrebbe accadere. Finale muto. Il mondo è tragedia bloccata.

Alla Lilly Library ho preso il dattiloscritto di Carver. L'ho letto. Sono arrivato al fondo. Il marito è sulla soglia. Si volta e dice: "Soltanto una cosa voglio ancora dire". Be', sapete che c'è? Lì, in quel dattiloscritto, la dice. E come se non bastasse, sapete cosa dice? Ecco qua: "'Ascolta, Maxine. Ricordati questo. Io ti amo. Io ti amo qualunque cosa accada. E amo anche te, Bea. Vi amo tutt'e due.' Rimase in piedi sulla soglia e sentì le labbra iniziare a tremare mentre le guardava per quella che, pensava, sarebbe stata l'ultima volta. 'Addio,' disse. 'Questo lo chiami amore,' disse Maxine. Lasciò andare la mano di Bea. E chiuse la sua a pugno. Poi scosse la testa e sprofondò le mani nelle tasche. Lo fissò e poi lasciò cadere lo sguardo da qualche parte, per terra, vicino alle scarpe di lui. A lui venne in mente, come uno shock, che avrebbe ricordato per sempre quella sera e lei ferma in quel modo. Era orribile pensare che per tutti gli anni a venire lei sarebbe stata per lui quella donna indecifrabile, una figura muta chiusa in un abito lungo, in piedi al centro della stanza, con gli occhi a guardare per terra. 'Maxine,' gridò. 'Maxine!' 'Questo lo chiami amore?' lei disse, alzando lo sguardo e fissandolo. I suoi occhi erano terribili e profondi, e lui li guardò, per tutto il tempo che poté".

L'ho letto e riletto, questo finale. Non è stupefacente? È come scoprire che, nella sua versione originale, *Aspettando Godot* finisce con Godot che effettivamente arriva, e dice cose sentimentali, o anche solo sensate. È come scoprire che nella versione originale dei *Promessi sposi* Lucia manda a stendere Renzo e finisce alla grande con una tirata anticlericale. Non so. Le dice "Ti amo", capito? Sembrava il capolinea dell'umanità e della speranza, quel suo silenzio, sulla soglia di casa sua. E invece era solo un uomo che prendeva il fiato, col cuore a mille, per trovare la forza di dire alla sua donna che lui l'ama, nonostante tutto, la ama. Non è il silenzio del deserto dell'anima. Doveva solo prender fiato. Trovare il coraggio. Tutto lì. Anche le Apocalissi, non sono più quelle di un tempo.

L'articolo sul Magazine del "New York Times" ricostruiva la vicenda e poi intervistava un po' di addetti ai lavori, interrogandosi su quanto il lavoro di editing abbia il diritto di sovrapporsi al lavoro dell'autore. E naturalmente chiedendosi se tutto ciò ridimensionasse la figura di Carver o no. Certo la faccenda è interessante, e anche qui in Italia potrebbe esser presa a pretesto per tornare a riflettere sul lavoro degli editor, e magari per scoprire qualche gustoso retroscena nostrano. Ma il punto che a me sembra più interessante è un altro. È scoprire che uno dei massimi modelli della cultura narrativa contemporanea era un modello artificiale. Nato in laboratorio. E soprattutto: scoprire che Carver stesso non era in grado di tenere quello sguardo implacabile sul mondo che i suoi racconti sfoggiano. Anzi, in certo modo lui aveva l'antidoto contro quello sguardo. Lo abbozzava, quello sguardo, forse l'ha perfino inventato, ma poi tra le righe, e soprattutto nei finali, lo confutava, lo spegneva. Come se ne avesse paura. Costruiva paesaggi di ghiaccio ma poi li venava di sentimenti, come se avesse bisogno di convincersi che, nonostante tutto quel ghiaccio, erano vivibili. Umani. Alla fine la gente piange. O dice Ti amo. E la tragedia è spiegabile. Non è un mostro senza nome. Gordon Lish dovette intuire che, al contrario, la visione pura e semplice di quei deserti ghiacciati era ciò che di rivoluzionario aveva quell'uomo in testa. Ed era ciò che i lettori avevano voglia di sentirsi raccontare. Cancellò minuziosamente tutto ciò che poteva scaldare quei paesaggi, e quando ce n'era bisogno, aggiunse perfino del ghiaccio. Da un punto di vista editoriale aveva ragione lui: costruì la forza di un vero e proprio modello inedito. Ma il punto di vista editoriale, è il punto di vista migliore?

L'ultimo giorno, alla Lilly Library, mi son riletto i due racconti, di filato, nella versione originaria di Carver. Bellissimi. In modo diverso, ma bellissimi. Sapete cosa c'era di diverso? C'era che alla fine tu stavi dalla parte di Jerry, e del marito ubriacone. C'è una compassione per loro, e una comprensione di loro, che ottiene l'acrobazia insensata di farti sentire dalla parte del cattivo. Io conoscevo il Carver che sapeva descrivere il male come cancro cristallizzato sulla superficie della normalità. Ma lì era diverso. Lì era uno scrittore che provava disperatamente a trovare un risvolto umano al male, a dimostrare che se il male è inevitabile, dentro di esso c'è una sofferenza, e un dolore, che sono il rifugio dell'umano – il riscatto dell'umano – nel glaciale paesaggio della vita. Doveva intendersene, di personaggi negativi, lui. Lui era un personaggio negativo. Mi sembra perfino naturale, adesso, pensare che ossessivamente abbia cercato di fare proprio quello e nient'altro che quello: riscattare i cattivi.

Nell'ultimo racconto, quello del litigio, Gordon Lish tagliò quasi tutte le battute della figlia, e quelle battute sono affettuose, sono le parole di una ragazzina che non vuole perdere suo padre, e che vuole bene a suo padre. Adesso mi sembrano la voce di Carver.

E c'è una battuta, a un certo punto, regolarmente tagliata da Lish, in cui il padre la guarda, quella ragazzina, e quello che dice è di una tristezza, e di una dolcezza, immense: "Tesoro, mi spiace. Sono andato in collera. Dimenticami, vuoi? Mi dimenticherai?". Non so. Bisognerebbe andare a guardare tutti gli altri racconti, bisognerebbe studiarci un po' su seriamente. Ma me ne son venuto via da là con l'idea che quell'uomo, Carver, forse aveva in testa qualcosa di tremendo eppure affascinante. Come un'idea. Che la sofferenza delle vittime è insignificante. E che il residuo di umanità che cova sotto questa glaciazione è custodito nel dolore dei carnefici. Non sarebbe un grande, se fosse così?

(*27 aprile 1999*)

Raymond Carver e Gordon Lish 2

Esce in Italia, da Einaudi, nella traduzione di Riccardo Duranti, un libro che viene da lontano, che ha una storia affascinante, e che per ventisette anni, inutilmente, l'establishment letterario mondiale ha cercato di far dimenticare. Tutti sapevano che c'era, ma pochi l'avevano letto. Nessuno poteva pubblicarlo. A suo modo, un libro proibito. Si intitola *Principianti*. A scriverlo è stato Raymond Carver, alla fine degli anni settanta, quando non era ancora nessuno: diciassette racconti in parte già pubblicati su riviste, in parte inediti. Finì nelle mani di un editor di Knopf, un editor non qualunque, una specie di genio dell'editing: si chiamava (si chiama tuttora) Gordon Lish. Il testo di Carver gli sembrò eccezionale. Non si limitò a decidere di pubblicarlo: lo prese e ci lavorò duro. Ne uscì un libro molto diverso, con centinaia di correzioni e il cinquanta per cento di pagine in meno. In questa versione fu pubblicato, nel 1981, col titolo *Di cosa parliamo quando parliamo d'amore*. L'esito fu clamoroso. A tutt'oggi quel libro è considerato una pietra miliare della letteratura di fine secolo: il minimalismo letterario nasce lì, e lo fa con una violenza e un fascino che non hanno risparmiato quasi nessuno. Va sottolineato che il lavoro di Lish non è riassumibile semplicemente in un accurato e ipertrofico lavoro di pulizia: le sue correzioni, oltre a tagliare, costruivano uno stile, aggiungevano frasi, cambiavano i finali, modificavano i personaggi. Benché le storie e l'approccio iniziale fossero genuinamente carveriani, lui portò in quel libro una genialità, una radicalità e un'audacia che gli varrebbero quasi lo statuto di co-autore. Per questo il caso di quel libro è pressoché unico, e infinitamente curioso: sarebbe come scoprire che *Moby Dick*, prima dell'intervento di un editor, era lungo la metà, non era raccontato in soggettiva da Ishmael e non prevedeva nessuna enciclopedia sui cetacei. Alla fine la balena perdeva. Sono colpi...

Forse anche per questo, la memoria di questa stranissima genesi è stata per anni soppressa, più o meno sistematicamente. Carver continuò a scrivere, sottraendosi al controllo di Lish, ma anche mettendo a frutto, magari inconsapevolmente, quello che Lish gli aveva insegnato: c'è da chiedersi se avrebbe mai scritto i suoi libri successivi in quel modo, se non avesse letto se stesso corretto da Lish. In ogni caso, continuò a produrre, anche senza tutoraggio coatto, splendidi libri. Non dimenticò mai, però, quella falsa partenza, e fino alla morte coltivò il sogno di far uscire il suo libro d'esordio nella sua versione originale. È difficile capire la ragione, ma una soddisfazione del genere non gli fu concessa. Solo negli ultimi anni, la tenacia della vedova, Tess Gallagher, anche lei poetessa e scrittrice, è riuscita a eludere la resistenza del mondo editoriale: oggi *Principianti* sta uscendo in tutto il mondo, a prendere il suo posto accanto, e non contro, il già pubblicatissimo e famoso *Di cosa parliamo quando parliamo d'amore*. Un particolare curioso: l'unico Paese in cui *Principianti* non uscirà, per legittima decisione dell'editore di Carver, sono gli Stati Uniti. (L'ha però pubblicato il "New Yorker", e compare nella collana Library of America.)

Per tutti coloro che amano leggere, e ancor più per quelli che amano scrivere, questo singolare caso letterario offre un reperto archeologico pressoché unico, e di enorme interesse: è come scoprire i diversi strati di fondazione di una città antica. Carver 1 e Carver 2 sono, in piccolo, una città di Troia dissepolta dall'oblio. È evidente che molte cose si possono imparare, passeggiando fra quelle rovine. Si capisce che Carver aveva qualche problema a dare una struttura equilibrata ai suoi racconti, e Lish era bravo a raddrizzare le cose. Si scopre con una certa sorpresa che i suoi personaggi, prima dell'intervento di Lish, piangono, hanno emozioni, pensano pensieri leggibili, tradiscono posizioni morali. Si constata che spesso le storie di Carver avevano un vero finale, e che l'invenzione di storie sospese nel nulla che si spengono bruscamente e senza apoteosi finale è in gran parte figlia di Lish. Si scopre che Carver mostrava senza problemi una certa solidarietà per i colpevoli e una forma di calda complicità con coloro che sbagliano: nella versione di Lish tutto ciò scompare completamente, in favore di una sovrannaturale freddezza. Anche si scopre, va detto, che davvero c'era un tesoro, nella città sepolta, e Lish, costruendo quella nuova, uccise qualcosa di davvero prezioso.

Carver aveva in effetti un'abilità abnorme nel descrivere l'umanità intera attraverso la descrizione sommaria di alcuni suoi esempi insignificanti. In questo è dubbio che ci sia stato qualcuno migliore di lui, a parte ovviamente Čechov. I non eroi di Carver sono una delle grandi realizzazioni della letteratura di tutti i tempi. Li otteneva con pochi tratti, con una certa velocità, sommando dettagli insignificanti fino formare una figura incredibilmente reale: chi legge fa la strana esperienza di sapere pochissimo di un personaggio e simultaneamente di sapere tutto, di lui e del suo mondo. Devo a Dario Voltolini la più esatta descrizione di una simile esperienza: chiudi gli occhi, tocchi con un dito la pelle della balena, e vedi la balena tutta. Dai uno sguardo veloce a due americani che fanno il barbecue e vedi l'America. Era un trucco che riusciva praticamente solo a lui. Ma ora sappiamo che lui lo otteneva con cinque passaggi di pennello, e Lish li ridusse a uno. Il tesoro della città perduta sono le altre quattro pennellate. Quasi tutte, quasi sempre, ammirevoli: gesti, parole, pensieri. La loro bellezza era perduta per sempre, adesso è tornata. Lish probabilmente la conosceva, sapeva che c'era, ma la barattò con qualcosa che, in ogni caso, aveva il suo valore: buttò via le quattro pennellate e tutti i finali, e inventò il minimalismo.

Adesso che lo sappiamo, forse qualche conclusione di carattere storico dobbiamo pure trarla. Io riassumerei così: il minimalismo fu un'invenzione artificiale. Voglio dire che, senza alcun dubbio, i racconti che Carver scriveva quando iniziò a scrivere non sono più minimalisti di molti racconti di Hemingway. Non c'è nulla che non si possa già trovare in *Un posto tranquillo illuminato bene*. Anzi si potrebbe dire che quel Carver era spesso più caldo, più appassionato, più lungo, e più moralista del miglior Hemingway (e quindi, in un certo senso, anche più bello). L'accelerata in avanti, nella direzione di una superiore freddezza-velocità-mutismo, la diede senz'altro Lish, e fu, dunque, un'accelerata nata in laboratorio. Di per sé non vuol dir molto e non intacca il valore dell'operazione. Ma ci ricorda che una delle sterzate più gravide di conseguenze che la letteratura abbia avuto negli ultimi anni, fu il risultato di un processo quasi manifatturiero: nacque della fusione tra creazione pura e lavorazione industriale. Da allora, dal conio di quel modello, una superiore freddezza, e un mutismo quasi sacerdotale, sono divenuti un valore riconosciuto e pressoché stabilizzato dello scrivere letterario: ma va ricordato che nel suo Dna la scrittura letteraria non aveva un simile valore, se non sfumato. La nostra tradizione si fonda su una sequela di grandi per cui freddezza, velocità e mutismo potevano essere sfumature di colore utilizzabili, ma non erano in alcun modo la tinta dominante. Da Faulkner a Céline, da Proust a Joyce, da Tolstoj a García Márquez, la nostra storia si fonda su una grandeur mentale e stilistica che irride qualsiasi minimalismo. Ma l'esperienza carveriana ha ridisegnato tutto, e il canone letterario si è risistemato su un metro di misura che quei suoi libri hanno definitivamente sventrato, spostando enormemente i concetti di freddezza, velocità, mutismo. Scrivere è diventato, assai più che in passato, una questione di controllo, di misura, di talento nel nascondere, di distacco. Non so giudicare una svolta del genere: ma so che conoscere la sua genesi, e il peccato originale che la generò, potrebbe aiutarci in qualche modo a capire meglio cosa scriviamo e cosa leggiamo oggi.

(*17 marzo 2009*)

Il rugby al Flaminio

Roma dentro la pancia del teatro Flaminio, Italia-Inghilterra di rugby, dieci minuti al fischio di inizio. Il tunnel che dagli spogliatoi porta al campo è breve. Una decina di metri e poi due scale di ferro che ti portano in superficie, dove tutto è erba, pali strani e tifosi ululanti al gusto birra. Senti qualche porta sbattere e poi li vedi arrivare. Ventidue in maglia bianca, ventidue in maglia azzurra. Non ce n'è uno che ride, che parla, niente. Sguardi fissi davanti e facce che sembrano ordigni con la miccia corta. Accesa. Lentiggini e occhi chiari montati su fisici impressionanti, frigoriferi di forma umana, orecchie smangiate, mani ridisegnate da ortopedici pazzi. Su una maglia azzurra scivola via, clandestino, un segno di croce. Quintalate di forza e velocità salgono di corsa le scale e i tacchetti sul ferro regalano un bellissimo rumore di grandinata improvvisa, subito ingoiato dall'ululato dello stadio che li vede sbucare. Baila, baila: oggi suonano il rugby. Musica geometrica e violenta. Gli italiani la suonano a orecchio, gli inglesi ci ballano su da generazioni.

È una musica che ha una sua logica quasi primitiva: guadagnare terreno, guerra pura. Far indietreggiare il nemico fino a schiacciarlo contro il nulla che ha alle spalle. Quando gli rubi anche l'ultimo metro di terra, è meta. Un goal o un canestro da tre, al confronto, sono acqua tiepida, un giochetto di bravura per maghi abbonati alla manicure. Una meta è campo cancellato, è scomparsa totale dell'avversario, è alluvione che azzera. Ci puoi arrivare per due strade: la forza o la velocità. Gli italiani scelgono la prima, cercando il muro contro muro, dove il cuore moltiplica i chili per due e il coraggio trova strade impensabili tra tibie, tacchetti, colli e culi. Gli inglesi per un po' ci stanno, e si trovano sotto per 7 a 6. Allora fanno mente locale, si ricordano di quanto è largo il campo, e iniziano ballare. Si aprono a ventaglio, piazzano un paio di frustate sulle ali, fanno girare il pallone come una saponetta tra mani di ghiaccio. Lo score del primo tempo dice 23 a 7 per loro. Dice che la musica è la stessa per tutti: solo che noi suoniamo, loro ballano.

Nell'intervallo gli azzurri non scendono negli spogliatoi. Rimangono in mezzo al campo, a guardarsi negli occhi. Calcisticamente
parlando, sono sotto di due goal. Rugbisticamente parlando, non
gliene frega niente. "Dai Italia che ce la facciamo," grida uno con un
accento veneto da far paura. Capisci che loro, negli occhi, hanno
solo la meta con cui hanno azzerato gli inglesi al settimo minuto,
tutto il resto è inutile decorazione. Cos'è il rugby, te lo trovi riassunto quando Alessandro Troncon, lì, in mezzo al campo, appoggia un
ginocchio per terra, e gli altri si stringono intorno a lui, e d'improvviso c'è solo più silenzio. Troncon ha il numero 9 sulla schiena, ma
non ha niente a che vedere col centravanti fighetta che aspetta in
area e poi raccoglie gloria con stilettate da biliardista. Troncon è il
capitano, che nel rugby non è una fascia bianca al braccio del più
pagato: lì il capitano è il cuore e i marroni della squadra, uno che
quando pensi mi arrendo lo guardi e ti senti un verme. Troncon è
quello che appoggia un ginocchio sull'erba, e poi si mette a urlare
uno strano rap battendosi la mano sul petto, e il rap dice "qui dentro
ci deve essere solo la voglia di andare DI LÀ, spingere DI LÀ, placcare
DI LÀ, solo questo, correre DI LÀ, spingerli DI LÀ, schiacciarli DI LÀ,
vaccalamiseria". Di là è il campo inglese, of course.

Ci passeranno venticinque minuti su quaranta, nel secondo tempo, gli italiani, di là. Ma alle volte non basta. Gli inglesi prendono
martellate e restituiscono veroniche, e il campo sembra in salita, noi
scaliamo, loro scivolano. Su tutta questa geometrica esplosione di
elegante battaglia, domina l'assurdità di quel pallone ovale, geniale
trovata che sdrammatizza con i suoi rimbalzi picassiani tutta la faccenda, scherzando un po' tutti, e riportando il generale clima vagamente militare ai toni di un gioco e nient'altro. Gli ultimi secondi ce
li giochiamo a un soffio dalla linea di meta inglese, buttando dentro
tutti i muscoli rimasti e folate di appannata fantasia. Non ci sono altri sport così. Voglio dire, sport in cui a trenta secondi dalla fine trovi
gente disposta a buttarsi di testa in una rissa per perdere 17 a 59 invece che 12 a 59. Forse il pugilato. Ma un pazzo lo si trova sempre:
quindici è già più difficile. I nostri quindici escono dal campo con gli
inglesi che li applaudono, e sono soddisfazioni.

A seguire, il terzo tempo: di solito una bella sbornia al pub,
tutti insieme, vincitori e sconfitti. Ma qui è il Sei Nazioni, una cosa
solenne. Quindi cena in smoking. Ammesso che esistano degli
smoking di quelle taglie.

(*19 marzo 2000*)

Quando scriveva Massimo Mila

Dieci anni fa, in un giorno che sapeva di Natale, moriva Massimo Mila. Lo dico per i più giovani: era uno che insegnava, traduceva, studiava la storia della musica classica e dell'Opera, faceva il critico musicale sui giornali. Lo dico per i meno giovani: manca abbastanza, eh?

Per capire il tipo, era uno che a concerto parlava, rideva, faceva scherzi al vicino, teneva per mano la fidanzata, gesti di quel genere. E parlo di quando aveva già i suoi settant'anni. Lo guardavo, perché erano i tempi in cui si spiavano di nascosto i critici famosi per capire se quel che si stava ascoltando era sublime o mediocre o orrendo. Non so perché, magari era casuale, ma io lo beccavo spesso che faceva quelle cose da spettatore distratto e divertito, e ne deducevo che l'esecuzione non era granché. Poi due giorni dopo leggevo "La Stampa" e lui mi spiegava che l'esecuzione era sublime. Da lì ho imparato che la musica fatta bene non è quella che ammutolisce e tramuta in statue di sale: è quella che prende la mano dello spettatore e la porta su quella della sua fidanzata. E li fa ridere. Sorridere, là.

In dieci anni, da quando Mila ha declinato l'ennesimo invito a non far storie e respirare, sono cambiate un sacco di cose, ma una in particolare, che lo riguarda, e dunque la scrivo, sai mai che c'è un servizio stampa, là dove sta a sghignazzare in questo momento: la notizia è che il mestiere che faceva lui non esiste più. La critica musicale se n'è sfumata via come uno stabilimento balneare a settembre: sopravvive qualche anziano bagnino di classe che continua a presidiare la spiaggia deserta, spazzata dal vento e da stinti manifesti del Cornetto Algida. Mare d'inverno. È un fenomeno nemmeno troppo importante, ma è curioso, anomalo, qualcosa significherà. Non che siano sparite recensioni, dai giornali o dai periodici. Per esserci ci sono, un po' ghettizzate, gli lesinano le righe come razioni d'acqua in mezzo al deserto, ma alla fine ci sono, e sono anche scritte con una competenza notevole, si sente che il livello di specializzazione, di conoscenza, di informazione di quelli che scrivono si è in qualche modo alzato: se Mila andava molto di fiuto e talento, questi sembrano viaggiatori che conoscono bene le mappe, che hanno informazioni satellitari e che non si perdono se non vogliono perdersi. Insomma, sulla carta, sembrerebbe tutto a posto. Ma è un'illusione ottica. Uno legge e quel che sente è: la critica musicale se n'è andata.

Provo a razionalizzare, aiutandomi con Mila. Quello che lui scriveva non erano, solo, recensioni: erano articoli. Uno leggeva Mila, a prescindere: poteva non fregargli niente di quel concerto, poteva perfino essere un amante di musica molto superficiale ed episodico: ma Mila lo leggeva. Perché? Scriveva bene? Abbastanza, ma, detto con rispetto, non era esattamente uno stilista spettacolare. Sapeva usare lo humour, e va bene: ma bastava quello a farlo leggere? Difficile. Alla fine lo si leggeva perché lui sapeva fare e si ostinava a fare una cosa molto precisa: parlava di cultura – anche di musica ma non solo – mettendola in connessione con la vita vera: non la trattava come un parco naturale separato dal mondo normale e accessibile solo agli iscritti al club dei colti. Mozart, Stravinskij, Rossini, così come Thomas Mann o Goethe diventavano, per usare un'espressione a lui cara, "compagni di viaggio": alle volte bastava una frase, altre gli ci volevano saggi interi, ma alla fine quel che riusciva a fare lui era legittimare la sua esistenza di critico dimostrando che ciò di cui parlava non era semplice antiquariato per raffinati passatisti, ma orme di vita lasciate da gente normale, graffiti di felicità, o dolore, o saggezza, lasciati sulle pareti della galera da reclusi che non ci stavano ad andarsene in silenzio. Fatta in quel modo, la critica musicale conteneva in sé anche il giudizio sull'esecuzione ma non si consumava in esso e anzi lo usava come un lasciapassare da esibire all'ingresso e poi da rinfilare subito in tasca.

Posso sbagliarmi e non è il caso di generalizzare troppo, ma la critica musicale, così come la intendeva Mila, sembra essere rimasta un modello che le nuove generazioni di critici hanno scelto di non assumere come proprio. È come se fosse smottata la convinzione che, davvero, la musica del passato possa dire qualcosa sul presente e sul tempo che è nostro. È come se ci si fosse arresi a farla scivolare tra gli hobby di una civiltà colta, ricca e raffinata come la nostra: non sarebbe differente parlare di tappeti antichi, di argenti inglesi del Settecento, o di vasi cinesi. Anche per questo, l'articolo del recensore musicale, anche là dove sopravvive e non è stato cancellato dall'ultima esternazione di Mentana o delle Spice Girls, finisce per suonare tristemente accessorio. Un comunicato interno, per club di raffinati umani che condividono il privilegio di un gusto particolarmente elegante. Non erano così, gli articoli di Mila. E dieci anni non sono abbastanza per dimenticare cose del genere.

(*6 dicembre 1998*)

I *Wiener*

Vienna. Il centro di Vienna se ne sta acquattato dentro il Ring, anello di viali che lo difende dalla città e, si direbbe, dalla Storia. È un luogo immutabile, regolato da un ordine innaturale. L'imperatrice Sissi è sempre bella e dolente, Mozart non è mai morto, la Sacher è la Sacher, i camerieri hanno sessant'anni da secoli, uguale è il grigiore del loro sorriso, risaputo il pallore dei loro polsini. Il centro di Vienna è un cuore vecchio che batte da fermo. Laccato di nostalgia, brilla come una maniglia d'ottone che non apre più porte da secoli, ma tradisce i disturbi del maggiordomo, paranoide del Sidol.

Subito fuori dal Ring, ma sotterraneamente mai uscito da lì, dimora il palazzo austero del Musikverein. Il Musikverein è, probabilmente, la più bella sala da concerto del mondo. Certo la più famosa, perché spedita nei televisori di mezzo pianeta ogni Capodanno, a suggerire una felicità un po' obsoleta, danzante sui tre quarti della ditta Strauss.

La sala è descrivibile come una grande scatola da scarpe, il che non rende giustizia alla sua bellezza, ma informa del fatto che non è un teatro come ce lo immaginiamo da queste parti, ma piuttosto una enorme stanza molto laica, dove allo sputtaneggiare di curve e palcoscenici si sostituisce lo squadrato rigore di una, appunto, scatola da scarpe: di legno e d'oro. Una platea ne ricopre il fondo, dei modesti palchetti ne rialzano i bordi e una galleria corre in alto su tre lati a incorniciare il vuoto con curati filari di abbonati per bene. Il quarto lato è presidiato da un enorme organo, ed è esattamente sotto i suoi quintali di canne e oro che si raccoglie l'orchestra, giusto rialzata di un niente rispetto alla platea, e per di più circondata in ogni refolo di spazio da numerate sedie per il pubblico, e quindi, in certo modo, ingoiata dal pubblico, come in fraterna ed estemporanea, amicale esibizione. Nel complesso, per chi è abituato alle cardinalizie liturgie del teatro, l'impressione è quella di chiesa protestante, pronta a officiare riti riformati. Ora: il Musikverein, com'è noto, è la dimora dei Wiener Philharmoniker. I Wiener Philharmoniker sono, insieme ai Berliner, la migliore orchestra del mondo. Sono un formidabile strumento che tramanda uno dei passaggi più alti della civiltà europea, ciò che noi chiamiamo musica classica. Il che, in tempi come questi, genera una curiosa possibilità: volendo uno può andare nella sala più bella del mondo ad ascoltare l'orchestra migliore del mondo suonare una delle musiche più belle del mondo, il tutto a bagno in un Paese che mezzo mondo oggi disprezza ed evita perché protagonista di uno dei più bassi passaggi politici dell'Europa postbellica. Il paradiso a casa di Franti. Come resistere? Era un sabato, di pomeriggio, c'era il sole e la musica era di Brahms.

Cosa siano i Wiener – cosa siano in quella sala – è cosa che scopri subito, non appena Brahms stacca le prime battute della sua *Terza sinfonia*, che, come si sa, inizia con il seguente, e memorabile, passo: fiati e ottoni a disegnare nel vuoto due scalini verso l'alto, e poi gli archi a fabbricare un grandioso gorgo sonoro: i violini arpionano un fa in cielo e poi sprofondano giù mentre violoncelli e contrabbassi arpionano un fa all'inferno e ne risalgono come morti viventi. Quando lo senti in un concerto normale fa già il suo bell'effetto. Ma se lo fanno i Wiener, e lo fanno in quella sala, il gorgo diventa maledettamente reale, una specie di onda d'urto di suono che ti risucchia, e quello che accade è che, fisicamente, tu ti sposti in avanti, verso di loro, e se non ti tieni finisce che cappotti sulla novantenne della poltrona davanti (la quale, viennese e rodata, sa cosa fare, e se ne sta ben avvitata ai braccioli, godendosela). Da lì in poi sai che, almeno dal punto di vista sonoro, non sarà un pomeriggio qualunque. Volendo isolare un'altra perla, merita citare l'attacco dell'*Andante*. Clarinetti e fagotti, con mite decorazione di flauti e corni, passeggiano una marcetta serena; ogni tre battute prendono fiato, cosa che Brahms disegnò in un brevissimo respiro di viole e violoncelli, nel silenzio. Niente di speciale. Ma le viole dei Wiener non sono viole qualunque. In genere quello è uno strumento piuttosto neutrale. Come un mediano nel calcio di dieci anni fa, lavora di un lavoro oscuro, spesso impercettibile. Gira anche l'informazione che a suonare la viola siano per lo più violinisti falliti, il che non getta una luce particolarmente brillante sulla categoria. In definitiva, di fronte a un'orchestra, delle viole non importa niente a nessuno. Coi Wiener è diverso. Lì il violista è uno che suona da dio il violino, però un giorno qualcosa gli ha spezzato la vita in due – un bel dolore marcio, per capirci – il che lo ha portato ad anni e anni di paziente convalescenza in cui, col tempo, ha scoperto il segreto di una saggia dolcezza che applica sul bruciare delle ferite, a un tempo ridestandone la disfatta e lenendone il dolore. Ogni tanto prende il suo violino e accenna qualche nota. Il suono è strano: sembra una viola. Cioè: è una viola: dei Wiener. Immagino che ci siano degli esami, o qualcosa del genere: se non sei lietamente disperato non ti prendono. Niente catastrofi alle spalle? Via, relegato tra i violini. Cose così. Voglio dire: è solo un suono, un tipo di suono. Ma dentro, che mondo... ...dove peraltro non puoi evitare di registrare cose spiritose del tipo: non c'è una donna, tra i Wiener. Non una. Non so cosa significhi. Mi limito a cercarla e non trovarla. Stessa cosa che mi succede se cerco, in sala, dei giovani. Ce ne sono un po' in fondo, nei posti in piedi, piuttosto stravolti dalla performance fisica, e per lo più orientali. Ma il collettivo orecchio invitato alla gran festa ha il passo bilicante di anziani viennesi, le cotonature instabili di liete signore e l'eleganza un po' rustica di baroni mai stati baroni. C'è un'aria termale che inclina a disturbi della diuresi e ad altrettanto inutili riflessioni sulla modernità di quel rito (dico la musica classica, non la diuresi). Qua e là, segno di squisita civiltà, scorgi quello o quella che ascolta con gli occhi fissi su una piccola partitura, capace di sfogliarla in pneumatico silenzio, risultato di decenni d'allenamento. Mondo strano. Mondo a parte. Impossibile giudicare. Tutto il meglio e tutto il peggio, ordinatamente disposti per file, secondo gerarchie rigidamente economiche. (Imporsi di non giudicare.)

Nell'intervallo, tra un Brahms e l'altro, gli orchestrali sciamano in sala, come cuochi che girano tra i tavoli a raccoglier complimenti. Tu, in compenso, puoi fare il percorso inverso e, senza che nessuno ti fermi, puoi arrivare alla loro pedana, e, se proprio sei feticista, puoi perfino sederti al posto di uno dei Wiener, ed emozionarti. Non mi sono seduto, ma tra i leggii ci sono andato. È un posto in cui dovrebbero portare le scolaresche. Magari si chiarirebbero alcune cosucce su cos'è l'arte. I leggii sono scrostati, tutti negli stessi punti, come scarpe deformate dallo stesso piede; le partiture sono ingiallite, e il legno, per terra, consumato fino a diventare lucido, come caramellato dal tempo. È tutto molto povero, e quello che respiri è aria di bottega, con la segatura da una parte, ai muri calendari di anni fa, attrezzi consumati, sul lavandino lettere mai aperte. Diplomi e bulloni. Anche l'*Adagietto* della *Quinta* di Mahler, per dire, nasce da lì. Toccherà anche il cielo, ma ha i piedi nella segatura.

Così, mentre Brahms si involtola nella sua bravura cercando il bandolo della matassa e non trovandolo (*Seconda sinfonia*), guardo Franti che ascolta, in quel circoscritto paesaggio di cultura e bellezza, e naturalmente i conti non mi tornano, perché o sei Franti o sei un ascoltatore dei Wiener, non ci dovrebbe essere dubbio su questo, quando invece qualche dubbio c'è, per quanto blasfemo, riassumibile nella domanda se non ci sia una parentela tra quell'iperbole di cultura e gusto e l'essere Franti, non dico un diretto nesso causale, ma una certa sottile parentela, come una inclinazione comune. E la risposta deve essere no, me ne rendo conto, e quindi sarà no. Seppure mi risulti impossibile evitare di registrare come tutto, in quel rito della musica sinfonica, sembri alludere a una precisa ambizione che riassumerei così: domare il caos ottenendo ordine attraverso la forza di una gerarchia. L'immagine stessa di un'orchestra – tanto più di quella, la migliore del mondo – è icona di quel pensiero: militarmente schierata, secondo strategica distribuzione dei compiti, e compattamente riferita a un uomo forte che su un podio – su un podio – si adopera a limare via ogni escrescenza di caos dal marchingegno perfettamente oliato. A lui guarda la platea adorante, in un'idolatria sostanzialmente irrazionale, perché, ad esser chiari, solo una minoranza assoluta degli adoranti è in grado di rilevare effettivamente il lavoro di quell'uomo, la maggioranza infatti fidandosi della sua gestualità, o del suo ciuffo, o del suo nome puro e semplice: irrazionale, dunque, ma significativa adorazione, che in sé porta il desiderio di poter sinteticamente celebrare in un unico uomo la possibilità che ogni caos sia riconducibile a ordine, se solo le regole verranno osservate e la disciplina rispettata. Vogliono l'ordine: lui glielo dà: e dall'ordine emana bellezza. È una specie di microteorema che quando mi si riaffaccia in mente, lì tra gli ori del Musikverein, mi sembra per un istante agghiacciante – solo un istante, lo giuro – e clamorosamente fascista, tanto da suggerirmi – sempre per quel famoso istante – un'urgenza quasi incurabile di tagliare la corda. Mi ha salvato Brahms. Stava lì a moltiplicare complessità partendo da cellule relativamente semplici, con quella libidine per l'autosmarrimento che lo rese grande: in altri termini: scorreva la *Seconda sinfonia*, brutta come sempre mi è sembrata: brutta. Quella bruttezza mi ha salvato. Mi è sembrato, d'improvviso, che davanti a un nugolo di piccoli potenziali Franti bisognosi di ordine, quella musica stava producendo caos, o ancora meglio: produceva ossessivamente ordine che subito generava altro caos. Era una lezione di impotenza, un vaccino contro qualsiasi uomo d'ordine, la testimonianza definitiva che l'ordine è un'illusione per menti semplici, esistono solo l'immobilità o il movimento, e il movimento è sempre caos, è immissione di varianti incontrollabili, è invasione del diverso, è ferita che non rimargina: l'immobilità, in compenso, è morte. Quella musica era vita, era movimento, era produzione di complessità: ed era brutta proprio per quello: era un sistema che accettava di soffrire pur di schiodarsi dalla propria immobilità. La sua bruttezza era la sua sofferenza. E la sua sofferenza era, quella sì, il segno di un'alta civiltà. Cercare quella sofferenza, sceglierla in nome della complessità e contro qualsiasi gelo dell'anima: nessun Franti ha il coraggio di farlo. Mi son voltato verso la bisnonna che avevo al fianco, cercando di capire se anche lei capiva. O se, come milioni di altri abbonati, stava equivocando, godendosi la nostalgia dei tempi che furono, quando tutto era bello ordinato, e la felicità era poter camminare su un pavimento tirato a cera. Ma lei guardava davanti a sé con occhi liquidi e postumi, non ci ho capito un granché. Non aveva l'aria di essere un Franti. Magari la zia di un Franti, questo sì. Ma proprio lei, Franti, non si sarebbe detto. Mi ha fatto un po' male sentire le ultime battute tronfie e false della *Sinfonia*, e l'applauso isterico che tutti quei decibel di suono si son portati dietro. Ancora una volta ho pensato, con davanti agli occhi tutta l'orchestra in piedi, che sarei stato così grato di vedere, là in mezzo, una donna. Sarei stato più tranquillo. Non so. Non saprei spiegare. Comunque non c'era.

(*16 aprile 2000*)

Alex Ross e la musica colta

Ma in realtà ci sarebbe così bisogno della critica e della storiografia, almeno quanto avremmo bisogno di mappe per decifrare il caos dell'invenzione collettiva: mappe non redatte da uffici marketing, voglio dire, ma dall'umile cartografia di esploratori di genio. L'ho pensato ripetutamente leggendo, con raro piacere, *Il resto è rumore*. È il libro che Alex Ross, critico musicale quarantaduenne del "New Yorker", ha dedicato a cento anni di musica colta, i cento più difficili da interpretare e da giudicare, gli ultimi. Da Gustav Mahler a John Adams: il Novecento. Una terra di cui si potrebbe perfino discutere l'esistenza (esiste Scelsi?): ma Ross la esplora, la racconta, la disegna, e così la rende reale dandone una mappa che sembra la prima di sempre. In Italia l'ha pubblicata Bompiani, nella traduzione di Andrea Silvestri: sarebbe un peccato non diventasse, almeno per un po', un classico.

Mentre leggevo, cercavo di capire perché quella mappa mi apparisse così rivoluzionaria da sembrare la prima di un continente appena scoperto. Non era solo questione di intelligenza o di pertinenza di giudizio (o di mia ignoranza): lì era al lavoro una tecnica cartografica che non avevo quasi mai incontrato prima. Essa rilevava cose che nelle mappe tradizionali non esistono, e non esistono non per imprecisione dello sguardo, ma proprio per decisione preventiva: non le si ritiene rilevanti. Così, quando uno inizia a leggere Ross, si trova tra le mani una mappa che rileva fiumi, mari, strade, ma anche, per così dire, nidi d'uccello, temperature, ricordi, suoni, forma dei cappelli e desinenze dei nomi propri: e tutte queste cose ritiene fondamentali all'orientamento. Il fatto è che in genere siamo abituati a considerare i compositori come dei talenti puri, impegnati in una loro personalissima ricerca di bellezza e, a volte, di verità. Siamo abituati a storie della musica in cui ogni sviluppo e ogni mutare è dettato da motivi strettamente artistici, in un cammino di progresso quasi inevitabile e forse perfino oggettivo, impersonale. Di rado si accetta l'idea che cause biografiche o politiche o sociali o bassamente commerciali possano aver deviato significativamente quel flusso inevitabile di autosuperamenti progressivi: non si ama troppo spiegare Beethoven in base alla sua sordità, né descrivere le opere di Rossini in base ai loro incassi, né capire Wagner ricordando quel che ci videro i nazisti. Si preferisce immaginare l'invenzione musicale come un gesto immacolato, solo superficialmente segnato dal passaggio della vita vera. Ma le mappe di Ross sono diverse. Lì il flusso degli stili musicali sembra il risultato di un algoritmo ben più complesso. A determinare il lavoro dei compositori valgono sempre le ragioni strettamente musicali, ma miscelate con spinte molto diverse, e tutte finalmente considerate importanti: lo scontro politico, la moda, la guerra fra le élite, l'avvento di nuove tecnologie, la provenienza geografica, i soldi, il successo, la vanità, il coraggio, la viltà, il caso. Non sembra esserci una tendenza oggettiva o una direzione obbligata di sviluppo della musica: da Ligeti a Feldman, da Boulez a Cage, tutto è possibile, e non essendoci una direzione giusta, ma molte scommesse, non esiste neanche una vera e propria gerarchia: l'unica, forse, è sancita dal successo, dalla popolarità.

Alla fine quello di Ross è una specie di algoritmo che riesce a registrare, per ogni compositore, decine di spinte in direzioni diverse, a prenderle tutte sul serio, e a tradurle in un movimento preciso nello spazio, cioè nella storia della musica. Così Stravinskij è anche il risultato delle aggressioni a cui lo sottopose Boulez, Mahler non è spiegabile senza Strauss, Britten non esiste senza la sua omosessualità, Copland senza le sue simpatie comuniste, Cage senza una certa cultura hippie anni sessanta, Steve Reich senza Miles Davis e i Velvet Underground, e così via. Alle volte una serata, in un certo teatro, può cambiare la Storia; altre volte sono i fondi statali, spesso segreti, che determinano una tendenza; lo stalinismo, la Guerra fredda, la commissione McCarthy, i governi europei di centrosinistra diventano spartiacque decisivi al destino di tanta musica: piaccia o no, la definizione di un canone, per quanto riguarda la musica del Novecento, passa anche da lì. Un amore omosessuale, un'amicizia tenace, un articolo di giornale, o l'invenzione del giradischi sono altrettanti movimenti sismici che spiegano quello che poi si sarebbe formato sulla superficie del paesaggio. Movimenti invisibili che per anni sono rimasti non detti sotto la pelle delle mappe: era come spiegare le Dolomiti dicendo che qualcuno le aveva create così, e negando che le avesse sputate fuori la terra, lentissimamente.

Alla fine, raccontata così, l'avventura musicale del Novecento cessa di essere ciò che in genere ci insegnano, cioè la pallosa e irritante processione di sacerdoti di un culto prediletto dal dio della musica e oscuro ai più, e diventa qualcosa di probabilmente molto più vicino alla realtà: una battaglia ferocissima, fatta di colpi bassi e fantastiche visioni profetiche, per accaparrarsi una delle eredità culturali più preziose del mondo: il patrimonio di bellezza, verità, autorevolezza e denaro che tre secoli di musica classica avevano lasciato ai loro eredi. Si può ben comprendere come con tanta determinazione tutti abbiamo cercato la certificazione ufficiale di una precisa discendenza. E la lotta durissima che ne è derivata. Una lotta tanto estrema da spingere talenti pazzeschi a cercare forza e bellezza (e successo) molto lontano, nel mondo dei suoni: musicalmente parlando, siamo figli anche delle loro risse agli estremi confini del mondo dei suoni: viviamo in un universo sonoro che reca le tracce delle loro folli corse verso Eldoradi musicali di dubbia esistenza, e vertiginoso fascino. Tutto questo, Ross lo declina con prosa gentile, sporadiche ma puntali analisi musicali, notevole erudizione, e indubbia indipendenza di pensiero. Difficile trovarlo sporto in qualche giudizio incauto: è uno di quelli che trovi sempre in equilibrio. Ma con questa andatura da professorino ordinato, sfascia un sacco di pigrizie intellettuali e rende inservibili una quantità impressionante di manuali e veline di regime. Quindi, giù il cappello. Annotando che, per sovrappiù di buon senso, Ross ha preparato un sito web dove è facile sentire, senza tante complicazioni, una buona parte degli esempi musicali da lui citati nel testo. Così, quando alcune sue pagine genereranno in voi la curiosa urgenza di ascoltare subito qualche nota della *Prima sonata* di Boulez, lo potete fare con qualche semplice click. Vi capitasse, prendetevi altri due minuti per vagabondare un po' nel sito. Si incrociano cose interessanti. A un certo punto c'è un video in cui John Cage, in giacca e cravatta, presenta alla televisione (alla televisione!) una sua composizione per piano preparato, vasca da bagno, pentola a pressione, frullatore, vasi di fiori e altre belle cose. Irresistibile.

(*10 marzo 2010*)

Il cantiere della Fenice

Avrei da raccontare una follia. Non che ne manchino, di follie, di questi tempi. Ma questa ha una sua eleganza impareggiabile e inoltre sembra più istruttiva di altre. Se il mondo ammattisce, che almeno lo faccia con charme e in modo utile.

Dunque. Com'è noto, il 29 gennaio del 1996 il teatro La Fenice, a Venezia, se ne sparì ingoiato da un incendio colossale. Fu un brutto colpo. Per chi ama l'Opera quella era una delle quattro, cinque sale più importanti del pianeta. E se ne era bruciata via come un cerino. Adesso sappiamo che fu un incendio doloso. La ditta di elettricisti che stava lavorando al nuovo sistema antincendio (pensa te) provocò l'incidente perché non era in grado di finire il lavoro entro una certa data e quello era un modo di rinviare la faccenda senza pagare una penale che li avrebbe rovinati. Va detto che probabilmente si immaginavano qualcosa di più piccolo, un incendietto circoscritto, una fiammatina. Gli andò male. Nessuno riuscì a fermarlo, e il teatro se ne andò in fumo, letteralmente. A Venezia reagirono con compostezza. "Dov'era, com'era," decretarono, dando per scontato che dal giorno dopo si sarebbero messi lì a ricostruire.

"Dov'era, com'era" era uno slogan inventato anni prima in una circostanza analoga: nel 1902 era collassato il campanile di San Marco (senza l'aiuto di elettricisti, aveva fatto tutto da sé: non ne poteva più) e si era aperto un dibattito su che fare. Risultato: ricostruirlo identico a prima e nello stesso posto. In quel caso, come d'altronde anche in quello della Fenice, la cosa sapeva di buon senso, e di veneto pragmatismo. Magari per un attimo ti puoi sognare di chiamare un architetto giapponese e farti costruire qualcosa di avveniristico su un'isola artificiale in mezzo alla laguna. Ma poi è abbastanza ovvio che lasci perdere e cerchi solo di non fare troppi guasti. E la soluzione più logica è effettivamente rimettere tutto a posto come prima. Ha tutta l'aria di essere una soluzione di puro buon senso: mi ha affascinato scoprire come, invece, sia il lieto ingresso in una follia. Provo a spiegare.

Cosa davvero significhi "Com'era, dov'era", l'ho capito solo quando mi hanno invitato a fare un giro nel cantiere della ricostruzione. Il teatro riapre il 14 dicembre, quindi lì dentro erano al rettilineo finale. Muri, impianti, perfino i colori, erano già a posto. Stavano dandosi da fare sulle decorazioni. Sorvolo sull'emozione di rientrare in quella sala come se nel frattempo non fosse successo nulla: strano loop dell'anima. E invece non sorvolo sul fatto che a un certo punto mi son trovato in una sala di quelle tipo foyer, quelle in cui poi tu passi distrattamente con un bicchiere in mano, durante l'intervallo, cercando uno specchio per controllare se la cravatta ti è andata di traverso. Lì trovo due artigiani al lavoro. Stanno facendo le decorazioni di stucco, sulle pareti. Ghirigori e animali. Uccelli, per la precisione. Li stanno rifacendo: com'erano, dov'erano. Voglio dire che se avevano il becco verso sinistra lo rifanno con il becco a sinistra. Se la zampa era un po' sollevata, fanno la zampa un po' sollevata. È importante chiarire che, stando alla realtà dei fatti, uno può andare a teatro per anni, in quel teatro, e quegli uccelli non li vedrà mai: non si accorge che esistono, sono decorazioni che non ti entrano mai nella retina e nella memoria. A meno che qualcuno non ti prenda il cranio e te lo spacchi sbattendolo proprio contro quegli uccelli, tu gli uccelli non li vedrai mai. Ma loro li rifanno uguali. Com'erano, dov'erano.

Naturalmente finisci per chiederti come lo sanno, dov'erano e com'erano. Fotografie. Solo che, è ovvio, nessuno si era mai preso la briga di fotografare proprio gli uccelli, sarebbe stato come fare un ritratto a Marilyn Monroe fotografandole un'unghia dei piedi laccata. Quindi le foto, quando va bene, riportano l'intera stanza, e tu, con la lente vai a cercare se quell'uccello, là, in quell'angolo, ha la zampa su o giù. E se la foto non c'è? Chiedere a chi era passato da lì è inutile. Uccelli? Quali uccelli? Allora puoi leggere ciò che l'incendio ha lasciato: un'ombra, un rimasuglio annerito, una scheggia. Quella mattina, quando son finito in quella stanza, lo stuccatore capo (un genio, nel suo) aveva appena finito di leggere detriti del genere, riuscendo a dedurre, da un'ombra lasciata dalle fiamme, che gli uccelli di quel pannello erano falchi, deduzione fatta a partire dalle dimensioni delle zampe, zampe robuste, da rapace. Non c'è foto, il fuoco s'è mangiato tutto, ma lui adesso è lì che fa un becco da falco, com'era e dov'era, perché un'ombra di

una zampa gli ha svelato il segreto. Allora uno sarà portato a credere che quegli uccelli abbiano, in qualche modo, un valore artistico
unico, che va salvato. Posso dire in tutta tranquillità che non è così.
In sé e per sé quegli uccelli hanno il valore artistico degli inserti in
radica che trovate sui cruscotti delle macchine. Decorazioni. E
nemmeno geniali, o rivoluzionarie o in qualsiasi modo significative. Volete sapere tutta la verità?

Gli uccelli bruciati con la Fenice erano già, a loro volta, delle
copie. È una storia assurda, ma è vera. L'ultima volta che ricostrui-
rono la Fenice, nel 1854, dopo l'ennesimo incendio, l'idea che ebbero fu di costruire un teatro settecentesco, cento anni dopo. Una
cosa da Las Vegas. Presero un teatro settecentesco e lo copiarono.
Per cui, a voler essere precisi, quella mattina, quell'artigiano, sotto
i miei occhi, stava facendo la copia di un uccello che era una sco-
piazzatura di un uccello che, lui sì, era un originale, almeno duecento anni fa. È lì che ho sentito arrivare il profumo di follia.
Quando mi son reso conto che più o meno la stessa storia degli
uccelli valeva per le lampade, per le pitture, per gli specchi, per i
pavimenti e per tutto, ho capito che stavo girando non in un teatro, ma in un racconto di Borges. Con cura maniacale, alcuni geniali umani spendevano un numero di ore spaventoso usando un
sapere tecnico affinato per secoli, con l'unico scopo di raggiungere
un obbiettivo apparentemente folle.

Ce n'era abbastanza per indagare. Ed è lì che son finito al reparto dorature. Le cose stanno così: se volete dorare qualcosa potete immergerlo in un bagno d'oro ed è quello che fanno a Las Vegas. Oppure volete farlo esattamente come lo facevano nel 1854: e
allora quel che usate sono impalpabili fogli d'oro grandi come sottobirra: uno ad uno, per ore, li lasciate cadere sulla superficie che
volete dorare. Provate a immaginare di dorare così la vostra vasca
da bagno: un'eternità. Be': quelli hanno dorato la Fenice. Allora
ho pensato che quel gesto era davvero un gesto che volevo gustar-
mi tutto, dall'inizio alla fine. E ho chiesto: ma chi fa questi fogli
d'oro? Una settimana dopo ero da Giusto Manetti.

Giusto Manetti non c'è più ma era uno che nel 1820 si mise a
fare oro in foglia. A Firenze. Dopo cinque generazioni sono ancora
lì, con lo stesso cognome e un sapere affinato nel tempo fino alla
perfezione. Praticamente se il gioco è quello di ridurre un lingotto
d'oro a un fogliettino leggero come una zanzara, loro in quel gioco
sono i migliori del pianeta. C'è un tedesco che non se la cava male,
ma insomma, i migliori sono loro. Sono andato nei loro laboratori
perché nelle miniere d'oro non sono riuscito ad andare: ma l'idea

era di ricostruire una follia dall'inizio alla fine. Come un viaggio. Pronti a partire?

Dunque: la miniera purtroppo dovete solo immaginarvela, ma immaginatevela (Russia o Sudafrica). Poi trasferitevi dai Manetti, Firenze, Italy. Crogiuolo con dentro, a friggere, una lega di oro argento e rame: le proporzioni sono, ovviamente, risultato di decenni di esperimenti. Idem per i tempi di fusione e perfino per il tempo che ci deve mettere l'uomo a versare l'oro fuso nello stampo che lo aspetta. Versare. Raffreddare. Sfrigolio. Lingottino, spesso un centimetro, grande come una tavoletta di cioccolato. Lo fanno passare sotto un rullo. Il lingotto passa, una volta, due, dieci, e ogni volta perde un nulla in spessore e guadagna in lunghezza. Alla fine avete una striscia d'oro lunga metri e spessa come una carta di credito. La tagliano in tanti quadratini. Poi prendono ogni quadratino e iniziano a martellarlo: cinque colpi e poi lo giri, altri cinque colpi e poi lo giri, e via così. Adesso lo fa una macchina, ma quelli che la fanno funzionare sono gli stessi che ancora pochi anni fa lo facevano a mano. Cinque colpi e giri, cinque colpi e giri, e così via. Ci vuole una pazienza bestiale, ma alla fine il quadratino diventa un quadrato grosso come un sottobirra. Soprattutto: è sottile come un nulla. Allora li controllano uno ad uno, li rifilano, buttano quelli venuti male, e quelli buoni li portano in una stanza dove quattro signore li prendono uno ad uno, con una pinza di legno, e li stendono su un foglietto di carta: sono così sottili che per distenderli bene le donne ci soffiano su: li toccassero con le mani rovinerebbero tutto. L'ultima signora confeziona i "libretti", cioè venticinque fogli d'oro rilegati insieme. Sulla carta del pacchetto ci sono le solite medaglie da Esposizione Universale. E, scritto grande: Giusto Manetti, Firenze. Tempo passato per convertire un lingotto in un foglietto: dieci ore, più centottantatré anni a fare la stessa cosa fino a non sbagliare più.

Treno. Traghetto. Venezia. Fenice. State seguendo? Gente che ha studiato per anni quel gesto prende il libretto di fogli d'oro, lo apre, prende un foglietto, lo appoggia su un cuscino di pelle scamosciata, lo taglia in quadratini grandi come francobolli, li solleva con un pennello speciale e finalmente li applica ai mancorrenti di una ringhiera, dorandola. Guardate la ringhiera. Luccicante d'oro. Ecco, appunto: troppo luccicante. È chiaro che non luccicava così una doratura che aveva centocinquant'anni, quel giorno prima di bruciare non luccicava così. "Com'era e dov'era": quindi la opacizzano. A mano, con un'arte umile e sublime, raschiano via l'oro in alcuni punti, facendo venir fuori il bolo che c'è sotto, un collante rossastro. Poi spennellano altre colle che tolgono ulteriormente il luccichio. E allora, solo allora, dopo tutto questo viaggio, dopo il lavoro di tutti quegli occhi e mani e memorie, dopo tutto quel sapere salvato dall'oblio di un mondo a cui non serve più, allora, finalmente, avete ottenuto quello che volevate: un pezzo di ringhiera "com'era e dov'era". Mi spiace di averla fatta lunga, ma era necessario.

Non basta guardare la ringhiera e pensare "eh, chissà quanto tempo ci sarà voluto..." No. Bisogna ricostruire esattamente tutto quel tempo, e quel sapere, e quel gesto, per capire, davvero, cosa sta succedendo là dentro. Bisogna capire la ringhiera e poi, anche se è spaventoso, immaginare lo stesso processo per le lampade, i tessuti delle tappezzerie, i mosaici del pavimento, quelle due statuette là, i disegni del soffitto, gli uccelli di gesso, e via così, di decorazione in decorazione. Vertiginoso, no? Sommate tutto, e adesso sentite qui: quello è solo lo scrigno, i gioielli sono un'altra cosa. Tutto quell'immane lavoro è stato fatto solo per rendere elegante lo scrigno: i gioielli sono la musica, il canto, il suono degli strumenti: l'Opera. Gli uccelli di gesso sono l'unghia laccata di Marilyn Monroe, e le dorature sono la tazzina che aspetta il caffè, e i mosaici per terra sono le calze a rete che quella donna si toglierà quando vi amerà. Decorazioni, orpelli, belletti. Ma quando avete finito di farli, non è ancora successo niente. In certo senso avete prodotto il niente. Bella follia, no? Non è Borges?

Dopodiché ognuno può pensare cosa vuole. E decidere se tutto ciò è una follia o una cosa sublime. Posso dire cosa ne penso io? Quel che penso è che l'unico valore che avevano quegli uccelli e quelle ringhiere, prima di bruciare, era di essere là da un sacco di tempo. Ciò per cui erano preziosi erano i passi che li avevano sfiorati, le mani che vi si erano appoggiate, i suoni che ci erano scivolati sopra. Gli sguardi che non li avevano visti: perché in loro era impresso un mondo che non esiste più. Il loro valore era essere muti traghettatori tra noi e tutto quel passato, quel nostro passato. Una volta bruciati, quell'aura è persa per sempre. Capisco il dolore e l'istintiva reazione: ma rifarli non salva niente. È una cosa persa, e basta.

Detto questo, ho visto qualcosa, in quel cantiere, che mi ha fatto pensare. Mi è venuto in mente Valéry. Lui aveva una sorta di lancinante nostalgia per il mondo artigiano. Diceva che nel "paziente operare" degli artigiani ritrovava la prodezza di cui era capace la natura quando produceva una perla, o un frutto: "Opera preziosa di una lunga serie di cause l'una simile all'altra". E già ai suoi tempi, poteva dire: "L'uomo odierno non coltiva più ciò che non si può semplificare o abbreviare. Tutte quelle produzioni di una fatica industriosa e tenace sono scomparse, ed è finito il tempo in cui il tempo non contava". Ecco. In quel cantiere, mentre vedevo quelli là, assurdi, che passavano giornate a dorare – Dio mio, dorare –, l'impressione che ho avuto era che non stessero salvando delle decorazioni ma un modo di pensare il mondo. Stavano restaurando un tempo in cui il tempo non contava. In cui l'adeguazione dei mezzi ai fini era una volgarità. In cui l'ottimizzazione di un sistema produttivo era una nevrosi inutile e inelegante. Un altro mondo, se capite cosa voglio dire. L'unico mondo in cui puoi pensare di spendere giorni a fare un falco che nessuno, mai vedrà. Avete presente le decorazioni in punta alle guglie di un duomo gotico? Cose per gli occhi di dio. E ho pensato che tutto sommato perfino la musica che daranno là dentro, non è poi molto differente dagli uccelli e dalle ringhiere. Pensate al tempo che c'è dietro a cinque minuti di *Traviata*. Quello che ha scelto il legno per gli strumenti, i macchinisti che manovrano le scene, quello che ha copiato la partitura di Verdi, quello che fa il suggeritore, quello che da sette generazioni fa costumi, e Violetta, naturalmente, e nella sua voce la sua maestra e la maestra della sua maestra, e così via, indietro per secoli. Che immane quantità di tempo, e sapere, e pazienza. Artigianato. La follia dell'artigianato.

Così che quel teatro alla fine mi sembra un unico, compatto, meravigliosamente coerente ecosistema che, senza alcun pudore, ripropone una logica che non esiste più. È come un parco naturale, come l'ultima tana di una razza estinta. Che piaccia o no, noi stiamo a mollo in una civiltà che ha fatto dell'adeguazione dei mezzi ai fini il proprio idolo. La nostra religione è attuare sistemi in cui ogni parte scarica energia nel prodotto finale, senza perdere per strada niente. Pensate alla catena di montaggio, simbolo vecchiotto ma pur sempre esatto: nulla va sprecato, né uomini né cose, né gesti né bulloni, né tempo né spazio. La follia della Fenice – come tante altre, per carità – sembra stare lì a ricordare che c'era anche un'altra possibilità, decaduta, ma un tempo reale. Sistemi che impiegano un'enormità di energia e tempo per produrre risultati sorprendentemente piccoli. Anni per fare una ringhiera. Sistemi che fanno acqua da tutte le parti, che perdono energia per strada, e che arrivano al momento buono completamente scarichi. Follie, secondo la nostra logica attuale. Ma se ci pensi: erano sistemi che sprigionavano il Senso ai lati e non all'arrivo. Se ricostruisci la storia della ringhiera capisci che la ringhiera è davvero poco, ma il mondo che per strada si è prodotto dal gesto che la faceva, è immenso. Lo vedete il modello di sviluppo diverso? Il tubo che perde porta poca acqua al rubinetto, ma innaffia tutto intorno, e lì nascono fiori, e bellezza, o grano, e vita.

Scusate la predica. Ma volevo cercare di spiegare. Per dire che quando entrerete là dentro, prima o poi, girate per bene e quando trovate gli uccelli di gesso, sul muro, fermatevi e guardateli. Non sono lì per farsi guardare, in verità, sono lì per non essere visti, ma voi guardateli lo stesso. Sono una follia. E sono quel che resta di ciò che non siamo più.

(*22 ottobre 2003*)

Il Cenacolo

Milano. Andare a vedere il *Cenacolo* leonardesco, oggi, dopo vent'anni di restauri, può essere un'esperienza singolare: un'avventura strabica per menti postmoderne. L'ho capito appena entrato, con gli operai ancora a sistemare gli ultimi ritocchi, e luci rumori voci da vigilia della Prima. Era tutto piuttosto buio, e triste. E al fondo dell'immane stanzone c'era lui, il *Cenacolo*, largo come la parete, un po' pallido e inesorabilmente muto. Un bell'ottovolante per il cervello, ho pensato.

Il fatto è che quell'immagine non è un'immagine qualunque. Quella è un'icona stampata nella memoria collettiva, è figura ormai presente nel Dna della civiltà occidentale, è vocabolo di una lingua essenziale parlata da mezzo pianeta. Non rappresenta l'ultima cena: è l'Ultima Cena, lo è stata per secoli e continuerà ad esserlo per sempre. Cos'è che genera e rende possibile un simile strapotere sull'immaginario collettivo? Risposta: la ripetizione. L'inesausto rito della replica. La somma vertiginosa delle copie in circolazione. Provate a pensare quante volte e dove avete visto un'immagine che era il *Cenacolo* leonardesco o qualche suo adattamento: come per *Guernica* o l'*Inno alla gioia* di Beethoven, non potreste mai fare un indice completo. Però ricordate confusamente quadretti appesi in salotti, sequenze di film, portacenere, libri, quadri molto più moderni, fumetti, copertine di disco, T-shirt, cartoline, decorazioni di pizzerie, tessere telefoniche, calendari, grembiuli da cucina... Ovunque, era il *Cenacolo* che vi stava guardando. E voi guardavate lui. Risultato: quell'immagine è nel vostro cervello la somma di tutte quelle immagini. Detto in termini un po' più impegnativi: il senso di quell'immagine non è tanto in ciò che è: è in ciò che è diventata.

Ora: quando entri in quella sala, semibuia e un po' triste, tutto intorno a te ti ricorda questa faccenda del restauro. Vent'anni di lavoro e montagne di denaro per far cosa? Recuperare, per quanto possibile, il *Cenacolo* originale. L'ammirazione per un'impresa del genere giustamente ti contagia, ed è lì che scatta l'ottovolante. Perché, in qualche modo, in quel momento, ti senti in obbligo di rifare, nella tua mente e coi pensieri, il lavoro che loro hanno fatto, sulla parete e con solventi e colori. Recuperare l'originale. Raschiare via tutte le incrostazioni, le falsificazioni, i portacenere e i calendari, e provare a vedere, di nuovo, con sguardo vergine, innocente, quell'immagine. Non è che proprio te lo chiedono esplicitamente, di farlo, ma è così evidente, in quel contesto, che sei lì per quello. Così ci provi. Provare a guardare il *Cenacolo* cercando di disseppellire la sua bellezza dalle tonnellate di mondo che gli son crollate addosso in questi secoli. Cercare di emozionarsi, lì davanti, non per ciò che quell'immagine significa nella nostra storia, ma semplicemente per quello che è lì, su quella parete, in quel momento. Ottovolante.

Io sarei arrivato alla conclusione che è un compito impossibile. Però mi rendo conto che l'esperienza di un singolo non significa niente. Faccio i miei migliori auguri a tutti quelli che ci proveranno, e avanzo un'ipotesi: sarebbe più facile se ci lasciassero guardare da vicino. Detto così sembra stupido, ma non lo è completamente. Ho parlato con la signora, squisitamente gentile, che ha diretto i lavori di restauro. Quando abbandonava la spiegazione tecnica e si lasciava andare a qualche annotazione di pura ammirazione e meraviglia, guarda caso era sempre per citare particolari che, poi mi spiegava, "da qui purtroppo non si vedono": certi riflessi nei piatti, i lineamenti di un volto, le luci su una mano, il movimento fermato nelle pieghe di un mantello... ("Si potranno vedere molto bene poi nelle foto, nel libro che è stato fatto," aggiungeva la signora, entrando in un cortocircuito geniale, veramente postmoderno: anni di lavoro per recuperare la bellezza di un originale che però poi è possibile apprezzare, e percepire, solo nella copia fotografica. Non lo dico per svalutare il lavoro di recupero, vorrei essere chiaro: lo dico perché obbiettivamente è un cortocircuito squisitamente postmoderno, e affascinante: bellissimo abbrivio per una bella discussione sul senso dell'autenticità nel nostro tempo.) Così mi è venuto in mente che almeno ci dovrebbero concedere di cambiare il punto di vista, e cioè di spostarci da quel punto, frontale e non vicino, che le copie e le infinite ripetizioni ci hanno stampato nelle mente. Sono convinto che se trovassi un metro quadro del *Cenacolo*, appoggiato per terra, in un sottoscala, mi fermerei e penserei: Dio che bellezza. Lui non sarebbe più ostaggio della Storia, e sarebbe una prima volta, per i miei occhi, e io potrei vedere quella bellezza. Ma se mi mettono al centro, a quindici metri, cosa posso vedere, io, se non l'immagine preconfezionata che il mio cervello mi serve in quell'istante? Poi la tovaglia è incantevolmente leggera, la solitudine del Cristo, là in mezzo, straziante, la luce che viene dalle finestre sul fondo bellissima (avere la salvezza alle spalle, che tristezza), e il volto di Giovanni commovente: voglio dire: non è che uno rimane proprio insensibile. Ma sono piccole emozioni clandestine. Il vero spettacolo è il tuo sistema percettivo incartato tra le tentazioni dell'autentico e la libidine del virtuale: lì a volteggiare sull'ottovolante, restaurando te stesso, vertiginoso paradosso.

(*27 maggio 1999*)

Le mappe di Jerry Brotton

Alla fine, nel gran rimescolio di carte, rimangono alcuni gesti di intatta bellezza, e per me uno è chinarsi su una mappa e guardarla, leggerla, viaggiarla con la mente. Immagino ci sia qualcosa di infantile, in una simile predilezione. Ma anche la passione per qualsiasi tentativo di mettere in ordine il mondo avrà la sua parte. È certo la bellezza pura, puramente estetica, di molte mappe, basterebbe a motivare il tutto. Come che sia, guardare mappe, carte geografiche o mappamondi è un gesto incantevole, e quindi risulta tremendamente sciocco perdersi questo libro che si intitola *La storia del mondo in dodici mappe* (da poco pubblicato in Italia da Feltrinelli). L'ha scritto un accademico inglese (Jerry Brotton) con un'erudizione spettacolare e con quella prosa splendidamente piana che riesce ai divulgatori anglosassoni. In effetti, solo standosene lì a godersi da vicino carte geografiche e mappamondi, quel che ottiene è risalire il corso del mondo: dalle mappe in pietra dei Babilonesi (700 avanti Cristo) a Google Earth (sarebbe il geniale sistema con cui cercate sul computer dove cavolo è l'outlet che vende le borse Fendi a una miseria). Se pensate che ricostruire la storia del mondo a partire dalle carte geografiche sia arrogante e snob e in definitiva inutile almeno quanto cercare di spiegare la vostra vita attraverso le scarpe che avete comprato, state formulando un pensiero idiota, ma anche lo stesso pensiero che, prendendo il libro in mano, avevo pensato io. Poi Brotton mi ha spiegato bene.

La cosa che è utile ricordare è che le carte geografiche sono impossibili. Sarò più chiaro: è matematicamente impossibile proiettare il globo su una superficie piana. Lo puoi fare, è ovvio, ma quello che ottieni non è la realtà: è una delle rappresentazioni possibili della realtà. Prendete la carta del mondo appesa a scuola, quella che ogni giorno vostro figlio di sette anni si stampa in mente: come mai l'Europa è al centro? Perché il nord è sopra e il sud è sotto? E soprattutto: gliel'avete detto al figlio che le proporzioni sono sballate, e l'Africa è molto più grande di così? Di fatto, la proiezione grafica del globo a cui siamo abituati è una delle tante possibili, e sicuramente non la più precisa. Capite che se le cose stanno in questo modo, la cartografia è una fantastica procedura in cui la precisione scientifica convive con la fantasia più giuliva. È un'arte che oscilla tra l'algoritmo e il quadro. In quell'oscillazione, per secoli, ha raccolto le ossessioni del mondo. Prima ancora di entrare nei dettagli, già solo l'orientamento delle mappe racconta molte cose. Adesso siamo abituati a queste carte con il nord in alto, ma, per lungo tempo, i cartografi cristiani mettevano in alto l'est: avevano ereditato il culto del sole dalle religioni pagane e ne avevano dedotto che il Paradiso terrestre era nella direzione dell'aurora: quindi est in alto (la stessa parola orientamento è figlia di quel modo di vedere le cose: nel caso vi foste mai chiesti perché non diciamo settentrionamento...). Ma molte mappe fatte da cartografi musulmani sono girate con il sud in alto: era, per molti di loro, la direzione della Mecca. Le antiche mappe cinesi sembrano modernissime perché hanno in effetti il nord in alto, ma era un caso: in realtà il nord era la direzione verso cui guardavano i sudditi quando rivolgevano lo sguardo all'Imperatore. Quanto all'ovest, ho una cosa da comunicare: non c'è una sola mappa, nella storia delle mappe, che sia orientata con l'ovest in alto: pensate il terrore che abbiamo del tramonto, di qualsiasi tramonto.

Nella sconfinata messe di mappe che abbiamo ereditato da secoli di esattezza e fantasia, Brotton ha scelto dodici esempi totemici, e alla fine, spiegandone la genesi, si è ritrovato in effetti a raccontare se non proprio tutta la storia del mondo, certo una sua parte considerevole. Una volta è la Sicilia dei Normanni, un'altra la Francia della Rivoluzione, un'altra ancora l'Europa degli anni settanta. Tra le righe di mappe disegnate in modo sublime e stampate con tecniche sofisticatissime, passano immani scontri di potere tra gli imperi, si annidano affascinanti sfide filosofiche, scivolano micidiali persecuzioni religiose, diventa visibile la follia del colonialismo. Di volta in volta, questi piccoli uomini detti cartografi consegnano ai potenti l'immagine del mondo, e lo fanno mettendo insieme sublimi strafalcioni e intuizioni di inspiegabile esattezza. Lavoravano alle loro creature (fossero carte o mappamondi) con la cura dell'artigiano, la furbizia del mercante, il cinismo del pubblicitario e la solitudine degli artisti. Quasi in modo involontario, ottenevano spesso bellezza – una forma di struggente bellezza, fatta di cartigli, colori, caratteri tipografici, decorazioni, simboli, forme incantevoli. Quando potevano lavoravano su dati reali, provenienti da viaggi avventurosi o snervanti misurazioni del territorio. Molto spesso si trovavano a lavorare sul sentito dire. Non di rado disegnavano sogni. Così facendo registravano l'imperturbabile tendenza dell'umano a fare simultaneamente due gesti, il misurare e l'inventare, che in teoria dovrebbero essere antitetici: se hai una terra che è tua, o la misuri o te la inventi come ti va. Loro spesso misuravano ciò che si inventavano. Che incantevole capacità di fondere esattezza e immaginazione. Dobbiamo a Brotton la possibilità di impararne le tecniche segrete, le ragioni ultime e le infinite particolarità curiose: il fatto che ce la porga senza essere pedante o vacuamente romanzesco, rende il suo libro un esempio significativo di come il sapere possa essere semplice tranquillità, pacata sicurezza e composta passione.

(*2 dicembre 2013*)

La cattedrale Vargas Llosa

Mario Vargas Llosa ha sessantatré anni. È uno dei maggiori scrittori viventi. Per capirsi: uno di quelli in zona Nobel. È nato in Perú, adesso vive un po' a Lima, un po' a Londra, un po' a Parigi. Nel 1990 è stato candidato alla presidenza del suo Paese (è stato sconfitto, abbastanza a sorpresa, da Fujimori): lo dico per far capire che non è uno che ama nascondersi, non è uno scrittore ascetico e non ha bisogno di stanze foderate di sughero per scrivere.

Narratore generoso e alluvionale, ha la stessa disponibilità quando si tratta di parlare, di sé o del mondo. Incontrarlo non è difficile. Io l'ho fatto a Parigi. Voce allegra, nessuna stanchezza in giro tra le sue parole o sulla sua faccia. Capelli da ragazzino pettinati con la riga e risata contagiosa. Chiedergli un po' di cose è stato piacevolmente semplice.

Parliamo un po' di libri?

"Volentieri, di questi tempi agli scrittori si chiedono sempre cose sul mondo, sulla politica..."

Ci sono scrittori che lei sente come suoi compagni di viaggio? O pensa che la sua parabola di narratore sia solitaria?

"No, io ho avuto moltissimi maestri, libri che mi hanno insegnato molto. Quando ero giovane leggevo i peruviani per dovere, ma la vera passione ce l'avevo per i francesi, i russi, i nordamericani. Mi ricordo Malraux... quando lessi *La condizione umana*, fu una rivelazione. E Faulkner. Da lui ho imparato il senso del tempo, l'idea di forma, l'ambizione a strutturare i libri in modo non ovvio... quella sua capacità di cambiare la voce narrante... mi ricordo che fu il primo che lessi con carta e penna di fianco al libro: leggevo e prendevo appunti. Una lezione. E poi Sartre, ma a dire il vero non come scrittore, piuttosto come maestro di pensiero... diciamo che lui tracciava la linea, lui era la linea filosofica da seguire... erano gli anni sessanta e lui era la linea, capisce?"

Credo di sì.

"Lui era la linea. E poi... be', Nabokov, ad esempio, *Lolita*, un libro straordinario, o Joseph Roth, *La marcia di Radetzky*, quello è uno straordinario romanzo storico, il racconto del disfacimento di un impero, passo dopo passo, una meraviglia. Ma anche Balzac, o Flaubert, o Melville, li leggevo e imparavo l'ambizione a scrivere romanzi ambiziosi."

Qualche italiano?

"*Il Gattopardo*, sì, *Il Gattopardo*, anche lì la storia di un mondo che muore, scritta benissimo. Mi ricordo che a un certo punto seppi che Vittorini ne aveva parlato malissimo, o forse si era rifiutato di pubblicarlo, adesso non ricordo, però mi ricordo che in quel momento decisi che non avrei più letto Vittorini, basta, cancellato." [*ride*]

Però son tutti morti. Voglio dire, qualche compagno di strada vivo ce l'ha?

"Be', sì, tanti... Enzensberger, ad esempio, forse lui è quello che sento più vicino a me, anche lui, come me, è una specie di cittadino del mondo... lui è un amico."

Lei di solito scrive in modo spettacolare ma sostanzialmente piano, semplice. Quando ha scritto *Conversazione nella "Catedral"*, invece, ha scelto una scrittura molto complessa, che mette in difficoltà il lettore con cambi di ambiente, di voce narrante, di tempi... uno legge e spesso si perde. Le piace la complessità? O era solo un esperimento?

"Sa, in quel libro volevo raggiungere una visione per così dire sferica della storia che raccontavo... volevo raccontare otto anni di dittatura e pensai che bisognava riuscire a raccontare tutti i livelli di quella esperienza, tutti simultaneamente, lo stesso mondo vissuto dai poveri e dai ricchi, dagli intellettuali e dai servi... Va anche detto che era una storia tragica ma contemporaneamente grottesca, sentivo che per darle una certa verità occorreva una scrittura in qualche misura oscura, non limpida. Cercavo un linguaggio opaco, mi sembrava che fosse immorale usare per quella storia una scrittura limpida, brillante. E poi, sa, quando si è più giovani si è portati a credere che una certa oscurità sia in qualche modo una garanzia di profondità... È solo col tempo che si scopre che è vero il contrario."

Lei è ormai da anni uno scrittore affermato. Le interessa ancora cosa dicono i critici di lei?

"Io sono curioso. Per cui li leggo. Ogni tanto mi interessano, ogni tanto no. Non amo la critica accademica, filologica, esoterica. A me piace la critica creativa. Voglio dire che mi piacciono i critici che usano i libri degli altri come uno scrittore usa la realtà: come un punto di partenza per creare propri mondi, proprie interpretazioni. Ma non è che ne siano rimasti molti di critici così."

La imbarazza se io le dico qualche nome di scrittore contemporaneo e lei mi dice cosa le viene in mente?

"No."

Don De Lillo.

"Ho letto un paio di libri... ce n'era uno con una trama non male... come diavolo si intitolava..."

Philip Roth.

"Il primo libro era divertentissimo, *Il lamento di Portnoy*, lì mi ero molto divertito. Penso che sia uno scrittore un po' diseguale... il suo rischio è che scrive troppo facilmente, voglio dire, gli riesce troppo facile, si vede, e io credo che uno scrittore debba fare un po' di fatica a scrivere."

Pynchon?

"Mai riuscito a finire un suo libro. Devo dire la verità. Mai arrivato alla fine."

Sepúlveda. Da noi è amatissimo.

"Be', c'è molto García Márquez in quei libri, no?, un po' troppo..."

Isabel Allende?

"Stesso discorso."

E Umberto Eco?

"Be', lui è uno spettacolo vivente, è una specie di icona contemporanea, non è solo uno scrittore, è qualcosa di diverso. *Il nome della rosa* mi era molto piaciuto, sembrava un Borges postmoderno, bellissimo libro. Poi *Il pendolo di Foucault*, quello non l'ho finito, mi ci sono un po' perso..."

Saramago?

"No, Saramago no." [*ride*]

Okay. Fine del gioco. Volevo sapere cosa ne pensava di alcune parole d'ordine, o luoghi comuni, che regnano in questi tempi. Ad esempio: lei è convinto che difendere la civiltà del libro dall'aggressione della civiltà dell'immagine sia una battaglia sensata, e necessaria?

"Sì, assolutamente. Non possiamo sapere se il libro sparirà, fatto fuori dalle nuove tecnologie, ma finché c'è bisogna difenderlo. Io non riesco a immaginare nessun umanesimo capace di far a meno dei libri. La letteratura produce desideri, ribellione, attenzione per le differenze. È indispensabile. E poi sono convinto che la cultura dell'immagine sia sostanzialmente una cultura conformista, molto controllata, sottoposta a troppe regole. La letteratura invece è libertà. Per cui, sì, penso che si debba difenderla a oltranza."

Un'altra parola d'ordine è democrazia. Anche quella bisogna difenderla a qualsiasi costo, anche a costo di smarrirne il significato originario?

"Guardi, io ho vissuto due terzi della mia vita sotto la dittatura e un terzo in democrazia. Posso dire questo: non ci sono dubbi che la democrazia è l'unico modello che permette il progresso economico nel rispetto della dignità e della libertà dell'individuo. I modelli alternativi hanno tutti fallito: comunismo, fascismo, franchismo... solo fallimenti. Bisogna però capire che la democrazia è per sua stessa natura imperfetta. Non esistono democrazie perfette. Ci sono diversi gradi di imperfezione. Ad esempio, la democrazia inglese mi sembra meno imperfetta di quella francese, ma a sua volta è più imperfetta di quella di certi Paesi nordici, la Svezia, ad esempio. E devo anche dire che nessuna forma di democrazia può sopravvivere al cinismo, alla disillusione, alla stanchezza. La democrazia ha bisogno di passione, se no muore."

E la globalizzazione? La spaventa o la affascina? O tutt'e due?

"Mi affascina. Penso che sia la cosa migliore che poteva succedere al mondo. Non capisco ad esempio i francesi che hanno il terrore di essere invasi da Hollywood o dagli hamburger... È un atteggiamento tribale, obsoleto. Vede, io ho una ferma convinzione: che tutte le apocalissi dell'umanità sono state generate, in passato, da due cause precise: la religione e il nazionalismo. E la globalizzazione è un ottimo antidoto contro entrambe. È un vaccino. Per cui non ne ho paura, anzi. Certo, mi rendo conto che in certi casi produce effetti negativi, ma sono convinto che questo si potrebbe evitare se solo si capisse che alla globalizzazione è necessaria la democrazia: sono due forze che si completano. In assenza di democrazia, la globalizzazione può in effetti generare guasti enormi. È il problema del Terzo mondo."

Senta, lei con i suoi libri è diventato ricco, ormai...

"Be', ricco forse è una parola un po' grossa..."

Volevo sapere come le piace spendere i suoi soldi.

"Ah, spendo tutto [*ride*]. Sa, io ho tre figli. Faccio di tutto per assicurare loro l'educazione migliore possibile. Ma l'idea di lasciare un'eredità mi ripugna [*ride*]. E comunque... i soldi ti danno libertà, puoi viaggiare, puoi decidere di fermarti a scrivere un libro per anni... ma io non sono mai stato schiavo del denaro, anche quando sono arrivato a Parigi, negli anni sessanta, e non avevo un soldo in tasca, si campava con un panino al giorno, ma non mi importava nulla. Poi è successo quel che è successo, ma è stato giusto un accidente straordinario."

Lei a un certo punto ha deciso di impegnarsi nella politica, in modo anche molto diretto e clamoroso, candidandosi alla presidenza del suo Paese. Lo fece perché ne sentiva il dovere, o c'entrava anche il piacere per il potere, l'ambizione...

"Tutt'e due. Pensavo che potevo essere utile a difendere la democrazia in Perú. E però c'era anche la fascinazione per la politica... sa, il gusto per l'azione. Uno scrittore non ha questa emozione dell'azione. Lì c'era. Poi tutto è stato molto difficile... violento e ingrato... fu un'esperienza tremenda, ma non me ne pento, fu una grande lezione di realtà, io credevo di conoscere il mio Paese e poi, quando cominciai a girarlo da cima a fondo scoprii un Paese che non conoscevo. Una lezione di realtà."

Lei in Europa è considerato un uomo di destra. Si riconosce in questa definizione?

"Il fatto è che io mi son messo a criticare il comunismo, o Cuba, in anni in cui questo non si poteva fare. O almeno: era impensabile che lo facesse un intellettuale. Mi ricordo che proprio in Italia, ad esempio, erano gli anni sessanta, be', lì era categoricamente impossibile che uno fosse un intellettuale e che non fosse comunista [*ride, anzi ride molto*]. In realtà io sono un liberale, in quegli anni difendevo cose come le privatizzazioni, o un'idea più leggera di Stato, o i diritti dell'impresa privata... erano tutte cose inaccettabili dalla sinistra. Adesso sento parlare Blair, o i socialisti spagnoli, e ci trovo le stesse cose. Adesso abbassare le tasse è diventato di sinistra [*ride*]. Lo ripeto: sono un liberale. E se la gente mi definisce in altro modo, non mi importa."

In Italia esce in questi giorni un suo romanzo intitolato *La festa del caprone*. Cosa le piace di più di quel libro?

"Ci ho speso tre anni della mia vita, questo mi piace. Tre anni per ricostruire il periodo della dittatura di Trujillo, nella Repubblica Dominicana. Era una dittatura emblematica, quella, il ritratto quasi simbolico di qualsiasi dittatura: tragica e grottesca. Una farsa feroce. In quel libro ho cercato di raccontarla."

Adesso sta scrivendo?

"Sì, una storia che amo molto. È la storia di Flora Tristan, la conosce?"

No.

"Era una donna straordinaria. Era francese di origine peruviana, vissuta nell'Ottocento. Adottò praticamente tutte le utopie del suo secolo, Owen, Saint-Simon, Fourier... fu una delle prime femministe... ebbe una vita davvero avventurosa. Racconti la sua storia e finisce che racconti tutto un secolo, o meglio: i sogni di tutto un secolo."

(*11 novembre 2000*)

Quello zio Paperone

Incredibile cosa siano riusciti a fare partendo da un elementare personaggio di Dickens. Un personaggio, oltretutto, sgradevole, perfino un po' pauroso, inquietante: invischiato in una storiella natalizia moraleggiante che lo costringe a una conversione un po' posticcia. E in effetti il primo Paperone era un personaggio sgradevole come lo Scrooge dickensiano: implacabilmente cattivo, solo da far paura, crudele sino all'eccesso; anche i tratti del disegno erano senza pietà, descrivevano un papero perso, decorato da un ghigno cinico che non aveva nessuna parentela con un sorriso. Come siano riusciti da lì a generare il personaggio più simpatico della banda dei Paperi, è cosa che non riesco a spiegare. So però che è successo. Per quanto Paperino sia geniale, per quanto Paperoga resti il protagonista di memorabili storie, per quanto Archimede Pitagorico resti sempre nel mio cuore, il più divertente è lui: Paperone. Cioè, non è tanto questione di essere divertente o no: il fatto è che senza di lui non esisterebbe niente. Voglio dire, se ci si pensa bene, lui è come don Giovanni o Amleto (bum, l'ho detta): personaggi che non abitano un mondo ma lo generano, e se loro scomparissero, tutto intorno a loro scomparirebbe, perché non avrebbe più una sua autonoma necessità. Per quanto donna Anna sia un bellissimo personaggio, sarebbe mai esistita senza don Giovanni? Sarebbero mai diventate memorabili le beghe della corte di Danimarca (pensa te, cosa c'è di più insignificante della politica danese?) senza la presenza di Amleto? Esisterebbe Paperopoli senza Paperone? No. Il suo Deposito troneggia simbolicamente in mezzo alla città rendendo chiaro anche a un bambino che lui, il vecchio papero miliardario, è l'origine e la fine di tutto. E per quanto esistano storie orfane in cui lui non compare, si può ben dire che non accade qualcosa, veramente, in quel mondo, prima che sia lui a volerlo. Se ne stanno lì, tutti, a fare la loro vita regolarmente che non finirebbe mai, quando all'improvviso arriva lui: il telefono di Paperino salta su come su una bomba, la porta del laboratorio di Archimede si spalanca, nella loro roulotte i Bassotti leggono una notizia che lo riguarda sul giornale: e lì inizia tutto. Accade tutto. Niente da fare: lui è il protagonista, gli altri gli ruotano intorno. Lui è il genio.

Posso annotare sette cose che adoro di lui?

1. *La vocazione all'eccesso.* È forse il tratto più bello di Paperone, totalmente assente nel suo modello dickensiano, e quindi interamente attribuibile al talento degli uomini Disney. Paperone non piange: diluvia. Paperone non soffre: lui vive tragedie mostruose. Paperone non si limita a essere contento: lui levita in aria facendo un rumore da registratore di cassa. Si aggiunga che non c'è quasi mai proporzione logica tra causa e effetto: lui può riempire catini di lacrime per un cent smarrito. Può puntare un cannone contro il maggiordomo che ha buttato via una crosta di formaggio. Il suo numero migliore è il passaggio repentino da un eccesso all'altro: sta suicidandosi (confronta il punto 2), e due vignette dopo sta studiando con Archimede un sistema per raggiungere il pianeta Marte: neanche il Prozac produce simili sbalzi d'umore.

2. *I tentativi di suicidio.* Mi fa morire quando decide di suicidarsi. Le ragioni possono andare dall'assolutamente futile (la sua Paperòfole srl ha venduto otto pantofole in meno dell'anno prima) all'assolutamente grave (un meteorite sta puntando esattamente sul suo Deposito). La tecnica più usata è l'autoaffogamento nei dollari: di solito sprofonda reggendo cartelli con messaggi di commiato (addio mondo crudele, cose così). Ogni tanto si butta dalla finestra, o approfitta di qualche baratro lì vicino. Di rado sceglie l'impiccagione: nel caso, la corda è sempre un saldo vecchio di cent'anni, comprata di terza mano durante la corsa all'oro. Naturalmente non muore mai. Spesso ci mette meno di tre vignette a tramutarsi in un entusiasta della vita, che nulla teme, e sempre vincerà: vedi punto 1.

3. *La violenza.* Paperone mena. Spara. Bombarda. Non è un pacifico. A me piace molto quando incontra Rockerduck. Dopo tre vignette sono già lì che si menano. Mi piace il finale di molte storie: al Polo, o in Patagonia, o sull'Everest, Paperino che fugge e Paperone che lo insegue puntandogli addosso un fucile. Tempo fa

avevo letto che alla Disney avevano deciso di farla finita: in omaggio al politically correct, non avrebbero messo più violenza nelle storie dei paperi. Che tristezza. Non so se poi l'abbiano fatto davvero, ma a me quella violenza è sempre sembrata come le cadute del Coyote giù dai canyon: iperboli della fantasia, messaggi di un meraviglioso mondo fantastico, dove la sofferenza, o la cattiveria, si sono disfatte dal ridere.

4. *Le frittelle.* Piegato in due dalla depressione, col cilindro sulle ventitré, Paperone va da Paperino, entra in casa esattamente quando in tavola stanno arrivando le frittelle, si siede a tavola come un condannato a morte su una sedia elettrica, e poi divora tutto ingurgitando come uno struzzo chili di frittelle in pochi secondi ("Non vorrete negare a un vecchio le ultime briciole della sua vita?"), rimanendo poi, improvvisamente obesizzato, ad agonizzare sulla sedia, mentre Paperino è ancora in piedi con la teglia delle frittelle in mano, e il cappello da cuoco in testa, allibito. Io questa gag la potrei rivedere mille volte: e mille volte mi farebbe impazzire.

5. *I cartelli.* Per quanto possa sembrare stupido, io leggo sempre i cartelli che sono fuori dal Deposito. Mica mi ci soffermo tanto, ma un'occhiata la do sempre. Una volta ce n'era uno che diceva: *Cosa fai qui?* E un altro, bello, che mi è capitato di trovare, recitava: *Pensaci bene.* Il migliore resta comunque il classicissimo, sintetico e perfetto: *Sciò.*

6. *I conteggi.* Ogni tanto Paperone conta i suoi soldi. Lo fa in genere con un pallottoliere, ma non mancano le volte in cui si fida di elaboratissimi computer. L'operazione la seguo sempre con molta attenzione, perché, al momento di sparare il totale, aspetto al varco gli autori Disney per vedere cosa si sono inventati questa volta: per dire, mi ricordo un conteggio il cui totale era un incredibilione, tre fantastiliardi, sei megalioni e rotti. Sono cose che fanno piacere.

7. *I nemici.* Non si riflette mai abbastanza sul numero, sproporzionato, di nemici che può vantare Paperone. Rockerduck e i Bassotti già sarebbero abbastanza. Lui somma anche Amelia, Brigitta, Filo Sganga, più ladri vari, qualche vecchio avventuriero che rispunta dal passato, Spennacchiotto (l'inventore cattivo, spesso alleato coi Bassotti), gli altri miliardari del club che lo odiano, il sindaco che in genere lo flagella di tasse. Talvolta si trova contro

perfino Nonna Papera (solo perché lui vuole costruire delle acciaie-
rie al posto di campi di grano, o cosucce del genere). Paperone è il
prototipo dell'individuo assediato: in questo senso è il classico personaggio in cui siamo portati, a torto o ragione, a riconoscerci. Il
fatto che ogni volta riesca a rompere l'assedio è una specie di rito
liberatorio in cui il Paperone che è in noi festeggia una vittoria che,
nella vita reale, è rarissima. In più lui vince, di solito, rimanendo
avaro, egocentrico, iracondo, egoista, falso, cinico, cioè non perché
si converte ma, al contrario, perché *non* si converte: situazione in
cui tutti sogniamo di trovarci.

Voilà. Queste sono le sette cose che preferisco di Paperone. Poi
ce n'è a decine che sarebbero, comunque, da citare: il rapporto con
la sua palandrana, il vezzo di nuotare nel denaro (ogni tanto ci va
anche in barca), i profumi con cui lo fanno rinvenire (essenza di
tallero, spremuta di doblone...), il rito della lettura a sbafo del giornale, il rapporto con Rockerduck, le donne della sua vita (le papere,
va be') ecc. ecc. Roba che non finisci più. E perciò mi fermo qui.

(*4 novembre 2000*)

Il Coppi di Belleville

Certe cose se le può permettere solo il cinema d'animazione. Ad esempio una nave enorme che attraversa l'Oceano, e una vecchietta che la insegue in pedalò. Di per sé, una fesseria illogica. Poco più che una barzelletta. Ma la scena l'ho vista in questo film che s'intitola *Appuntamento a Belleville*: ed era poesia pura. Con quella nave disegnata tutta un po' alta sulla linea di galleggiamento, come una ballerina sulle punte, e il pedalò dietro, nella luce del tramonto, nel buio della notte, nel fulgore di una tempesta. In audio: Mozart. Giuro: era poesia.

La vecchietta, tra l'altro, ce la fa. Voglio dire che tampina la nave per giorni e poi, con il suo pedalò, approda in una metropoli che è un po' Montréal un po' New York, e lì non ricordo esattamente cosa fa, perché ero accecato dal disegno della metropoli, una meraviglia, assoluta. Quei disegni che se sono in un libro, o in un fumetto, passi poi le ore a studiarli nei particolari, l'insegna luminosa, il tombino, il piccione che passa, le sbrecciature dei muri, il filo della luce, le mutande stese, la carrozzella dimenticata fuori dal negozio, le tendine semiaperte al primo piano. (Al cinema è diverso. Tutto passa sullo schermo e quel che ti resta è una scia per così dire dolorosa, di meraviglia perduta per sempre. Puoi giusto pensare di tornare a vedere il film una seconda volta. Ma è un po' come quelli che tornano a sedersi nello stesso bar, alla stessa ora, pensando che gli passerà davanti la stessa donna di ieri: e questa volta avranno il coraggio di fermarla. Non funziona mai, come avrete notato.) Dunque ce la fa, la nonnina. Si chiama Madame Souza. Gira con un cane che invece si chiama Bruno. L'Oceano lo attraversa per recuperare suo nipote, taciturno corridore ciclista con la faccia da Coppi triste, rapito mentre stava correndo il Tour de France, e portato via dalla mafia francese per una storia di scommesse. È quel tipo di storia che ti può venire in mente quando hai dodici anni, un pomeriggio di caldo cane, niente da fare, solo figurine sudate da rigirare in mano e un televisore, dal bar vicino, che sputa fuori il Tour de France. Solo che c'è gente che ha dodici anni per tutta la vita, e da quel pomeriggio non è mai più uscita. Sylvain Chomet dev'esser uno di quelli lì. *Appuntamento a Belleville* l'ha scritto e diretto lui.

È andato a ripescare una Francia anni cinquanta (mai vista, lui è del '63), ci ha messo a bollire quei detriti di vita che quando sei piccolo sono la vita (un cane che abbaia al treno che passa, le Due Cavalli che ondeggiano come materassi a molle, tua nonna con la zeppa sotto la scarpa sinistra...), ha condito con un po' di miti (Buster Keaton, i film di gangster, Jacques Tati, la pubblicità del formaggio, che so...) e tutto questo ha fatto diventare disegno e storia. Il risultato è qualcosa d'irripetibile, un formidabile esempio di libertà inventiva e artigianato della fantasia. Ci tengo a sottolineare che io non perdo un cartoon americano da anni, penso che *A Bug's Life* vale tutto Totò, e sono rimasto sveglio anche a *Spirit*. Ma *Appuntamento a Belleville* è altrove, rispetto a quelle cose là: altrove, se capite cosa voglio dire.

Tanto per fare un esempio, in quel film non parlano praticamente mai. Fanno versi, ogni tanto, e voci vere arrivano quasi solo dagli altoparlanti, dalle radio, dalle tivù, cose così. I protagonisti si capiscono perché si guardano e da un'eternità sono compagni della stessa sventura. Oppure non si capiscono e non importa: non gli passa nemmeno per la mente di chiedere. È come se le parole fossero un lusso che nessuno, in quel mondo ridotto all'osso, si può permettere. O una complicazione che nessuno, in quel mondo d'irriducibili, si va a cercare. Uno sguardo, un verso con la gola, e via. È un film che fa molto ridere: e non c'è una sola battuta. Altrove, come dicevo.

Immagino che qualcuno lo troverà un po' lento. E francamente non so immaginare che impressione possa fare ai bambini. Come tante cose che vengono da altrove, passerà come un meteorite imprevedibile nel cielo del marketing. Magari sparisce dopo due giorni. Magari a Natale siamo ancora lì col naso all'insù a vedere il pedalò che attraversa l'Oceano. O quella storia del giornale, del frigorifero e dell'aspirapolvere. Quella è formidabile. C'entra sempre la nonnina, Madame Souza. È ospite da tre scervellate che mangiano solo rane. E lì c'è tutta una storiella in cui c'entrano un giornale, il frigorifero e l'aspirapolvere. Lì per lì non si capisce niente, sembra una stranezza appesa lì: dato che nessuno parla rimane tutto un po' sospeso, insomma passa e tu te ne dimentichi. Poi però qualche minuto dopo ritrovi tutto quanto ricomposto in una gag esatta e geometrica che ti spiega tutto, e mentre ridi ti fa sentire definitivamente sconfitto, meravigliosamente sconfitto, da quel geniaccio là e le sue storie senza senso. Ti alzi e applaudi. Se ti è rimasto un grammo di bellezza dentro, voglio dire. Ti alzi, e applaudi.

(*25 settembre 2003*)

Le cose di Orhan Pamuk

La prima volta che ho sentito questa storia ero piuttosto ubria-
co, ma non bisogna pensare a niente di spettacolare. Ero a Francoforte, al noto raduno biblico di quelli che fanno libri. Era una cena
di editori, tutta gente coltissima e raffinatissima. Io ero uno dei più
sobri. Sarà stato due mesi fa.

Insomma accadde che il mio vicino di tavolo mi raccontò questa storia. Riguardava Orhan Pamuk, lo scrittore turco, premio
Nobel 2006. Mi disse che a un certo punto Pamuk se n'era uscito
con questa bella idea: fare un romanzo in forma di catalogo: per
essere precisi, pensava di scrivere il catalogo di un museo. Aveva in
mente di raccogliere tutta una serie di oggetti, e poi di scrivere una
scheda per ognuno, quasi la voce di un dizionario: e la somma di
queste schede – e degli oggetti – avrebbero rappresentato una storia, e in definitiva un romanzo: un romanzo ottenuto scrivendo la
descrizione di tutti gli oggetti contenuti da un romanzo che non
c'era.

Il fatto è che chiunque ami la forma romanzo, o addirittura la
pratichi come mestiere, sa che è una forma esausta (tipo "olii esau-
sti", un'espressione bellissima che appare di tanto in tanto ai di-
stributori di benzina). Non c'è problema a farla durare ancora decenni: ma solo quelli privi di talento pensano che vada bene così.
Gli altri sanno che è un paradiso un po' asfittico: ci si divertirebbe
molto di più se si riuscisse a evaderne: il problema è capire come.
Per questo, se uno a cena sente parlare di un romanzo scritto come
un catalogo, un minimo di attenzione la fa. Così mi sono fatto raccontare meglio. E in effetti la storia non era finita lì.

Adesso non ricordo se anche il mio vicino avesse bevuto un po',
o cosa: fatto sta che si alzò e mimandomi Pamuk che entrava nel
suo ufficio sventolando le braccia intorno e parlando come un ispi-

rato mi raccontò che un giorno Pamuk era entrato nel suo ufficio e parlando come un ispirato – e sventolando le braccia intorno – gli aveva comunicato che stava per comprare una casa di tre piani, a Istanbul, e stava per farne un museo. Nel museo avrebbe messo in mostra moltissimi oggetti, e poi ne avrebbe scritto il catalogo: si chiedeva se Gallimard l'avrebbe mai pubblicato. Sarà una sorta di romanzo, spiegò.

Io ho un debole per i visionari, quindi figurati se una storia del genere non mi prendeva. Così ho chiesto com'era andata a finire. Adesso so che, se fossi un minimo informato, avrei dovuto saperlo, ma in quel momento no, e quindi lo chiesi al mio vicino.

Be', l'ha fatto, disse.

Il catalogo?

Tutto. Il catalogo e anche il museo.

Veramente?

Certo. Non solo: ha scritto anche il romanzo vero e proprio.

Nel senso?

Ha scritto un romanzo, ha costruito a Istanbul un museo mettendoci dentro tutti gli oggetti contenuti nel romanzo e poi ha scritto un catalogo del museo. Mai sentito parlare del *Museo dell'innocenza*?

Non ne avevo mai sentito parlare (non si ha idea di come io possa essere disinformato: spesso ignoro anche cose fondamentali che riguardano me), ma in quel momento non ebbi neanche il tempo di vergognarmene perché ero completamente assorbito da una crisi di invidia. Do di matto quando scopro che qualcuno ha avuto un'idea geniale che avrei voluto avere io. E quella, c'era poco da fare, era un'idea geniale.

Passata la sbronza, ho scoperto che era tutto vero. In casi come questi, perdo con grande dignità: ho comprato il romanzo (Einaudi, 14 euro e 50) e ho prenotato un volo per Istanbul (Turkish Airlines, molti più euro).

Il libro è una storia d'amore ambientata a Istanbul, negli anni settanta. Un ricco trentenne, fidanzato con una splendida ricca trentenne, entra in un negozio per comprare una borsa, conosce una commessa di diciott'anni, bellissima, e se ne innamora perdutamente. I due diventano amanti, e le loro vite deragliano. Non bisogna pensare a una semplice storia d'amore: "passione devastante" è un'espressione che rende meglio l'idea. Concedendomi una tardiva vendetta, annoto che il libro è scritto con una scrittura scialba, spesso irritantemente cheap e, almeno per me, di una tra-scuratezza inspiegabile. Ma devo aggiungere che la storia è raccon-tata benissimo, e il lento stratificarsi di ogni minimo dettaglio risul-ta dominato con un mestiere fantastico. I due protagonisti si chiamano Kemal (lui) e Fusun (lei): se c'è un torneo specifico per coppie amorose indimenticabili, quelli finiscono dritti dritti nella top ten. Riassumendo: come aveva già dimostrato Conrad, esisto-no romanzi bellissimi scritti male.

Poi, c'è il Museo. Sono andato a cercarmelo in una grigia Istan-bul autunnale, senza luce e senza colori: non essendoci mai stato prima, ho passato il tempo a guardarla cercando di immaginare quale splendore avrebbe potuto essere se solo qualcuno le avesse tolto il cellophane da dosso. Una sola cosa credo di averla capita: è una città indecisa. Tra l'Europa e l'Asia, tra il caos e la tranquillità, tra la velocità e la lentezza. Non sa decidersi. Così, a prima vista, mi sembrerebbe il posto perfetto per quando si ha bisogno di *non* prendere una decisione. Accade, talvolta. Nel caso, annoto che galleggiare sul Bosforo può aiutare, nella circostanza, a sentirsi de-gli eroi invece che degli imbelli.

Ma comunque.

Nel cuore di un quartierino niente male – tutto laboratori e antiquari alla buona – c'è il Museo dell'innocenza. Casa d'angolo, tre piani, colore rosso vinaccia. C'è riuscito davvero, a farlo, Pa-muk. Chapeau. E l'ha fatto con una cura infinita, con un gusto raffinatissimo, e una follia ossessiva che desta meraviglia. C'è una bacheca per ogni capitolo del libro: e nella bacheca sono esposti praticamente tutti gli oggetti che sono citati nel capitolo: un lavoro certosino che si immagina fatto dallo stesso Kemal, per dare un senso a quello che aveva vissuto. Quando dico "tutti gli oggetti" parlo di cose come: bicchieri mezzi pieni di raki, foto, orecchini persi nel letto, ritagli di giornale, orologi su cui si era letta un'ora fatale, matite, rubinetti, scarpe, portacenere, boccette di inchio-stro, biglietti di tram usati, lampadine, ritagli di giornali, scatole di medicinali, cartine stradali, forchette. Se collezionarli e esporli vi sembra folle, o inutile, ricordo che il libro racconta la storia di una passione devastante. È l'indice di un amore folle. Se potete per un attimo tornare alla vostra ultima passione devastante (chi non l'ha avuta può scendere qui, grazie), provate a chiedervi questo: ma se dietro a voi fosse passato un invisibile curatore della vostra storia d'amore e avesse raccolto tutto quello che vi lasciavate dietro, mentre vi amavate, e un giorno avesse raccolto tutto in un museo, in un piccolo museo fatto bene, non vi sarebbe sembrata una cosa non dico meravigliosa, ma almeno del tutto naturale, ovvia, ragionevole? La risposta è sì. Per capirsi, annoto quel che si vede appena entrati, sulla parete che ci si trova di fronte: un'enorme bacheca in cui, appuntati con degli spilli, come coleotteri, ci sono tutti i mozziconi di tutte le sigarette fumate da Kemal e Fusun nel libro: struggente. Io, in fondo, non avrei neanche bisogno di risalire a una passione devastante: ogni volta che viviamo davvero, siamo leggenda: tutti i calzini dei miei figli che ho tirato su da per terra, se raccolti con quell'eleganza in una bacheca grande come una parete, sarebbero altrettanto struggenti.

Così, mi sono seduto lì, su una panchetta, come faccio quando un museo mi piace, e me ne sono stato a pensare. La prima cosa che mi è venuta in mente è che mestiere straordinario fa, chi per mestiere scrive libri. Voglio dire, il museo mi stava aiutando a ricordarmi la quantità vertiginosa di dettagli che un libro salva dall'inesistenza, fermandoli per sempre. Praticamente si raccontano storie, di corsa, e mentre si corre si arraffa al volo tutto quel che si può, per portarlo in salvo. Sono gigantesche orme di mondo, formate da migliaia di piccoli dettagli. (Mi sono immaginato un museo analogo fatto con *Madame Bovary*: che spettacolo.) Poi ho pensato che non era un museo sull'amore, non bisognava sbagliarsi, al proposito. È un museo dedicato a una certa intensità che noi umani siamo in grado di proiettare sugli oggetti: lo facciamo quando viviamo una storia d'amore, certo, ma lo facciamo un sacco di altre volte: generiamo intensità. Nella vita lo facciamo con misura, perché lì lo scopo del gioco è sopravvivere: con una certa maestria, teniamo la temperatura bassa, scivoliamo via, selezioniamo. Ma in un libro... Lì è un'altra cosa: lì ci si concede alla follia. E finché scriviamo non ce ne accorgiamo *veramente*, non capiamo fin in fondo di che pazzia vertiginosa si tratti: ma lì, in quel museo, che per una volta traduce in oggetti reali – tutti diventati leggenda, tutti investiti da un'intensità irragionevole – i dettagli portati in salvo da un libro, un'idea te la fai della sontuosa follia, e ossessione, a cui ci si concede scrivendo. Che gesto incauto. Tutto quel mondo costretto a diventare memorabile. Tutta quella intensità, senza freni, senza condizioni. Non c'è da stupirsi che scrivere resti una delle rare occupazioni in grado di disassarti davvero l'anima. Come si può uscire indenni da un esodo così spietato dall'insignificanza? Come si può stare per tutto quel tempo in una simile temperatura senza uscirne ustionati?

Più si salva la vita – l'orma della vita – più ci si uccide, si direbbe.

Poi all'uscita, ho comprato anche il catalogo. In effetti Pamuk aveva visto giusto: è più bello del romanzo. Ma è ovvio che la cosa migliore, potendo, è mettere in sequenza tutt'e tre le cose: romanzo, museo, catalogo. Allora davvero è come entrare in un'*opera*, ed è un viaggio non qualunque. Al termine c'è anche una morale, probabilmente: a sentire Kemal, non c'è niente che si possa vivere di più intenso – e quindi felice – che perdere la persona amata. Non so. È possibile. Ma non ho certezze, al riguardo. Più chiaro, se proprio bisogna restare all'esperienza amorosa, mi è sembrata l'enigmatica frase di Coleridge che Pamuk ha messo in testa al suo libro (e di cui gli sarò eternamente grato). Sono sicuro che dica qualcosa di finale, di certo sull'amarsi, forse perfino un po' sullo scrivere libri – o su ogni cosa. Non so, è una cosa un po' vaga: ma millimetrica è la bellezza della frase.

È una domanda. Ho come il sospetto che metà delle cose che ho fatto, in una vita, le ho fatte per darle una risposta. "Se un uomo sognasse di trovarsi in Paradiso e gli venisse dato un fiore come prova che la sua anima è stata lì, e al suo risveglio si ritrovasse con quel fiore in mano – cosa accadrebbe?"

(*4 gennaio 2015*)

Il sangue di Cormac McCarthy

Ogni tanto qualche scrittore riesce a cambiare le carte in tavola. A creare nuovi paesaggi. Non si limita a scrivere libri belli. Scrive libri che sono mondi radicalmente inediti. È come se aprisse ai viaggi dell'esperienza territori inesplorati. Spalanca la geografia della scrittura. Negli ultimi vent'anni, di tipi del genere non ne sono mancati: uno è Cormac McCarthy. Se siete pigri o non avete tempo di pensare, potete cavarvela dicendo che è poi sempre un Faulkner rivisitato, e liberarvi dall'incombenza. Ma se vi importa di capire qualcosa, allora leggete McCarthy rimanendo in ascolto: quella musica non la suonava nessuno, prima di lui. Non in quel modo, almeno.

La musica di McCarthy è crudele. Miseria, violenza, orrori e tragedia sono il filo con cui tesse le sue storie. Se però immaginate qualcosa di pulp, siete sulla cattiva strada. Qui la violenza è sacra, è un simulacro che si aggira per la terra come un testo biblico che promette apocalissi. Non c'è niente di grottesco, e non c'è niente da ridere: l'orrore ha la serietà di un profeta: e non ha mai la futilità del presente: prescrive il futuro. La musica di McCarthy è lenta. I suoi libri aprono un tempo molto particolare, indescrivibile, bisogna provare. Impongono un tempo (di solito un buon indizio per riconoscere il grande scrittore). Ti rallentano. Sminuzzano l'accadere in una rete di microeventi che sgranano il tempo fino a una lentezza in cui tutto suona solenne e definitivo. Chi non riesce a calarsi in quell'andatura, chiude il libro e se ne va. Chi si piega, entra in un mondo inedito: che è una delle buone ragioni per aprire un libro, qualsiasi libro.

La musica di McCarthy è gelida e scotta. Questa è una vera

acrobazia. Qualsiasi narratore cerca il suo cammino in mezzo a quelle due sponde: una freddezza insignificante e inutile, e un'ipertrofia sentimentale kitsch e truffaldina. Le due sponde sono più vicine di quanto generalmente si pensi. E quel cammino è sovente una sottile striscia di terra su cui è difficile mantenere l'equilibrio necessario. McCarthy ha inventato una traiettoria geniale che avvicina all'estremo le due sponde, fino a farle fondere una nell'altra. Apparentemente molto freddi, i suoi libri sono in realtà di un'intensità ossessiva. Ci potete trovare uno sguardo che impassibile registra eruzioni spettacolari e una pagina dopo cartoline sentimentali che in qualsiasi altro libro suonerebbero deplorevoli. C'è qualcosa nella sua scrittura che ricorda l'autorità che hanno le pietre. Come un'umanità pietrificata. Passato che è diventato terra, indurito dal tempo, ma non ucciso. Memoria fossile. Scrittura nel senso più alto, e carismatico, e sacro. Non che gli riesca sempre, è ovvio. Ma spesso. E vedere accadere una cosa del genere è uno spettacolo.

La musica di McCarthy è furba. Nel senso che tecnicamente è molto sofisticata. Ma usa trucchi inediti, e dunque in gran parte invisibili. Nasconde con enorme abilità i dialoghi nella voce del narratore; usa sovente lo spagnolo (quasi tutte le sue storie vagolano, anche linguisticamente, intorno al confine tra Stati Uniti e Messico) ottenendo zone di semi-incomprensibilità che danno un bellissimo ritmo sincopato alla narrazione; adotta l'orizzonte epico del western, spostandolo però fuori dalla tradizione del genere, riuscendo così a conservarne la forza ma ad annullarne il tratto ideologico e truffaldino; "scarica" con grande abilità tutti i passaggi forti della narrazione nascondendoli, circondandoli di gelidi ammortizzatori, disegnandoli obliqui tra le righe di una trama geometrica e impassibile. Tecnica pura. Ma fusa nel corpo della narrazione, e pressoché invisibile. Ci puoi ragionare dopo aver letto. Ma mentre leggi, subisci e basta. Un bel modello per chi si interroga sul ruolo della tecnica pura nel gesto dello scrittore.

La musica di McCarthy suona una sola canzone e sempre quella. Racconta di gente che con pazienza infinita cerca di rimettere a posto il mondo. Di riportare le cose dove dovrebbero stare. Di correggere le impurità del destino. Che sia una lupa, o dei cavalli rubati, o un cadavere, o un bambino perduto: quello che fanno è cercare di riportarli al loro posto. E non c'è spazio per la ragionevolezza o il buon senso: è un istinto che non conosce limiti, un'ossessione incurabile. Se occorre la violenza, si usa la violenza. Se bisogna morire, si muore. Con la ferocia e l'ottusa determinazione di un giudice che deve riequilibrare i torti della sorte, gli eroi di McCarthy vivono per ricomporre il quadro sfigurato del mondo. Il reale è una Ferita, e loro ne cercano i lembi, e inseguono la saggezza che saprebbe riunirli nella salvezza di qualche cicatrice. Immaginare quel gesto, già è un viaggio. Raccontarlo, questo è quel che riesce a McCarthy.

(*16 giugno 1999*)

Il calcio altrui

Manchester. A volersi fare l'Europa da sud a nord, da Barcellona a Manchester, c'era il calcio degli altri, da vedere, questa settimana, messo in vetrina da due semifinali di Champions League. Spagnoli, inglesi e tedeschi. Real Madrid, Barça, Manchester United e Bayer Leverkusen. Dato che è un anno che faccio penitenza guardando Comotto dribblare, ho pensato che era l'occasione buona per vedere che ne è del calcio sui campi dove, dice Platini, ancora sanno giocare e riescono a divertirsi. Così sono andato. E ho visto.

A me affascina il prima. Quello che c'è prima del fischio di inizio. Per dire: incomincio a capire che calcio è se vedo come la gente arriva allo stadio e soprattutto: cosa mangia. Al Nou Camp, a Barcellona, delusione. Senza tante cerimonie si incolonnano in un'orgia di auto e motorini, arrivano all'ultimo, buttano giù un hot dog senza storia (chioschi globalizzati, non una fetta di jamón neanche a pregare) e, se gli resta un po' di tempo, finiscono ingoiati da uno store della Nike (sponsor del Barça), dove c'è molta Nike e poco Barça. A Manchester, lì, è un'altra storia. La partita è qualcosa che inizia tre ore prima. A casa, si vestono: maglia rossa, bella tesa sulla pancia birrosa, e via. Poi dritti a stiparsi come giapponesi in un tram che sballotta fino allo stadio. Venti minuti da incubo, per un claustrofobico (io), ma puro divertimento per loro, che, invece di svenire, cantano, aspettano le frenate per fare la ola, e ruttano la prima birra. Quando scendono, alcuni recuperano i bambini persi nel parapiglia, altri no. Non importa. Tutti si avviano verso lo stadio, e se ti stai chiedendo perché siano già lì due ore prima del fischio di inizio, la risposta ti arriva sotto forma di zaffata molesta. Prima pensi che ci sia nei dintorni una raffineria: poi inquadri i chioschetti degli hamburger, e capisci. L'ultimo incrocio, prima dello stadio, è un capolavoro. Se ne stanno a centinaia, finalmente a mollo in un tempo vuoto, appoggiati ai muri o seduti per terra, a sfidare piattini di roba micidiale: niente globalizzazione: cucina inglese (ossimoro): la cosa più leggera è una patata sepolta di fagioli. Il resto sono fritti semivivi, coperti da salse lubrificanti e varati in allegria su un fiume di birra. Ci vuole un fisico bestiale. Loro ce l'hanno.

Intanto che smaltiscono (eufemismo), i dintorni gli versano addosso il mito dei Red Devils. Dalla spilla al vecchio calzino di Best, trovi tutto. Magari il calzino è falso, ma che importa? Il mito rumina incantamenti, ed è chiaro che quando tutto inizierà non sarà solo un pallone che viaggia, ma fantasie in libertà nelle teste di bambini e assicuratori in pensione. Quello che capisci è che la partita in sé è una parte del rito, non necessariamente la più significativa. E il rito è puro divertimento, una cosa infantile e semplice. Un certo modo di giocare, nasce da lì, dalle fritture e dalle spilline. Come ha degnamente sintetizzato una volta Ryan Giggs, ala sinistra dei Red Devils: "Se lavori tutta la settimana, quando vai allo stadio lo fai per divertirti: per questo noi giochiamo sempre all'attacco: se attacchi, la gente si diverte". Magari un po' riassuntivo, ma efficace.

Poi, gli stadi. Altra faccenda che modifica uno sport. Il Nou Camp, a Barcellona, è un mostro di cemento da novantottomila persone. Niente pista d'atletica, gradinate a picco sul campo. Non so cosa vedano quelli appollaiati nelle ultime file in alto, ma se sei giù, quello è calcio. Potrei dire che deodorante usava il guardalinee. E la finta con cui Overmars va sul fondo (sempre) ancora un po' e potevo toccarla. Stessa cosa all'Old Trafford: anzi, meglio. Più piccolo e con una pendenza morbida degli spalti, una roba dolce da collina inglese. Tutto coperto, lì, per cui la musica della folla torna giù con una violenza che stordisce, applausi o fischi che siano, un rimbalzo sonoro che stecchisce. Metti che sei un terzino col piede di Delli Carri e ti arriva uno spiovente da stoppare, e tutto l'Old Trafford sta cantando non so che canzonaccia vertiginosa: auguri.

Già, la musica della gente. Quella ti colpisce. Niente a che vedere con gli stadi italiani: in quello è davvero un altro calcio. Questi commentano tutto. Il disimpegno, la zuccata dello stopper (ops, il centrale), perfino la rimessa laterale, basta che la fai un po' lunga. All'Old Trafford non fanno passare una scivolata da terzinaccio senza un'ovazione. A Barcellona, per un tunnel rischioso e inutile ti ringraziano in centomila. Il risultato è una musica diversa. Da noi è tutta una strisciata di rumorosi silenzi che si trascina, condita da imprecazioni varie, fino a quando la palla entra in area e, allora, boato. Lì è una cosa che non si ferma mai, applausi, poi ululato, poi un ooooohhhh da bambini (centomila bambini, però), un altro applauso (stop di petto), fischi, altro ululato (colpo di tacco), un secondo di silenzio (cross), boato (zuccata e palla fuori). Applausi. Un'altra musica, dico.

In campo, un altro calcio. Potrebbe essere diverso, date le premesse? Al Nou Camp c'era un classico. Barça contro Real Madrid. Partita del secolo, dicevano i giornali, sdrammatizzando. Dopo dieci minuti si erano già viste cinque palle goal, e sembrava passata mezz'ora. Niente partita a scacchi: lì è chiaro che se tieni la posizione, bene, se invece preferisci giocare, meglio. E allora via con il dribbling al limite dell'area (tua), tocchetti al volo a centrocampo, mai un colpo senza fintare il contrario, scatto sistematico a dettare il passaggio, e poco importa se poi non ce la fai a rientrare. Risultato: palle goal a raffica e gente in delirio. Immagino che poi, vincere, gli freghi anche qualcosa: ma devono essersi messi d'accordo che o lo si fa in quel modo o non vale la pena.

In quello squinternato mare di giocolieri pazzi, galleggia, immenso, Zidane. Passo dinoccolato di uno che prova le scarpe, sguardo sempre un po' preoccupato (di che?). Il Barça gli ha appiccicato addosso Motta, una specie di Tacchinardi con la classe di Albertini. Zidane la prende con calma, ricama controlli con tutte le parti del corpo, esce palla al piede da ingorghi indecifrabili, ogni tanto pianta accelerazioni che spengono l'audio del Nou Camp. Quando è il caso, mena. Cartellino giallo, al '28, per una bella ramazzata alle caviglie di Motta. Per chi ama il calcio, lui è un enigma non tanto per quello che fa, ma per dove lo fa. Il numero 5 sulle spalle non dice niente. L'ho visto partire davanti alla difesa, a dirigere il traffico. Poi però era anche sull'ala a crossare e in mezzo all'area a raccogliere il cross di testa (non il suo, a quello non è ancora arrivato). Allora la gente dice che gioca a tutto campo. Ma descritto così sembra un grullo che gira a casaccio. La cosa è più sottile. A me ricorda Michael Jordan. Non è che loro cercano il gioco: è il gioco che cerca loro. Loro sono il baricentro, il resto gli gira attorno, secondo una logica che ha qualcosa di irrazionale, perfino di magico. E se qualcosa accade, accade dove sono loro.

Così, ad esempio, all'inizio del secondo tempo mi sono ritrovato Zidane proprio davanti, un po' defilato sulla sinistra, sulla linea degli attaccanti. Sonnecchiante. Come uno andato lì a cercarsi l'ombra. Forse non ne poteva più di Motta. Forse era stufo? Me lo stavo chiedendo quando il gioco se l'è andato a cercare. In quel posto abbastanza assurdo, che fin lì era sembrato poco più che un ricovero. Taglio di Raúl e scatto di Zidane, tramutatosi di colpo in una specie di Overmars big size. Palla al piede taglia verso il centro con Cocu a sferragliare dietro, in recupero esterrefatto. Entra in area, dal vertice sinistro, ci pensa un istante e tra le tante cose che potrebbe fare sceglie, coerentemente a quel calcio lì, la più assurda: pallonetto di interno destro. Provateci, in camera vostra. Sei lì, a sinistra, in corsa, e stacchi un pallonetto di interno destro. Pallone nel sette, dall'altra parte, e Nou Camp allocchito. Il giorno dopo, sul "Mundo Deportivo", leggo la ricostruzione più precisa di quel gesto: "Una vaselina de Zidane cuando los azulgrana llevaban 55 minutos...". Non so, nel gergo calcistico spagnolo, cosa voglia dire "vaselina", e non voglio saperlo. Ma era quella cosa lì.

A Manchester, altra storia. Perché il Leverkusen macina un gioco che sa di Italia, e i Red Devils ci rimangono appiccicati. Il mister dei tedeschi deve aver studiato i nostri: piazza giocatori sul campo come fagioli sulla cartella della tombola: come una vecchia signora dai capelli viola copre tutte le caselle e alla fine si alza e grida Bingo. Che per lui è un 2 a 2 di lusso. Dall'altra parte, i Red Devils: che hanno in mente un altro calcio ma lì sembravano bagnanti rimasti ingorgati sull'autostrada sognando il mare. Dalla palude di una partita tattica riescono giusto un paio di volte a staccare la loro mossa preferita, quasi un marchio di fabbrica, una cosa che, con quella esattezza, sanno fare solo loro. Svuotano un pezzo di campo. Lo ammazzano. Non so come facciano ma riducono un pezzo del prato a zona deserta: non ti stupiresti di trovarci una famiglia a fare il picnic ("un posto così tranquillo..."). Quando l'hanno ben bene svuotato, ci fiondano dentro uno dei loro, partito chissà da dove, chissà quanto tempo prima, quando lo vedi è già in piena velocità, tipo fuga per la vittoria: e, sorprendentemente, ha anche la palla tra i piedi. Poi cross, zuccata y apoteosi final, comunque sia andata: fish and chips permettendo, tutti a scattare in piedi ululando gioia per un calcio che chissenefrega, I love this game.

(26 aprile 2002)

La taglia ecologica di Maurizio Ferraris

Se non ci fossero domande più pressanti, un buon interrogativo a cui dedicarsi sarebbe: esistono ancora i filosofi? O, per essere più precisi: dove sono?, cosa stanno facendo?, e in particolare: cosa stanno facendo per noi? Si registra vagamente un gran frullare di maestri in giro per le università del globo e di tanto in tanto si nota il risalire di uno dei loro libri allo sguardo dei media – poi subito attratto altrove. Così si finisce per immaginarli, i filosofi, come sapienti risucchiati da un qualche loro raffinatissimo dibattito tecnico, in cui la giusta disposizione dei pensieri sembra essere divenuta, nel tempo, l'unica finalità: di fornire letture del mondo e indicazioni per la sopportazione del reale, non sembrano avere tutta quell'urgenza. Una specie di elitaria arte marziale per cervelli. Soprattutto sembra essere sfumata una certa fulminante capacità di disincagliare le coscienze: il gesto con cui gli Aristotele, i Cartesio, i Kant sapevano strappare via il mondo da blocchi mentali quasi genetici, inaugurando mutazioni tanto profonde quanto irresistibili. Oggi, se una mutazione è in atto, sembra piuttosto risalire a oggetti, o a schemi mentali derivanti da oggetti, e spesso oggetti in vendita, di uso quotidiano. Facile che ci abbia più cambiato Bill Gates che Derrida, per dire. Si potrebbe affermare la stessa cosa delle ferrovie a vapore e di Hegel? Non so, non così tanto, mi verrebbe da rispondere. Ma forse è cecità nostra, ignoranza bella e buona, sguardo puntato nel punto sbagliato, come sempre più spesso accade. Non so.

Nel dubbio, mi son messo a leggere l'ultimo libro di Maurizio Ferraris (*Documentalità. Perché è necessario lasciare tracce*, pubblicato da Laterza). L'ho preso in mano un po' per il piacere puro di tornare a leggere di filosofia, ma soprattutto per cercare di smussare appunto quella cecità, andando a vedere da vicino cosa diavolo poteva fare, oggi, un filosofo: ero curioso di sapere cosa usciva dalla sua officina. Per almeno metà libro è stato tutto facile perché, mi è sembrato, l'autore stava intrattenendosi con la stessa curiosità che avevo io. Stava cercando di capire se tutto quello che la filosofia aveva partorito fino a quel momento era di qualche utilità per il vivere dei viventi. E bisogna vedere che diavolo di risposta riusciva a dare. Con una sorta di ingenuità temeraria (solo i filosofi e i bambini ne sono capaci) Ferraris ha deciso di fare una sorta di censimento di ciò che sta al mondo: tutto, dai sogni allo spray nasale, passando per le balene e le leggi dello Stato. E poi si è chiesto se quello che la filosofia ci ha lasciato, a proposito di quel tutto, ha retto alla prova dei fatti: diciamo all'evidenza dell'esistenza quotidiana. Risposta: niente, quasi niente, molto poco. Fa anche un po' effetto vederlo smontare allegramente l'epistemologia kantiana, o il decostruttivismo postmoderno, né mi arrischierei a giudicare se le sue confutazioni sono davvero così ineccepibili, sul piano logico, come sembrano. Ma una cosa interessante, e condivisibile, mi sembra di averla imparata: come un'intuizione, che sembra cogliere nel segno. Ferraris parte dal denunciare la forzatura di cui siamo debitori a Kant: l'idea che ciò che esiste, esiste perché noi lo percepiamo, e nei modi dettati dalla nostra percezione. Se siamo macchine che percepiscono solo in forme temporali e spaziali, le cose si disporranno nello spazio e nel tempo: diversamente non esisterebbero nemmeno (almeno per noi). Una simile convinzione ha generato un primato del soggetto sugli oggetti: a rigor di logica, esistono solo schemi della nostra mente, e le cose dispongono di un'esistenza del tutto sussidiaria alla nostra. Scivolando su questo piano inclinato non ci si ferma più: così è stato possibile dire, con Nietzsche, che non esistono fatti ma solo interpretazioni, o, con Derrida, che non esiste nulla al di fuori dei testi. Quel che accomuna queste posizioni, annota giustamente Ferraris, è il ridurre l'essere al sapere, il sostituire alla realtà i nostri schemi mentali: non c'è nulla al di fuori del ronzio, spettacolare, della nostra mente. Col risultato, piuttosto romantico, di descrivere una situazione infinita, mai circoscritta dai confini delle cose reali, e perennemente allo sbando nella possibilità senza fine della nostra soggettività. Bello, ma scomodo. Soprattutto, dice Ferraris, irreale. La nostra esperienza sembra dettarci l'esatto contrario: la banalità del vivere insegna l'inevitabile stare lì delle cose, degli oggetti, della realtà. Che sembrano completamente indipendenti da noi, sicuri in una loro logica di permanenza in cui noi non c'entriamo e che solo a fatica, e talvolta, riusciamo a modificare. Non so se abbia ragione, ma dice Ferraris che occorre tornare a una sorta di oggettivismo realistico. Fidarsi delle cose, mi verrebbe da tradurre. È quello che la gente fa, dice. E qui sta l'intuizione che mi ha colpito.

Ce la caviamo, nella vita di tutti i giorni, usando un sapere molto approssimativo, fatto di credenze, abitudini, e luoghi comuni. Sebbene Cartesio abbia chiarito una volta per tutte cosa vuol dire certezza, noi ne facciamo volentieri a meno e ci muoviamo nella quotidianità convinti che scegliersi uno standard così alto di verità non sia affatto una buona idea, se quel che devi fare è vivere. Lasciamo volentieri alla scienza la pratica della certezza (riservandoci se mai di goderne i frutti) e nell'esperienza ordinaria ci regoliamo con parametri assai più morbidi. La ricerca della verità assoluta non sembra essere particolarmente utile per arrivare a sera, così la coltiviamo in zone protette – la scienza, la filosofia, forse l'arte – ma non la usiamo quando si tratta di vivere. Così, ciò che la filosofia ha quasi sempre descritto come un unico interrogativo – che chances ha il soggetto di controllare l'oggettività? – finisce per trovare risposta nella scissione in due prassi distinte: l'esercizio della verità, da una parte, e la gestione della realtà, dall'altra; il sapere della scienza, da una parte, e il credere dettato dall'esperienza, dall'altra. Non è uno strabismo, questo è importante capirlo: è una sorta di pacifica schizofrenia. Cervelli a due velocità. Binari paralleli. Naturalmente, mi affascina il secondo: quello del credere, parallelo a quello del sapere. Il sapere imperfetto che è il motore dell'esperienza. Il quasi-sapere superficiale ma utile, come lo definisce Ferraris, con cui ci muoviamo tutti i giorni. Mi affascina perché ci vedo, finalmente, qualcosa che decifra bene il presente: che dà un nome a un apparente assurdo che tutti rileviamo. Ferraris ne dà un dettaglio ammirevole quando parla di taglia ecologica. L'arredo della nostra esperienza quotidiana – dice, con una bella espressione – è costituito da oggetti di taglia media: taglia ecologica, dice. Significa che non abbiamo a che fare con molecole o Quark (taglia minuscola), né con galassie o cicli geologici (taglia enorme): noi viviamo tra tavoli, laghi, matrimoni, e suoni tra i venti e i sedicimila Hz. Taglia ecologica. Perfino i problemi morali, sembra di capire, hanno per lo più una taglia ecologica: fare un bambino in provetta o non farlo. In questo arredo, l'uomo si muove, e il quasi-sapere superficiale ma utile sembra essere lo strumento su misura per cavarsela. Veloce, flessibile, leggero (virtù riassumibili in una parola che un tempo era considerata un insulto: superficialità). Uno strumento perfetto. Mi colpisce che un filosofo abbia potuto riconoscerne la legittimità, e ancor più che abbia cercato di immaginare un sistema in cui questo strumento leggero convive con lo strumento pesante della ricerca della verità: è poco più che un'intuizione, ma non è difficile vederci un cambio di gioco che potrebbe aiutarci a spiegare il pragmatismo celibe a cui da un po' sembriamo affidare gran parte delle nostre scelte.

Per la cronaca, va comunque aggiunto che il libro di Ferraris ha anche una seconda parte, che un tempo si sarebbe chiamata construens. La genera un'intuizione che non saprei giudicare ma che volentieri riferisco: nel campo degli oggetti, una categoria tutta speciale è costituita da quelli che Ferraris chiama gli oggetti sociali. Una promessa, un debito, una recensione, un messaggio sul telefonino, un atto d'acquisto, un quadro e così via. Oggetti, sì, ma non della stessa specie della montagna o del capello: non esisterebbero se non esistessero almeno due soggetti che la suscitano, la registrano e in essa si incontrano. Atti iscritti, li chiama: registrarli, scriverli, farne un documento è il gesto che, per così dire, li crea. Usando una terminologia barbara, si potrebbe dire che hanno in sé, come una necessità, l'estensione ".doc". La rete di questi oggetti sociali, nota giustamente Ferraris, è immensa e, a ben pensarci, costituisce una parte assai significativa di ciò che chiamiamo esperienza. La cosa affascinante è che è generata chiaramente dai soggetti, ma poi diviene, si trasforma, secondo una logica che sembra piuttosto oggettiva: diventa realtà, fuori da noi. Comprendere la logica con cui quella rete si muove, il misterioso incrocio di spinte soggettive e movimenti oggettivi che ricrea in ogni istante quella sorta di "mondo.doc", significherebbe capire molto di ciò che accade e, soprattutto, ci accade. E quello, argomenta Ferraris, sarebbe un bel compito per la filosofia: individuare gli oggetti sociali e comprenderne il funzionamento. Prendere sul serio la vertiginosa tendenza collettiva a produrre documenti e riconoscere che in quei sedimenti notarili crepita un certo spirito del tempo, se non lo spirito tout court. Parole impegnative, ma Ferraris le arrischia. Così che, alla fine, un'eventuale anima del mondo torna a coincidere con l'antica prodezza dello scrivere, o quanto meno trova albergo nel cavo di quella permanenza sapiente che è la scrittura. Verdetto singolare, se si tiene conto che dovremmo abitare una cosiddetta civiltà dell'immagine. E invece. Tutto ciò che è oggetto sociale è scrittura. Coerentemente alla profezia, splendida, pronunciata da Derrida quando ancora i telefoni servivano per parlare e non, come poi abbiamo scoperto, per leggere e scrivere.

(*20 aprile 2010*)

Dieci idee nate così

Se nella vita scrivi libri, bene o male sei sempre a caccia di storie. Un modo di trovarle è leggere: qualsiasi cosa, in qualsiasi momento. Alle volte passi ore a sfogliare roba e ti porti a casa giusto qualche briciola; altre, abbassi gli occhi su una pagina e trovi il tuo prossimo romanzo. Va così. Ma certo accade, di tanto in tanto, di trovare delle vere e proprie miniere. Faccio un esempio a caso: *La Domenica* di "Repubblica". Sono dieci anni che la tengo d'occhio, e il mio taccuino è pieno di mozziconi di storie che vengono da lì: spesso è anche solo un nome, o una data. Per me che me li appunto, sono il cuore di un possibile racconto, o addirittura di un romanzo. Sono il possibile inizio di un sacco di cose. Faccio un mestiere strano.

Comunque sia, dovendo festeggiare in qualche modo il decennale, mi sono deciso a restituire una parte del maltolto. Ho aperto il taccuino, ci ho preso dieci appunti che vengono da *La Domenica*, e ho pensato di spiattellarli qui. Quel che vorrei far capire è che il giornalismo, quando è narrazione, ha nel sangue un virus: farsi contagiare, e ammalarsi alla grande, è poi un nulla. Dunque, con gratitudine e ammirazione, ecco la cronaca di dieci istanti in cui ho rubato a *La Domenica* una scheggia di realtà, o di fantasia, pensando, almeno per un attimo, di cavarne un libro.

1. *Il rigore perfetto* Gennaio 2005. Leggo un articolo su un pazzo che si è messo in testa di studiare il sistema perfetto per battere un calcio di rigore. Con costernazione apprendo che non si tratta di un pazzo ma di un laureato a Oxford. Nome: Ronald Ranvaud (tipico nome da romanzo). Attualmente insegna fisiologia e biofisica all'Università di San Paolo del Brasile (e lì si comincia a capi-

re...). La sua idea è che, se ti metti a studiare le cose per benino, riduci il caso a nulla, e il resto è scienza. Lo ha molto incoraggiato sentire un centravanti brasiliano pronunciare la seguente frase: "Certo, ci vuole fortuna, ma ho notato che più mi alleno più sono fortunato". (Per un attimo penso a un romanzo in cui uno studia per anni il metodo perfetto per battere un calcio di rigore, e intanto la sua vita va a pezzi senza che lui riesca anche solo minimamente a capirci qualcosa. Nella scena finale l'uomo, ormai in rovina, batte, a piedi nudi, un rigore, in un giardino pubblico, contro un bambino di sette anni, e in una porta che come pali ha un maglione e un cane addormentato. Mai scritto. Il libro, dico: non riuscivo a decidermi se segnava o no.)

2. *Il signor Moplen* Nel dicembre 2004 finisco su un articolo dedicato al Moplen. Come sarebbe a dire "cos'è?". Non scherziamo: la mia generazione ci è cresciuta, col Moplen. Praticamente era la plastica: ma prima non esisteva. Adesso la plastica è demonizzata, ma bisogna pensare che, ai tempi, era un anticipo di Paradiso (si avevano idee piuttosto modeste a proposito del Paradiso). Dall'articolo apprendo che a inventarlo, il Moplen, era stato un italiano con un nome da comunista: Giulio Natta. (Per un attimo concepisco il progetto di raccontare tutta la mia giovinezza raccontando dodici oggetti in Moplen. Abbandono presto il progetto perché detesto scrivere libri troppo esplicitamente autobiografici.)

3. *La teoria dei vetri rotti* Nel settembre 2007 leggo, non so perché, un articolo sulla "tolleranza zero", mitica dottrina dell'allora sindaco di NY. Apprendo che si trattava di una bufala, e va be'. Quel che mi colpisce però è la "teoria dei vetri rotti": dice che il degrado di un quartiere non è l'effetto ma la causa della delinquenza. Abbiate cura delle strade, dei giardini, dei vetri alle finestre, e la gente si vergognerà di rubare: più o meno suonava così. Per legittimarla, tal Philip Zimbardo, psicologo di Stanford, fece il seguente esperimento: parcheggiò un'automobile senza targa e col cofano aperto in una strada del Bronx, e un'altra automobile, nelle stesse condizioni, in una via di Palo Alto, California. Poi stette a vedere cosa succedeva. Nel Bronx, dopo dieci minuti era già arrivata una famigliola a portarsi via la batteria: in ventiquattr'ore, la macchina era ridotta ai minimi termini. A Palo Alto, per una settimana nessuno la toccò. Allora il prof. Zimbardo ne fracassò una fiancata con una mazza da fabbro: da quel momento bastarono poche ore per vedere famigliole per bene spuntare da ogni parte e

portarsi via tutto. Fine dell'esperimento. (Per un attimo immagino un racconto con un montaggio alternato, prima su una macchina e poi sull'altra. Solo i suoni, le parole, le voci. Poi capisco che sarebbe un racconto che piacerebbe solo a me.)

4. Le misure scomparse Nel luglio 2008 non posso fare a meno di leggere un articolo dall'argomento sublime: le misure scomparse. Nel senso: tutte le unità di misura che sono scomparse dopo l'avvento del metro. Già i nomi sono commoventi: il cubito, la parasanga, l'acro (apprendo, tra l'altro, che l'acro è di origine medievale e indicava, oh meraviglia, la quantità di terreno che un uomo e un bue potevano arare in una giornata di lavoro). Tra le altre cose, dopo aver letto centinaia di pagine di Čechov e Verne, scopro finalmente quanto è lunga una versta russa (non ve lo dico) e cosa significava ventimila leghe sotto i mari (uno sproposito). In un angoletto dell'articolo, trovo questa storia: tal Steve Thoburn, droghiere, si ostinò per sette anni a sfidare la legge e a vendere le sue banane in libbre e non in chili. Morì di crepacuore subito dopo essere stato condannato in via definitiva da un tribunale inglese. (Per un attimo penso seriamente di inventare la storia di Steve Thoburn, facendone un simbolo di un'anarchica allergia alle regole. Non è una cosa che poi ho fatto: ma non escludo di farla, prima o poi.)

5. L'aeroporto dei partigiani Nel settembre 2009, trovo un articolo che racconta una cosa che non sapevo, anche se è avvenuta dalle mie parti: a cavallo tra il 1944 e il 1945, i partigiani costruirono un aeroporto, segretamente e nel nulla, dalle parti del fiume Bormida. Ci misero undici giorni, con l'aiuto di gente che abitava vagamente in zona. La pista era lunga quasi un chilometro. Terra battuta. Ci atterrarono almeno sei aerei americani. Quando i tedeschi la scoprirono, la distrussero arandola. (Per un attimo penso al tedesco che ara un chilometro di pista per aerei, e mi viene da immaginarlo improvvisamente felice, mentre fa quello che faceva a casa sua: lavorare la terra. Vedo anche i partigiani, che acquattati da qualche parte, da lontano lo vedono andare avanti e indietro. Penso che sarebbe un bellissimo racconto, ma poi, per ragioni sconosciute, non lo scrivo.)

6. Il grande Fred In un mese che non ricordo del 2005, trovo un articolo su Fred Buscaglione, e naturalmente lo leggo, perché io adoro quell'uomo. Mi son sempre chiesto perché non sia considerato un grande assoluto: probabilmente c'entra la piemontesità, una cosa complicata. Comunque. Nell'articolo scopro come morì. Erano le 6 e 20 del mattino e lui stava attraversando il centro di Roma ai cento all'ora sulla sua Ford Thunderbird rosa decappottabile, interni in crema. 3 febbraio 1960. Centrò in pieno un camion. Trovo magnifico quel che il camion stava trasportando: blocchi di tufo. (Per un istante immagino un racconto di quegli istanti. Il protagonista, naturalmente, è il camionista. Sono sicuro che aveva incontrato la donna della sua vita in una sala danze, una sera che a cantare era Fred Buscaglione. Poi, per diverse ragioni, non avevano finito per amarsi come sarebbe stato conveniente. Poi, per diverse ragioni, il racconto non l'ho mai scritto.)

7. *L'anno bisestile* Nel dicembre 2007, non riesco a resistere, ovviamente, a un articolo sull'anno bisestile (scopro, tra l'altro, perché si chiama così: troppo lungo da spiegare). Apprendo che, a proposito di inesattezze del calendario, il papa Gregorio XIII scoprì, mettendo sotto i suoi astronomi, che in realtà, a furia di errorini, la cristianità era in ritardo di una decina di giorni sul tempo reale. Presto fatto: con una bolla papale spostò tutto il mondo cristiano, in una notte del 1582, dal 4 al 15 ottobre. Dieci giorni sparirono nel nulla: coi casini che si possono immaginare. La cosa che mi colpisce di più, comunque, è un'altra. Dato che anche gli astronomi del papa non erano infallibili, da allora contiamo i giorni con un minuscolo eccesso di tre millesimi di giorno all'anno. Fa notare l'ammirevole estensore dell'articolo che, andando avanti di questo passo, fra soli tremila anni ci troveremo tutti quanti un giorno avanti rispetto alla realtà. Dovremo dunque tornare indietro e rivivere un martedì. (Per un istante concepisco l'idea di fare un racconto fantascientifico in cui un intero pianeta, fra tremila anni, torna indietro di un giorno, per riallineare il calendario alla realtà: si decide, per l'occasione, di tornare veramente tutti indietro e di rivivere lo stesso giorno appena tramontato: ma con un sacco di informazioni in più, ovviamente. Poi non l'ho mai scritto perché mi ricordava maledettamente *Il giorno della marmotta*.)

8. *Histoire d'O* Nell'agosto 2009 figurati se non leggo un articolo dedicato a Gallimard, la più mitica delle case editrici. Scopro un sacco di belle storie. La migliore è questa: il boss della faccenda, Paulhan, uomo di immenso fascino, aveva una segretaria di nome Dominique Aury: una donna austera, dai tratti scialbi, sempre in tailleur scuro. Erano amanti, come alle volte succede. La

suddetta signorina Aury confessò poi, quando più o meno era sui novant'anni, che a scrivere *Histoire d'O*, capolavoro della letteratura erotica, era stata lei. Lo fece in un'intervista al "New Yorker". (Per un istante penso, naturalmente, a un modo per raccontare di un uomo che si fa stenografare ogni giorno le lettere da una signorina, finendoci senza grande entusiasmo a letto, quasi per dovere: poi, quando ha novant'anni, e vive ormai di pantofole e modeste soddisfazioni culinarie, scopre che quella signorina era stata per anni una star del cinema porno. Per mia fortuna, ho poi lasciato cadere il progetto.)

9. *Il coefficiente Gini* Nel febbraio 2014 trovo un articolo su una cosa che mi interessava già da tempo: il coefficiente Gini. È l'indicatore da tutti adottato per misurare la distanza tra i ricchi e i poveri di un Paese. Praticamente misura la diseguaglianza. Dall'articolo apprendo che a metterlo a punto era stato uno statistico italiano, Corrado Gini. La cosa interessante è che un uomo così geniale si prese, in vita, almeno due svarioni celestiali. Il primo fu scrivere, nel 1927, un libro, molto argomentato, con questo singolare titolo: *Le basi scientifiche del fascismo*. Non contento, e riabilitato dopo un po' di purgatorio, dopo la caduta del fascismo, il Gini aderì entusiasticamente a un movimento il cui obbiettivo, perlomeno curioso, era il seguente: annettere l'Italia agli Stati Uniti. (Per un attimo decido di dedicarmi a un racconto in cui emerga, con la necessaria chiarezza, il fatto che un uomo capace di un'idea geniale può con assoluta naturalezza, e nel medesimo arco di anni, partorire convinzioni di un'idiozia spettacolare. Poi non lo scrivo perché non amo scrivere libri troppo esplicitamente autobiografici.)

10. *Marte sola andata* Infine, nell'aprile 2013, finisco a leggere un articolo su una storia assurda: c'è gente, in Olanda, che sta seriamente producendo un reality show in cui un certo numero di umani va su Marte e poi lì, per evidenti ragioni, crepa. Il progetto si chiama Mars One. Il preventivo di spesa è altino, ma il produttore è convinto che alla fine ci sarà da guadagnare. Ecco quello che ha dichiarato: "Se hai un miliardo di telespettatori, i sei miliardi di dollari necessari per la colonizzazione di Marte non sono poi così tanti". Prima di deprimermi riesco a trovare, in un angolino dell'articolo, una notiziola che mi fa tornare il buon umore: nel 1968, Juan Trippe, fondatore della Pan Am, cominciò a raccogliere prenotazioni per i primi voli sulla Luna. Il biglietto costava quattordicimila dollari. Si misero in lista di attesa in centomila. Il

primo viaggio era previsto per trent'anni dopo: non se ne fece niente perché la Pan Am fece fallimento. (Per un istante penso che mi piacerebbe terribilmente descrivere in un raccontino una coppia di trentenni americani che, lucidamente, decidono una sera di comprare un biglietto per la Luna e di passare là sopra il loro sessantesimo compleanno. Già me li immagino invecchiare per anni, ammorbati da una vita molto ordinaria, ma splendidi nel fulgore della loro decisione. Il giorno della partenza, i figli li chiudono in casa e non se ne fa niente. Adesso, a ripensarci, come raccontino non era poi tanto male. Capace che lo scrivo, prima o poi.)

(*30 novembre 2014*)

Il narratore di Walter Benjamin

Come sanno quelli che la frequentano, la scrittura saggistica è uno strano animale anfibio che, servendo l'intelligenza, ottiene alle volte il risultato imprevisto di una bellezza tutta particolare, non indegna di quella inseguita dalla poesia o dalla prosa letteraria. Un buon esempio è il saggio di Walter Benjamin che Einaudi ripubblica in questi giorni (*Il narratore. Considerazioni sull'opera di Nikolaj Leskov*). Se dovessi dire perché bisogna leggerlo – e bisogna leggerlo, se non lo si è già fatto – la prima cosa che mi verrebbe da dire sarebbe, semplicemente: perché è così bello. L'eleganza del tono, la struttura quasi teatrale, l'incanto di alcune frasi. E quella mirabile paginetta sulle fiabe? E quella frase pazzesca sulla saggezza e sul sapere? E la fulminante definizione dei proverbi? Un'emozione, credetemi. Una seconda buona ragione per leggere questo saggio è il suo argomento, la narrazione. In teoria sarebbe un saggio su Leskov, scrittore russo ottocentesco che Tolstoj, per dire, giudicava grandissimo (noi, intesi come barbari del 2000, un po' meno). Ma in realtà Leskov fu per Benjamin una specie di pretesto per ragionare su un tema che, evidentemente, lo affascinava: cos'è la narrazione, e che razza di figura sia, nella geografia dei viventi, quella del narratore. Il tema è, per noi, di straordinaria attualità. Non sono sicuro che lo fosse per lui (era il 1936), ma certo lo è per noi. Come tutti avranno ormai notato noi viviamo in una civiltà che negli ultimi vent'anni ha deciso di farsi governare dalla narrazione: l'ha presa come forma privilegiata di qualsiasi comunicazione. Se posso fare un esempio ridicolo, si sarà notato che da un po' di tempo un'autorevole industria alimentare italiana ha messo in commercio una nuova linea di succhi di frutta (ma forse sono anche un po' frullati, non ho capito, e me ne scuso) scegliendo questo straordinario nome: *Storie di frutta*. A volte, nel suo rude cinismo, il marketing ci aiuta a capire cose molto più grandi di lui: qui, l'idea che dalla pera al succo di pera succeda qualcosa, e quel qualcosa generi un'amplificazione dell'esperienza, e grazie a quel qualcosa scocchi in qualche modo una magia – tutto questo è sintetizzato genialmente in una sola parola: storia. Così come un anziano è la somma di un bambino più tutta una vita, così la pera, diventando succo di pera, vive tutta una vita, entra nel mondo della saggezza, di una qualche grandezza: diventa una storia. Vorrei essere chiaro: all'epoca in cui io ero bambino, un succo di frutta con quel nome glielo tiravamo dietro. Cosa è successo, nel frattempo? La stessa cosa che ha portato Obama alla Casa Bianca, probabilmente, cioè un innalzamento dello storytelling a unica lingua riconosciuta unanimemente: chi la usa meglio, vince. O vende. Di fronte a un processo del genere, anche i più entusiasti fan della narrazione – quelli che la difendevano quando a farlo si passava per Liala – provano un misto di soddisfazione e sgomento. Non sfugge che questo trionfo della narrazione ci sta immettendo in un mondo assai strano, in cui il confine tra i fatti e il racconto dei fatti ha confini molto labili, e spesso inesistenti. Spesso non solo non riusciamo a capire cosa è reale e cosa narrazione, ma non ci importa saperlo. È quel genere di fenomeno che se ti svegli di buon umore ti sembra geniale, ma se hai dormito male ha tutta l'aria di un rimbambimento generale. Così, nello stato di vaga confusione, accade di rivolgersi ai vecchi maestri, e di cercare lì una qualche bussola utilizzabile. Ed ecco lì, bell'e pronto, Benjamin. Se la domanda è dove finisce la genialità e inizia il rimbambimento, lui un confine lo fa vedere, una soglia la suggerisce, una risposta la azzarda. Se la narrazione è una magia a cui non dobbiamo rinunciare, lui spiega come non rimanerne stregati. Se le storie sono qualcosa con cui ci difendiamo dalla falsa semplicità dei fatti, lui suggerisce come non diventarne schiavi. Non dico che lo faccia con una chiarezza adamantina, sarebbe troppo facile, ma lo fa in un modo sufficientemente accessibile ai più. E dove chiede fatica, restituisce bellezza. Secondo un vecchio schema piuttosto in disuso, che però, ogni tanto, non è male tornare a visitare.

(*8 febbraio 2011*)

Bonus Track

Anno 2026, la vittoria dei barbari

Ci crediate o no, questo articolo l'ho scritto nel luglio 2026, cioè fra sedici anni. Diciamo che mi son portato un po' avanti col lavoro. Prendetela così. Ecco l'articolo.

Alle volte si scrivono libri che sono come duelli: finita la sparatoria guardi chi è rimasto in piedi, e se non sei tu, hai perso. Quando ho scritto *I barbari*, venti anni fa, poi mi son guardato attorno ed erano ancora tutti lì, belli in piedi. Aveva tutta l'aria di una disfatta, ma la cosa non mi quadrava. Allora mi son seduto e ho aspettato. Il gioco è stato vederli cadere uno ad uno, tardivi ma stecchiti. Ci vuole solo pazienza. Alle volte agonizzano molto elegantemente. Alcuni franano a terra tutto d'un colpo. Non la prenderei come una vittoria, probabile che cadano per consunzione loro, non per i miei proiettili: ma certo non avevo mirato male, mi viene da dire, a parziale consolazione.

L'ultimo che ho visto crollare, dopo aver vacillato a lungo con grande lentezza e dignità, mi ha emozionato, perché lo conoscevo bene. Credo di avere in passato anche lavorato per lui (con pistole caricate a parole, come sempre). Più che uno, è una: la profondità. Il concetto di profondità, la pratica della profondità, la passione per la profondità. Forse qualcuno se li ricorda, erano animali ancora in forma, ai tempi dei Barbari. Li alimentava l'ostinata convinzione che il senso delle cose fosse collocato in una cella segreta, al riparo dalle più facili evidenze, conservato nel freezer di una oscurità remota, accessibile solo alla pazienza, alla fatica, all'indagine ostinata. Le cose erano alberi – se ne sondavano le radici. Si risaliva nel tempo, si scavava nei significati, si lasciavano sedimentare gli indizi. Perfino nei sentimenti si aspirava a quelli profondi, e la bellezza stessa la si voleva profonda, come i libri, i gesti, i traumi, i ricordi, e alle volte gli sguardi. Era un viaggio, e la sua meta si chiamava profondità. La ricompensa era il senso, che si chiamava anche senso ultimo, e ci concedeva la rotondità di una frase a cui, anni fa, credo di aver sacrificato una marea di tempo e luce: il senso ultimo e profondo delle cose. Non so quando, esattamente, ma a un certo punto questo modo di vedere le cose ha iniziato a sembrarci inadatto. Non falso: inadatto. Il fatto è che il senso consegnatoci dalla profondità si rivelava troppo spesso inutile, e talvolta perfino dannoso. Così, come in una sorta di timido preludio, ci è accaduto di mettere in dubbio che esistesse poi davvero un "senso ultimo e profondo delle cose". Provvisoriamente ci si orientò per definizioni più soft che sembravano rispecchiare meglio la realtà dei fatti. Che il senso fosse un divenire mai fissabile in una definizione ci sembrò, ad esempio, un buon compromesso. Ma oggi credo si possa dire che semplicemente non osavamo abbastanza, e che l'errore non era tanto credere in un senso ultimo quanto il relegarlo in profondità. Quel che cercavamo esisteva, ma non era dove pensavamo.

Non era lì per una ragione sconcertante che la mutazione avvenuta negli ultimi trent'anni ci ha buttato in faccia, emanando uno dei suoi verdetti più affascinanti e dolorosi: la profondità non esiste, è un'illusione ottica. È l'infantile traduzione in termini spaziali e morali di un desiderio legittimo: collocare ciò che abbiamo di più prezioso (il senso) in un luogo stabile, al riparo dalle contingenze, accessibile solo a sguardi selezionati, attingibile solo attraverso un cammino selettivo. Così si nascondono i tesori. Ma nel nasconderlo avevamo creato un Eldorado dello spirito, la profondità, che in realtà non sembra mai essere esistito, e che alla lunga sarà ricordato come una delle utili menzogne che gli umani si sono raccontati. Piuttosto scioccante, non c'è santo. Infatti uno dei traumi cui la mutazione ci ha sottoposto è proprio il trovarsi a vivere in un mondo privo di una dimensione a cui eravamo abituati, quella della profondità. Ricordo che in un primo momento le menti più avvedute avevano interpretato questa curiosa condizione come un sintomo di decadenza: registravano, non a torto, la sparizione improvvisa di una buona metà del mondo che conoscevano: oltretutto, quella che veramente contava, che conteneva il tesoro. Da qui l'istintiva inclinazione a interpretare gli eventi in termini apocalittici: l'invasione di un'orda barbarica che non disponendo del concetto di profondità stava ridisponendo il mondo nell'unica residua dimensione di cui era capace, la superficialità. Con conseguente dispersione disastrosa di senso, di bellezza, di significati – di vita. Non era un modo idiota di leggere le cose, ma ora sappiamo con una certa esattezza che era un modo miope: scambiava l'abolizione della profondità con l'abolizione del senso. Ma in realtà quello che stava accadendo, tra mille difficoltà e incertezze, era che, abolita la profondità, il senso si stava spostando ad abitare la superficie delle evidenze e delle cose. Non spariva, si spostava. La reinvenzione della superficialità come luogo del senso è una delle imprese che abbiamo compiuto: un lavoretto d'artigianato spirituale che passerà alla Storia.

Sulla carta, i rischi erano enormi, ma va ricordato che la superficie è il luogo della stupidità solo per chi crede nella profondità come luogo del senso. Dopo che i barbari (cioè noi) hanno smascherato questa credenza, collegare automaticamente superficie e insignificanza è diventato un riflesso meccanico che tradisce un certo rincoglionimento. Dove molti vedevano una semplice resa alla superficialità, molti altri hanno intuito uno scenario ben differente: il tesoro del senso, che era relegato in una cripta segreta e riservata, ora si distribuiva sulla superficie del mondo, dove la possibilità di ricomporlo non coincideva più con una discesa ascetica nel sottosuolo, regolata da un'élite di sacerdoti, ma da una collettiva abilità nel registrare e collegare tessere del reale. Non suona poi tanto male. Soprattutto sembra più adatto alle nostre abilità e ai nostri desideri. Per gente incapace di stare ferma e di concentrarsi, ma in compenso velocissima nello spostarsi e nel collegare frammenti, il campo aperto della superficie sembra la sede ideale dove giocarsi la partita della vita: perché mai dovremmo giocarcela, e perderla, in quei cunicoli nel sottosuolo che si ostinavano a insegnarci a scuola? Così non sembriamo aver rinunciato a un senso, nobile e alto, delle cose: ma abbiamo iniziato a inseguirlo con una tecnica diversa, cioè muovendoci sulla superficie del mondo con una velocità e un talento che gli umani non hanno mai conosciuto.

Ci siamo orientati a formare figure di senso mettendo in costellazione punti del reale attraverso cui passiamo con inedita agilità e leggerezza. L'immagine del mondo che i media restituiscono, la geografia di ideali che la politica ci propone, l'idea di sapere che il mondo digitale ci mette a disposizione non hanno ombra di profondità: sono collezioni di evidenze sottili, perfino fragili, che organizziamo in figure di una certa potenza. Le usiamo per capire il mondo. Perdiamo capacità di concentrazione, non riusciamo a fare un gesto alla volta, scegliamo sempre la velocità a discapito dell'approfondimento: l'incrocio di questi difetti genera una tecnica di percezione del reale che cerca sistematicamente la simultaneità e la sovrapposizione degli stimoli: è ciò che noi chiamiamo fare esperienza. Nei libri, nella musica, in ciò che chiamiamo bello guardandolo o ascoltandolo, riconosciamo sempre più spesso l'abilità a pronunciare l'emozione del mondo semplicemente illuminandola, e non riportandola alla luce: è l'estetica che ci piace coltivare, quella per cui qualsiasi confine tra arte alta e arte bassa va scomparendo, non essendoci più un basso e un alto, ma solo luce e oscurità, sguardi e cecità. Viaggiamo velocemente e fermandoci poco, ascoltiamo frammenti e mai tutto, scriviamo nei telefoni, non ci sposiamo per sempre, guardiamo il cinema senza più entrare nei cinema, ascoltiamo reading in Rete invece che leggere i libri, facciamo lente code per mangiare al fast food, e tutto questo andare senza radici e senza peso genera tuttavia una vita che ci deve apparire estremamente sensata e bella se con tanta urgenza e passione ci preoccupiamo, come mai nessuno prima di noi nella storia del genere umano, di salvare il pianeta, di coltivare la pace, di preservare i monumenti, di conservare la memoria, di allungare la vita, di tutelare i più deboli e di difendere il lardo di Colonnata. In tempi che ci piace immaginare civili, bruciavano le biblioteche o le streghe, usavano il Partenone come deposito di esplosivi, schiacciavano vite come mosche nella follia delle guerre, e spazzavano via popoli interi per farsi un po' di spazio. Erano spesso persone che adoravano la profondità.

La superficie è tutto, e in essa è scritto il senso. Meglio: in essa siamo capaci di tracciare un senso. E da quando abbiamo maturato questa abilità, è quasi con imbarazzo che subiamo gli inevitabili sussulti del mito della profondità: oltre ogni misura ragionevole patiamo le ideologie, gli integralismi, ogni arte troppo alta e seria, qualsiasi sfacciata pronuncia di assoluto. Probabilmente abbiamo anche torto, ma sono cose che ricordiamo saldate in profondità a ragioni e sacerdozi indiscutibili che ora sappiamo fondati sul nulla, e ne siamo ancora offesi – forse spaventati. Per questo oggi suona kitsch ogni simulazione di profondità e in fondo sottilmente cheap qualsiasi concessione alla nostalgia. La profondità sembra essere diventata una merce di scarto per i vecchi, i meno avveduti e i più poveri.

Vent'anni fa avrei avuto paura a scrivere frasi del genere. Mi era chiaro perfettamente che stavamo giocando col fuoco. Sapevo che i rischi erano enormi e che in una simile mutazione ci giocavamo un patrimonio immenso. Scrivevo I barbari, ma intanto sapevo che lo smascheramento della profondità poteva generare il dominio dell'insignificante. E sapevo che la reinvenzione della superficialità generava spesso l'effetto indesiderato di sdoganare, per un equivoco, la pura stupidità, o la ridicola simulazione di un pensiero profondo. Ma alla fine, quel che è accaduto è stato soltanto il frutto delle nostre scelte, del talento e della velocità delle nostre intelligenze. La mutazione ha generato comportamenti, cristallizzato parole d'ordine, ridistribuito i privilegi: ora so che in tutto ciò è sopravvissuta la promessa di senso che a suo modo il mito della profondità tramandava. Sicuramente tra coloro che sono stati più svelti a capire e gestire la mutazione ce ne sono molti che non conoscono quella promessa, né sono capaci di immaginarla, né sono interessati a tramandarla. Da essi stiamo ricevendo un mondo brillante senza futuro. Ma come sempre è successo, ostinata e talentuosa è stata anche la cultura della promessa, e capace di estorcere al disinteresse dei più la deviazione della speranza, della fiducia, dell'ambizione. Non credo sia stolto ottimismo registrare il fatto che oggi, nel 2026, una cultura del genere esiste, sembra più che solida, e spesso presidia le cabine di comando della mutazione. Da questi barbari stiamo ricevendo un'impaginazione del mondo adatta agli occhi che abbiamo, un design mentale appropriato ai nostri cervelli, e un plot della speranza all'altezza dei nostri cuori, per così dire. Si muovono a stormi, guidati da un rivoluzionario istinto a creazioni collettive e sovrapersonali, e per questo mi ricordano la moltitudine senza nomi dei copisti medievali: in quel loro modo strano, stanno copiando la grande biblioteca nella lingua che è nostra. È un lavoro delicato, e destinato a collezionare errori. Ma è l'unico modo che conosciamo per consegnare in eredità, a chi verrà, non solo il passato, ma anche un futuro.

(*26 agosto 2010*)

I *barbari* non ci leveranno la nostra profondità

di

Eugenio Scalfari

Mi ha molto intrigato l'articolo di Alessandro Baricco pubblicato da "Repubblica" il 26 agosto con il titolo *Anno 2026, la vittoria dei barbari*. Mi ha intrigato fin dalle prime righe: "Ci crediate o no, quest'articolo l'ho scritto nel luglio 2026, cioè fra sedici anni. Diciamo che mi son portato un po' avanti col lavoro. Prendetela così". Baricco è un maestro di scrittura, ne conosce i trucchi e i modi per attirare il lettore e incatenarlo al testo e così ha fatto anche stavolta. Con me c'è riuscito. Quattro anni fa scrisse una serie di articoli sul nostro giornale e ne trasse poi un libro che ebbe molto successo intitolandolo *I barbari*. Da allora questo tema è stato al centro del dibattito sull'epoca che stiamo vivendo e sulle caratteristiche che la distinguono. Ne ho parlato anch'io nel mio ultimo libro *Per l'alto mare aperto* dove ho sostenuto la tesi che la modernità ha concluso il suo percorso culturale durato mezzo millennio ed ha aperto la strada ai nuovi barbari. Sarà compito loro porre le premesse dell'epoca nuova, del nuovo linguaggio artistico che le darà la sua impronta, dei nuovi significati che motiveranno le sue istituzioni. I barbari in questa accezione non rappresentano necessariamente una fase oscura ma un'epoca diversa da quella che noi moderni abbiamo costruito e vissuto.

Fin qui Baricco ed io ci siamo mossi più o meno sullo stesso binario. Ma lui, nell'articolo che ho citato, va oltre. Sostiene che i moderni inventarono la profondità della conoscenza e vi collocarono il senso, mentre i barbari – tra i quali si colloca ed è per questo che data il suo articolo nel luglio del 2026 – hanno smantellato il concetto di profondità e l'hanno sostituito con quello di superficialità e lì hanno collocato il senso. Baricco non giudica affatto come negativa questa operazione culturale, anzi ne enumera tutte le positività e per quanto lo riguarda si pone tra quelli che l'hanno condotta a compimento. Il passaggio dalla cultura della profondità a quella della superficialità lo descrive così: "Viaggiamo velocemente e fermandoci poco, ascoltiamo frammenti e mai tutto, scriviamo nei telefoni, non ci sposiamo per sempre, guardiamo il cinema senza più entrare nei cinema, ascoltiamo reading in Rete invece che leggere i libri [...] e tutto questo andare senza radici e senza peso genera tuttavia una vita che ci deve apparire estremamente sensata e bella. [...] La superficie è tutto, e in essa è scritto il senso".

Sembra di leggere una delle lezioni americane di Italo Calvino, un messaggio al futuro millennio, le idee-guida che lo ispireranno. Calvino parlava di leggerezza, rapidità, esattezza, consistenza; Baricco parla di profondità e superficialità. Forse Calvino coltivò illusioni; lui era immerso nella modernità, i suoi referenti erano ancora Voltaire e Diderot pur avendo egli portato molto più avanti la sua ricerca letteraria. Baricco invece compie un'operazione concettuale in apparenza assai più radicale: mette la superficialità al posto della profondità come il nuovo canone di conoscenza e disloca il senso della vita collocandolo in superficie. Esalta la bellezza del nomadismo: "Andare senza radici e senza peso". Avrebbe potuto aggiungere: senza responsabilità. È questa la nuova epoca che i barbari stanno costruendo? Sarà già realtà nel 2026? Anzi è già realtà oggi, al punto che Baricco è in grado di descriverla?

Mi trovo in una curiosa condizione: in molte cose (l'ho già detto) concordo con Baricco ma nella sostanza no, non sono d'accordo con lui. Forse dipende dal fatto che ho quasi il doppio della sua età anche se sono curioso almeno quanto lui di conoscere il futuro e di reinterpretare il passato. Tanto per cominciare, Baricco non è affatto un barbaro. Presume di esserlo ma non lo è e questo cambia molto il significato di ciò che dice. I barbari, nella nostra comune definizione, sono coloro che parlano un linguaggio diverso dal nostro. Aggiungo: rifiutano di conoscere la nostra cultura di moderni. Non leggono libri, non leggono giornali, non ascoltano le nostre musiche. Vogliono ripartire da zero, contrariamente alle generazioni che li hanno preceduti e che pur contestando i valori dei padri ne avevano però appreso i contenuti e i significati. Il passaggio da un'epoca ad un'altra è sempre avvenuto in questo modo; il solco che segna questo salto di civiltà ha sempre coinciso con la mancata trasmissione della memoria storica. Dico che Baricco non è e non può essere un barbaro perché è intriso di memoria storica, conosce perfettamente quanto è accaduto, ha studiato i testi, ha ascoltato le musiche, ha addirittura messo in scena l'*Iliade* e Achille, usa a meraviglia ed anzi insegna il nostro linguaggio. Ha capito che i barbari sono arrivati, questo significa che sa leggere la realtà nel suo profondo. Del resto tutta la sua analisi sulla sostituzione della superficialità alla profondità è tipicamente profonda, scava fino alla radice per poter affermare che si sta creando una vita senza radici. Baricco è dunque un moderno che in quanto tale constata la fine della modernità. In questo concordo.

Rassegnati, caro Alessandro, siamo due moderni consapevoli. Tu elenchi le caratteristiche della nuova epoca e le riassumi con la parola e il concetto di superficie. In realtà non stai descrivendo la civiltà dei barbari che ancora non esiste. Ci vogliono molto più di trent'anni. Ricordi la scomparsa della civiltà greco-romana che durò quasi due secoli, da Teodosio fino al regno longobardo? Oggi il tempo corre più veloce ma trent'anni non bastano. In realtà Baricco non sta descrivendo i barbari ma gli imbarbariti, che è cosa profondamente diversa. Gli imbarbariti parlano ancora il nostro linguaggio ma lo deturpano; usano ancora le nostre istituzioni ma le corrompono; non vogliono affatto preservare il pianeta dalla guerra, dal consumismo, dall'inquinamento e dalla povertà, ma al contrario vogliono affermare privilegi, consorterie, interessi lobbistici, poteri corporativi, dissipazione di risorse e diseguaglianze intollerabili. I barbari, quelli che tu ed io vediamo come un'incombente realtà, sono ancora alla ricerca del futuro; gli imbarbariti stanno devastando il presente e contro di loro noi dobbiamo combattere per preservare il deposito dei valori che la modernità ha accumulato e dei quali l'epoca futura potrà usufruire quando avrà finalmente raggiunto la sua plenitudine e la sua autocoscienza. Io non credo nella contrapposizione tra profondità e superficialità come una conquista e un avanzamento. Tanto meno credo che questa contrapposizione caratterizzerà il futuro e non lo credo perché c'è sempre stata in tutte le epoche.

Guarda, caro Alessandro, alla Grecia a te giustamente cara: lì nacque la tragedia e con essa il teatro cinque secoli prima di Cristo e lì otto secoli prima di Cristo era nata la poesia con Omero e ancora prima i miti e i misteri ma anche il gioco, la danza, i numeri, la geometria, la cura del corpo e la cura delle anime. Quella che tu chiami la profondità. Ma essa conviveva con la superficialità così, con le emozioni, con la vita senza radici, con l'adorazione dei fenomeni, delle apparenze, con i mutamenti immediati di prospettiva, con un prisma conoscitivo continuamente cangiante. E non è stato sempre così? Non è stato così nella Roma di Cicerone, di Ovidio, di Virgilio, di Seneca e infine di Boezio, mentre accanto ad essi il popolo delle taverne e delle suburre godeva dei giochi e della loro sanguinosa violenza? Profondità e superficialità hanno sempre convissuto, quali che fossero le epoche e le latitudini, e sempre convivranno. Tu poni – ed hai ragione di porla – la questione del senso e della sua dislocazione. E non credi nel senso ultimo. Neppure io credo nel senso ultimo, anche se ho grande rispetto per quanti ripongono nella trascendenza di un dio e nella vita futura ed eterna nell'oltremondo le loro speranze. Chi ha una fede mette in essa il suo riposo e il senso della sua vita. E non si avvede che il senso è altrove anche per lui. Anche chi ha fede appoggia infatti la sua vita a quelli che io chiamo segmenti di senso, che ci vengono dalla vita pratica, dalla vita creativa, dalla socievolezza senza la quale non potremmo vivere. Il senso della vita cioè non è altro che la vita stessa che si dipana momento dopo momento, che conserva memoria di quanto è avvenuto e progetta ad ogni istante il futuro. Questo è ciò che avviene in ogni persona e in ogni angolo di mondo: segmenti di senso che l'"io" vive senza soluzione di continuità, attimi fuggitivi, tempo futuro che transita nel presente con la velocità della luce e sprofonda nel passato; e tempo ritrovato attraverso quella meravigliosa facoltà della memoria che la nostra mente possiede.

Caro amico, ti dedico queste riflessioni perché tu sei tra quelli che meglio si oppongono all'imbarbarimento che rischia di sovrastarci. Questa battaglia non riguarda i barbari che stanno ancora cercando se stessi. Questa battaglia riguarda noi e soltanto noi possiamo e dobbiamo combatterla.

(*20 settembre 2010*)

Non dobbiamo resistere

Caro Eugenio Scalfari, vedo con soddisfazione che tutt'e due, pur di generazioni e radici diverse, abbiamo la stessa istintiva convinzione: è in corso una mutazione che non può essere spiegata con il normale affinarsi di una civiltà, ma sembra essere, più radicalmente, il tramonto di una civiltà e, forse, la nascita di un'altra. Bene. Non tutti hanno la stessa lucida convinzione e, secondo me, su questo abbiamo ragione noi.

Poi però le cose si ingarbugliano. E lo fanno su un punto che è fondamentale, e su cui ho visto molti irrigidirsi, proprio sulla base di quelle osservazioni che tu lucidamente raccogli e sintetizzi. E il punto è: barbarie e imbarbarimento (per usare le due categorie che usi tu, e che mi sembrano chiarissime). Io quando penso ai barbari penso a gente come Larry Page e Sergey Brin (i due inventori di Google: avevano vent'anni e non avevano mai letto Flaubert) o Steve Jobs (tutto il mondo Apple e la tecnologia touch, tipicamente infantile) o Jimmy Wales (fondatore di Wikipedia, l'enciclopedia on line che ha ufficializzato il primato della velocità sull'esattezza). Quando penso agli imbarbariti penso, a costo di sembrare snob, alle folle che riempiono i centri commerciali o al pubblico dei reality show. Il fatto che i secondi usino abitualmente le tecnologie inventate dai primi non deve confondere le cose. Si tratta di due fenomeni diversi: né l'eventualità che Steve Jobs adori i reality show deve indurci a fare confusione. Quando penso ai barbari penso a Diderot e D'Alembert (apparivano come barbari all'élite intellettuale dell'Ancien régime) e quando penso agli imbarbariti penso al cascame di aristocratici che mentre nasceva l'Illuminismo ripetevano a vuoto i riti di un privilegio e di una ricchezza che in realtà non avevano più le energie per motivare e difendere. Quando penso ai barbari penso a Mozart (il *Don Gio-*

vanni sembrò piuttosto barbaro all'Imperatore che lo pagò) e quando penso agli imbarbariti penso alle signorine aristocratiche che strimpellavano ottusamente sonatine di Salieri nei loro saloni cadenti. Voglio dire che una cosa è l'insorgere di modelli radicalmente innovativi e irrispettosi della tradizione, un'altra è il fisiologico disfarsi di una civiltà nell'ignoranza, nell'oblio, nella stanchezza e nel narcotico dei consumi.

Di solito le grandi mutazioni scattano esattamente quando scattano simultaneamente i due fenomeni, e in modo spesso inestricabile. Da una parte una certa civiltà marcisce, dall'altra una nuova civiltà insorge (anche nel senso di ribellione). È lo spettacolo davanti a cui ci troviamo adesso: ma bisogna stare molto attenti a isolare, all'interno di un unico grande movimento, le due forze opposte che stanno lavorando. L'imbarbarimento, di per sé, a me non risulta così interessante. Mi sembra un decorso fisiologico, già visto innumerevoli volte in passato, e oggi forse solo accelerato o reso più evidente dal moltiplicarsi delle informazioni e dalla abilità dei mercanti. Anche nel piccolo cortiletto della nostra Italia, assisto naturalmente allo sfarinarsi di una certa statura civile, di una certa tensione morale e di una certa tenuta culturale: ma mi chiedo se era poi tanto meglio l'Italia anni cinquanta-sessanta, dove una minoranza assoluta di persone coltivava un vivere alto e nobile ma la stragrande maggioranza degli italiani nemmeno aveva accesso ai consumi culturali, era sostanzialmente disinformata e quanto ai princìpi morali si doveva fare andar bene la predica in parrocchia. Non so. Ma comunque non riesco a preoccuparmi più di tanto.

La barbarie, invece, nel senso di Page, Brin e Jobs, quella mi affascina, e quella sì mi sembra degna di essere compresa. Ti cito loro tre, ma se solo sfogli, ad esempio, "Wired" ti accorgi che c'è tutto un iceberg sommerso di gente come loro, solo più nascosta, o meno geniale, o semplicemente non americana (per non arrivare, semplicemente, ai nostri figli, che sono in tutto e per tutto barbari). Lì lo spettacolo è affascinante: sono persone a cui non manca l'intelligenza, che crede sinceramente di costruire un mondo migliore per i propri figli, che coltiva una certa idea di bellezza, che non disprezza affatto il passato, che domina le tecniche e che sostanzialmente ha una matrice umanistico-scientifica: eppure, nel momento di disegnare il futuro, se non addirittura il presente, non fa uso di strumenti che vengono dalla tradizione e fonda il suo ragionare e il suo fare su princìpi affatto nuovi che, alle volte, ottengono perfino l'effetto collaterale di distruggere, alla radice, interi patrimoni di sapere e di sensibilità che giacciono nel patrimonio condiviso dell'attuale civiltà. Di fronte a questo, io vedo lo sforzo immane di ricostruire un nuovo Umanesimo a partire da premesse diverse, evidentemente più adatte al mondo com'è oggi: e cerco di capire: con fatica, ma cerco di capire. Cercando di non spaventarmi. Quel che mi sembra di aver capito è che quella forma di barbarie genera inevitabilmente imbarbarimento ma anche, e simultaneamente, ricostruzione, e civiltà. Non potrebbe essere diversamente. D'altronde non giudichiamo il Romanticismo dall'orrore delle poesiole romantiche che scrivono i quattordicenni, o dalla musica stucchevolmente romantica che decora film penosi, e nemmeno dalle lettere sdolcinate di una ragazzina francese del 1840 che si innamora dell'avvocatucolo del paese: giudichiamo il Romanticismo a partire da Chopin, se mai, da Schelling, da una certa collettiva e fantastica iniziazione all'infinito, dalla scoperta collettiva di certi sentimenti ecc. ecc. E allora perché dovremmo giudicare Steve Jobs dai messaggi sgrammaticati che la gente si scambia sui suoi iPhone? Perché non ci arrendiamo all'idea che l'imbarbarimento è una sorta di scarico chimico che la fabbrica del futuro non può fare a meno di produrre? Simili rifiuti li ha prodotti l'Illuminismo, e prima di allora l'Umanesimo, e prima di allora l'idea imperiale di Roma, e prima di allora... Così mi viene istintivo non farmi distrarre dall'imbarbarimento, e di studiare la barbarie. E studiandola ho finito per arrivare a questo crocevia della profondità.

Come ho anche scritto nell'articolo, è un punto abbastanza scioccante e non riesco a scriverne senza il timore di colpire a morte qualcosa di preziosissimo. E sono anche sicuro che tra un po' di anni sarò in grado di scriverne meglio, con più precisione e più consapevolezza: ma intanto faccio tesoro di questa certezza intuitiva: il sistema di pensiero dei barbari sopprime il luogo e il mito della profondità. Non elimina il senso, ma lo ridistribuisce su un campo aperto che solo per comodità definiamo ancora superficialità, ma che in realtà è una dimensione per cui non abbiamo ancora nomi, e che comunque ha poco a che fare con la superficialità intesa come limite, come soglia inattraversata del senso delle cose, come facciata semplicistica del mondo. In un certo senso potrei dire che il mondo di pensiero in cui si muove Steve Jobs (e mio figlio, undici anni) sta a quello in cui siamo cresciuti noi due come il firmamento di Copernico sta a quello di Tolomeo (peraltro erano inesatti entrambi); o come Emma Bovary sta ad Andromaca. Non ci sono meno stelle nel cielo di Copernico, né meno amore nella vita di Emma Bovary: ma sono il cielo e l'amore di un'umanità nuova, che lavorava con princìpi diversi, partiva da premesse inaspettate e andava ad abitare un paesaggio della mente e del cuore fino a quel momento vietato. Non c'erano nemmeno i nomi, in un primo momento, per pronunciare quel mondo nuovo: non abbiamo un nome noi adesso, per pronunciare l'asse su cui il senso è andato a disporsi, una volta sfarinata la dialettica di profondità e superficialità. Tu dici: non diresti queste cose se tu, ancora, non fossi in grado di pensare e dire la profondità. È un'obbiezione che mi fanno in molti. Ed è molto logica. Ma a me rivela soprattutto quanto siamo già avanti nella strada, virtuosa, della barbarie. In realtà solo gente molto barbara può giudicare profondo il mio modo di pensare o scrivere: solo trent'anni fa sarebbe parso umiliante che si discettasse di cose del genere con questo livello di approssimazione, con un simile tipo di linguaggio, su uno strumento vile come un giornale, e lasciando parlare uno scrittore di successo. Solo quarant'anni fa questi dibattiti di idee si facevano nelle accademie, e li facevano i filosofi, gli antropologi, i sociologi. Come mai adesso loro tacciono, smarriti, e noi, scrittori giornalisti, ci troviamo bene o male ad accompagnare la riflessione collettiva su temi così importanti su carta che l'indomani involtola l'insalata o su riviste che ci mettono in copertina tutti belli ritoccati, manco fossimo degli attori? Non lo senti lo stridio di qualcosa che non va? Non ti sembra che qualcosa che era nel profondo è risalito fino in superficie, per diventare domanda pronunciabile, e lì l'abbiamo incontrata noi, perché lì eravamo, già da un sacco di tempo, in superficie, non la superficie degli idioti, la superficie che è il luogo del senso, il luogo scelto da questo mondo per il senso?

Non pretendo di convincerti, ma se ti devo dire sinceramente quel che penso è che la tua obbiezione andrebbe rovesciata: più di quanto tu non immagini, tu ti muovi in modo barbaro, hai il talento dei barbari, hai un'istintiva comprensione di dove scorre la corrente forte del senso, e per questo dialoghi con me, e non alzi semplicemente le spalle, pensando che dico cose superficiali. E la gente ti legge, e ti capisce, perché gli racconti la stessa ansia che hanno anche loro, cioè quella di poter essere barbari senza imbarbarire. È il problema dei più, oggi, il problema della gente di buona volontà. Sentono di essere ormai oltre una certa civiltà, ma non vogliono essere peggiori.

In un certo senso, tu, io, e tutti loro, mi sembriamo davvero il Kublai Khan timoroso delle *Città invisibili*. Era di stirpe mongola, lui: era esattamente un barbaro che era sceso a distruggere l'altissima ed eterna civiltà cinese e se ne era appropriato. Seduto sul trono, di fronte a un mercante (non a un filosofo), formula la domanda: com'è il mio impero? Non aveva una risposta, e la cercava. Per cui, certo, la nostra battaglia è contro l'imbarbarimento: non penso di aver fatto una sola cosa, nella mia vita professionale, senza pensare, anche, ad arginare un certo imbarbarimento. Credo che la stessa cosa si possa dire di te. Ma per quanto mi riguarda, altrettanto importante mi pare non scambiare questa battaglia con una dannosa resistenza alla barbarie, intesa come intrusione del radicalmente nuovo, come forza della mutazione, e come metamorfosi ultima dell'intelligenza. Pur con una certa fatica, mi sforzo di non confondere le due cose, e nemmeno la certezza di sbagliarmi spesso riesce a farmi disamorare di questo compito, e di questo piacere.

(*21 settembre 2010*)

Indice

9   Freaks, pistoleri e illusionisti

13   SIGNORE E SIGNORI

15   *Il cuore nuovo di Manhattan*
19   *L'idea di libertà spiegata a mio figlio*
22   *La Bombonera 1*
26   *La Bombonera 2*
30   *The Race 1*
34   *The Race 2*
39   *Gabo muore*
42   *Le primarie del 2012*
45   *Saper perdere*
48   *Ancora Italia-Germania 4 a 3*
53   *L'America e il bowling*
57   *11 Settembre 2001*
60   *Adesso che il conflitto non ha più confini*
64   *La morte di papa Wojtyła*
68   *Fare cinema*
75   *Corrida 1*
79   *Corrida 2*
82   *I tori di Pamplona*

88   *Si chiamava Vivian Maier*
92   *Maestro Vattimo*

95   Entr'acte 1
99   *Mumbai*
104   *Tangeri*
109   *Las Vegas*
114   *Hanoi*
120   *Boca*

125   ACROBAZIE
127   *L'ultima danza di Michael Jordan 1*
131   *L'ultima danza di Michael Jordan 2*
133   *Scozia, qui la Storia si fa con il rugby*
137   *Beethoven, Abbado e i Berliner 1*
141   *Beethoven, Abbado e i Berliner 2*
144   *La Vedova non è sempre allegra*
148   *Il teatro dei fondi pubblici 1*
155   *Il teatro dei fondi pubblici 2*
158   *Stare in tv*
161   *Noi e la musica contemporanea*
164   *L'amicizia prima di Facebook*
167   *La passione di leggere*
172   *Alla convention dei Democratici 1*
176   *Alla convention dei Democratici 2*
180   *La letteratura di Houellebecq*
183   *Senza più Eco*
185   *1976, la prima volta di "Repubblica"*
187   *Cari critici*
191   *Giulio Einaudi, grazie*

193   Entr'acte 2

195   *Avignone*
200   *Salisburgo*
206   *Telluride*

213   ATTRAZIONI

215   *Cartoline di morte dall'America*
219   *Raymond Carver e Gordon Lish 1*
228   *Raymond Carver e Gordon Lish 2*
232   *Il rugby al Flaminio*
234   *Quando scriveva Massimo Mila*
237   *I Wiener*
242   *Alex Ross e la musica colta*
245   *Il cantiere della Fenice*
252   *Il Cenacolo*
255   *Le mappe di Jerry Brotton*
258   *La cattedrale Vargas Llosa*
264   *Quello zio Paperone*
268   *Il Coppi di Belleville*
271   *Le cose di Orhan Pamuk*
276   *Il sangue di Cormac McCarthy*
279   *Il calcio altrui*
283   *La taglia ecologica di Maurizio Ferraris*
287   *Dieci idee nate così*
293   *Il narratore di Walter Benjamin*

295   Bonus Track

297   *Anno 2026, la vittoria dei barbari*
303   *I barbari non ci leveranno la nostra profondità*
      di Eugenio Scalfari
307   *Non dobbiamo resistere*